ミネルヴァ日本評伝選

党派に殉ぜず、国家に殉ず

犬養毅

小林惟司著

ミネルヴァ書房

刊行の趣意

「学問は歴史に極まり候ことに候」とは、先哲荻生徂徠のことばである。歴史のなかにこそ人間の智恵は宿されている。人間の愚かさもそこにはあらわだ。この歴史を探り、歴史に学んでこそ、人間はようやくみずからの正体を知り、いくらかは賢くなることができる。新しい勇気を得て未来に向かうことができる。徂徠はそう言いたかったのだろう。

「ミネルヴァ日本評伝選」は、私たちの直接の先人について、この人間知を学びなおそうという試みである。日本列島の過去に生きた人々の言行を、深く、くわしく探って、そこに現代への批判を聴きとろうとする試みである。日本人ばかりではない。列島の歴史にかかわった多くの異国の人々の声にも耳を傾けよう。先人たちの書き残した文章をそのひだにまで立ち入って読み、彼らの旅した跡をたどりなおし、彼らのなしとげた事業を広い文脈のなかで注意深く観察しなおす──そのとき、はじめて先人たちはいまの私たちのかたわらによみがえってくる。彼らのなまの声で歴史の智恵を、また人間であることのよろこびと苦しみを、私たちに伝えてくれもするだろう。

この「評伝選」のつらなりのなかから、列島の歴史はおのずからその複雑さと奥ゆきの深さをもって浮かび上がってくるはずだ。これを読むとき、私たちのなかに新たな自信と勇気が湧いてきて、その矜持と勇気をもって「グローバリゼーション」の世紀に立ち向かってゆくことができる──そのような「ミネルヴァ日本評伝選」にしたいと、私たちは願っている。

平成十五年（二〇〇三）九月

上横手雅敬
芳賀　徹

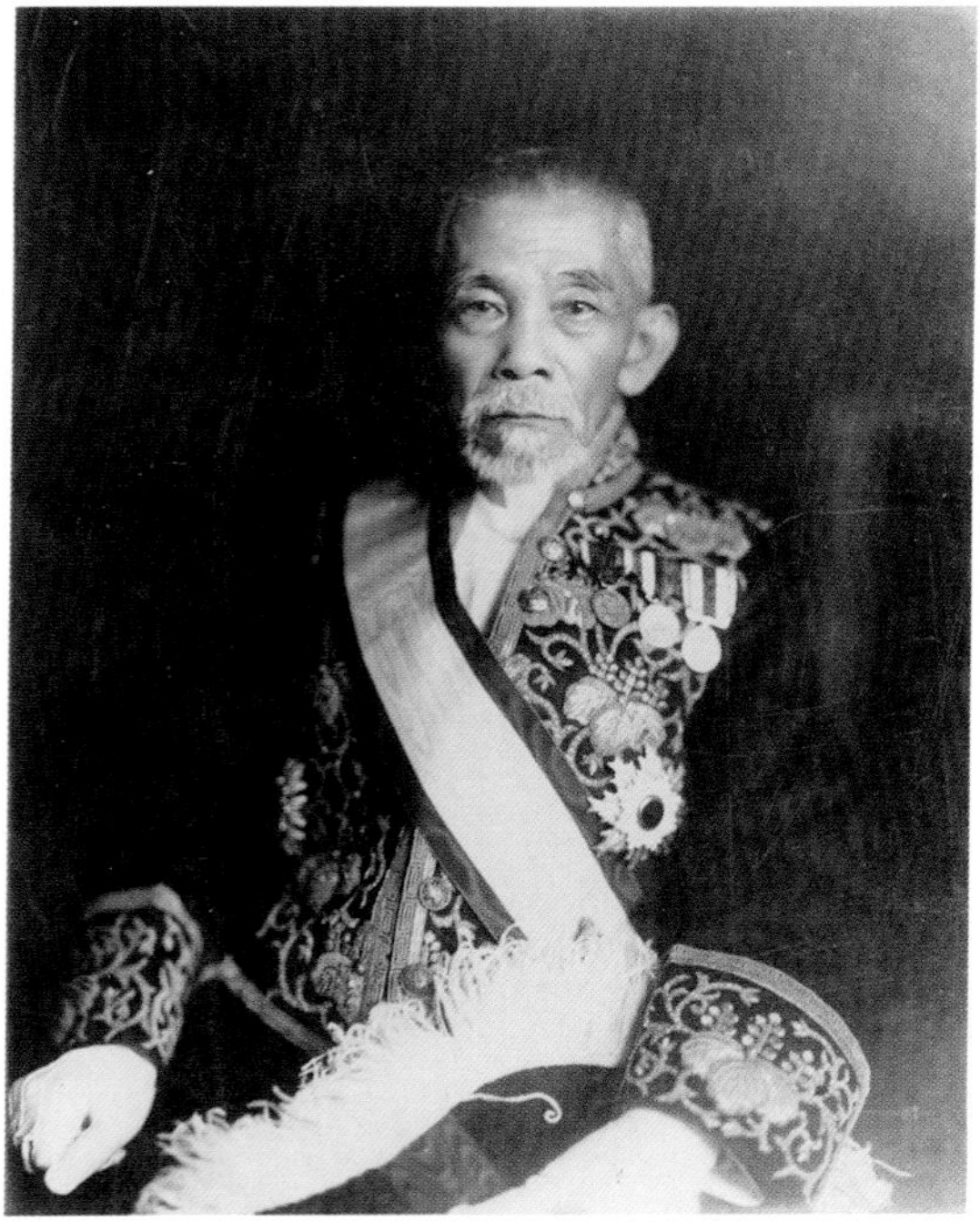

犬養毅（犬養木堂記念館蔵）

昭和６年12月13日（76才）
内閣総理大臣の印綬を帯びる犬養毅

生家主屋（犬養木堂記念館提供）

「国会議事堂の図」（犬養木堂記念館蔵）

白林荘での犬養

上：昭和５年（前列中央が犬養）（筆者蔵）

右：囲炉裏を囲む（犬養木堂記念館蔵）

下：モンペ姿の犬養（犬養木堂記念館蔵）

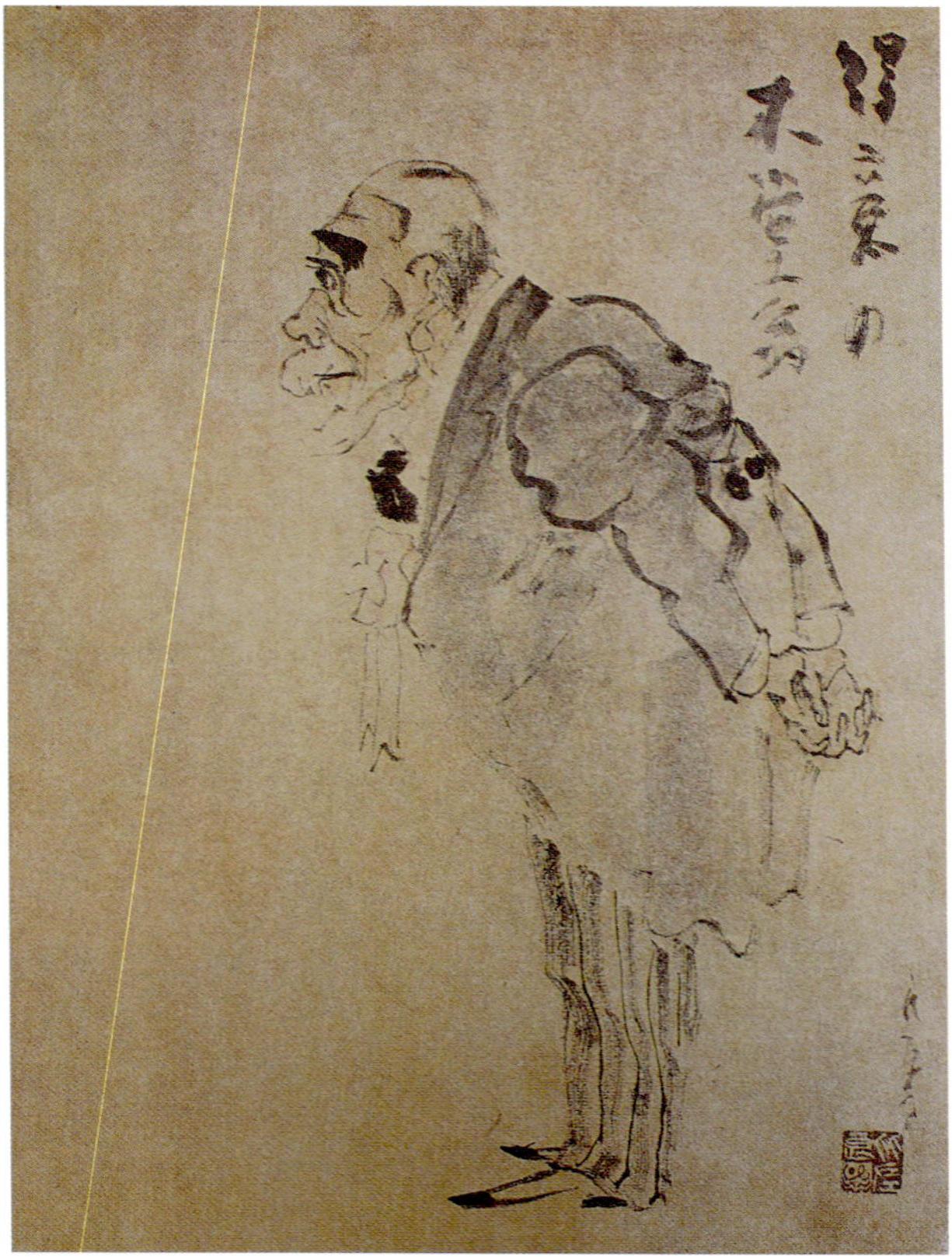

田中久左良筆「得意の木堂翁」（犬養木堂記念館蔵）

はしがき

平素、犬養《いぬかい》は自分の名を何と呼んでいたのであろうか。晩年の犬養が挨拶の末尾で「いぬかい、き」と言ったという、知人の言葉が思い出される。毅然たる「毅《き》」である。意志が強く、しっかりしている意味であるから、それは彼の一生を貫いた哲学であった。

負けじ魂をもって他の後塵を拝するを嫌い、宰相の器をもって自ら任じ、代議士となり、大臣となり、大正二年（一九一三）には、桂太郎内閣に反対して憲政擁護・閥族《ばつぞく》打破を叫び、ついには尾崎行雄とともに「憲政の神様」と称えられた。彼の一生を見るとき、毀誉褒貶の渦の中でも、毅然として同ぜず、節操堅く、あえて清貧に甘んじ、果断よく終りを全うしたのであった。

中野正剛は、二五歳のときの評論『朝野の政治家』の中で、とくに犬養毅をもって天下第一の政治家とした。中野がこう言う理由は、犬養が世の凡百の政治家と異なり、党利党略や、自分の利害のために動くことがなかったからである。小村寿太郎にしても、犬養にしても、彼らはみな命がけで国のために尽くしていた。

鎌倉円覚寺開山、無学祖元禅師（仏光国師）が、来朝前に温州・能仁寺で端坐中、侵入した元の兵士の太刀によりまさに首を刎ねられようとした時に次のように言い放った（「臨剣の頌《じゅ》」）。

「乾坤孤筇《けんこんこきょう》を卓《た》つるに地なし。* 喜び得たり人空、法また空。珍重す大元三尺の剣。電光影裏に春風を斬る」。

（*この大宇宙に一本の竹のつえを立てる土くれもない。）

この言葉に兵士たちは何の危害も加えることなく退散した。

この光景と五・一五事件の時の犬養の最後の姿が二重写しに浮かぶ。犬養は七発の銃弾を浴びせられたが、神は犬養を即死させなかった。賊は足早に逃走した。国を守るべき兵隊が、その軍律を自ら破り、信念の政治家を撃ったのである。

犬養の念願は、外交、経済、思想の大昏迷から、日本の国家を安全に導こうとすることにあった。その心願を全く解しない、話しても分かろうとしない、聞く耳をもたない兵隊たちに、「話せばわかる」と最後まで語りかけようとしていた犬養の心事に想到するとそぞろ涙を禁じ得ない。

暴漢に囲まれて撃たれる瞬間まで、いささかの動揺もなく、愛国の念、全国民に対する深い慈愛と同情の念、その断末魔まで一点の変化も犬養にはなかった。

なぜ犬養は、泰然自若としていられたのであろうか。彼は、公明正大、一党一派に殉ずることなくあくまで国家に殉ずる覚悟があったからである。彼が大命を拝して内閣首班となった時に、郷里、岡山在住の支持者に送った手紙に次のように記されている。

「爾来老軀を挺けて劇務ニ没頭到居候、目下焦眉の急としてハ、金解禁幷消費節約の結果たる惨烈深酷の不景気ニ対する救済と政界浄化とに力を用ひ、又根本政策としてハ産業立国幷地方分権等諸案を具体化して其実施を謀る為めニ、余命を捧げたき微意を以て、〔中略〕奮て国家ニ貢献致候決心ニ候。」

「大命を拝して内閣の首班に列し衰残の身を以て君国に貢献致度、日夜励精致候。」(『新編木堂書簡集』一一〇頁)

と自らの支持者に書き送っている。

彼の本心はまさにここに記されていることに一寸一分の違いもあるまい。彼の抱負と経綸をその老軀に鞭打って実行しようとした。ここに記した景気振興と政界浄化と産業立国は年来の宿願であり、平生からその実現の用意を怠らなかったものである。そうして外交面においては近隣諸国との友好と世界平和への布石を着々と打つ手はずを整えていたのである。

このように、犬養には理想とするところがあった。彼の生活の中心たる政治では、憲政擁護・閥族打破の旗を掲げた。それだけではない、彼の広い視野と教養は、国民教育に信念を養う一面の欠けていることを遺憾として、道念を養うことを説いた。それは形式一片の徳育では国家の前途が危ういと言っている。

政治家としての犬養は、終始一貫した主義主張をもち、長い間の逆境にも、清節を持して屈しなかった。しかもその反面に、人間的情味があり、思いやりがあり、涙があった。同志やその遺族たちに与えた手紙には心を動かされるものが多い。政治家として俗世界にありながら、犬養は高雅な趣味に遊ぶ文人でもあった。まさに高士であり、高人であった。犬養その人に対する敬慕の情は日に日に深まるばかりである。

本書は、その犬養の全生涯をつらぬいた清節を核としてその活躍の姿を浮き彫りにしようとしたものである。

犬養毅——党派に殉ぜず、国家に殉ず　目次

はしがき

第一章　若き日々……1

1　出自と幼少時代の修学……1

家系　犬飼から犬養へ　父と母　森田月瀬と犬飼松窓に学ぶ

小田県庁に写字生となる

2　青年犬養、上京への決意……5

運命を変えた書――『萬国公法』　東京への上京と藤田茂吉との出会い

慶應義塾に入り、『郵便報知新聞』に寄稿する

3　従軍記者として……7

「戦地直報」で文名あがる　乃木希典との出会い　西郷南洲の死を悼む

4　慶應義塾での生活……12

擬国会での演説　二人の恩人、福澤諭吉と栗本鋤雲

慶應義塾を退学する

第二章　東海経済新報時代……17

1　経済学者犬養の登場……17

貿易論の系譜　『東海経済新報』の発刊　田口卯吉と論戦
犬養と田口の相違点　田口の反論と犬養の反駁
2　貨幣論・金融論……24
貨幣複本位説を駁す　犬養、経済学を講ず
保護貿易論の先駆者、若山儀一　隠れた協力者、若山儀一
3　統計院権少書記官・東京府会議員……33
統計院総裁大隈重信と矢野文雄　東京府議会議員となる
4　朝野新聞社の幹部に就任……36
『秋田日報』主筆となる　俠妓お鐵　高島炭坑と労働問題
『朝野新聞』の犬養論説
5　決心なき争闘は無益なり……41
決闘状が届く　解放運動史に一石を投ず
第三章　議会壇上の獅子吼……47
1　衆議院選挙で初陣を飾る……47
岡山開拓の苦心と理想選挙　後藤象二郎と大隈重信に私淑
選挙大干渉を勝ち抜く　第三議会での処女演説　犬養の人間的魅力

2　外交問題を論ず……54
文部大臣就任　大正政変での活躍と憲政の神様　シーメンス事件の余波
膠州湾問題を政府に質す　外交に対する見識
3　犬養の世界観……66
三党首会談と外交調査会　犬養の外交調査会入りのねらい
国際社会の指導原理　外交調査会に殉ず　木堂会の由来

第四章　帝国の危機と産業立国……75
1　広汎な見識を統一する歴史認識……75
大逆事件と南北正閏論　教育への視点　国立理化学研究所
福澤諭吉と理想社会
2　辛亥革命と犬養……85
アジア民族解放運動への理解と同情　宮崎滔天との面会と支援
中国からの亡命者を庇護する　犬養の大陸政策　アジア解放の壮大な夢
辛亥革命の勃発　孫文との交友
3　産業立国の提唱……100
後輩に与える政治家の心得　犬養の改革論の骨子　胸中深く普選を期す
相次ぐ政治腐敗事件　産業立国論の展開　国家の解体

十月事件とその甘い処理
4　軍備縮小を提起……116
陸軍整理問題　国防計画の確立　軍縮ついに断行される
第五章　逓信大臣時代……125
1　関東大震災……125
逓信大臣として入閣　震災で通帳焼失でも預金金額保証
2　閣僚の一員として……132
虎ノ門事件　横浜復興に尽力する　山口県萩町で料金問題を解決
逓信省を去る
第六章　心ならぬ間奏曲……137
1　政革合同への胎動……137
普選法の成立　原敬と政友会　革新倶楽部と政友会の合同
なぜ合同するかを訴える　政友会との合流
2　議員辞職と政界引退……151
逓信大臣と議員を辞職　高原の白林荘　田中義一の死去

政友会総裁に就任　菊竹六鼓による予言
3　風貌、囲碁、書道……167
絶倫の風貌――三人の評　犬養の棋風　木堂と蒼海の書風

第七章　犬養内閣の成立……177
1　真の普選を目指して……177
金のかからない選挙制度とは　二大政党制を唱える
大選挙区比例代表制
2　組　閣……190
運命の曲がり角　波瀾含みの出発　陸軍との一戦を覚悟
軍の隔離教育の功罪　従来と異なった政党を目指す
国家を暗黒より光明に導くこと　根本的行政改革の必要
3　昭和の新政断行……199
桜田門事件　三〇四名の大政党誕生　犬養の経綸と施策
国策審議会の構想　犬養のラジオ放送
4　満州事変の解決に尽力……207
犬養内閣の使命　荒木貞夫を陸相に

元帥上原勇作に陸軍暴走阻止を頼む　密使・萱野長知を送る
内閣書記官長森恪の野望　萱野からの電報届かず　張学良との交友
リットン調査団と犬養　犬養毅と高橋是清

第八章　五・一五事件の顚末……231

1　犬養暗殺の前奏曲……231
襲撃計画を傍観した陸軍　遭難一週間前の演説

2　運命の日曜日……234
「話せばわかる」と「問答無用」　武士道廃れる　重臣も未然防止できず

3　事件の真相……240
何を話したかったのか　五・一五事件の裁判　実行犯の心情
受刑者たちの処罰　犬養内閣を葬ったのは海軍も同罪
森恪による手引説

4　国家主義の横行……256
日本の軍国主義　襲撃へと駆り立てた思想家　大川周明と北一輝
ファシズムに抵抗した人々　民衆も加担した国民感情
助命嘆願と国民の責任

5 事件をめぐる報道……265
報道は少なかった　菊竹六鼓の勇気　『新愛知』の犬養追悼

6 事件の余波……272
事件直後の動揺　五・一五事件直後の政界　斎藤実内閣の成立
森恪の死　日本の政党政治終わる　犬養首相の葬儀

参考文献　283
あとがき　293
犬養毅略年譜　297
人名索引

図版写真一覧

犬養毅（犬養木堂記念館蔵）……カバー写真
犬養毅（犬養木堂記念館蔵）……口絵1頁
生家主屋（岡山市川入／犬養木堂記念館提供）……口絵2頁上
「国会議事堂の図」（犬養木堂記念館蔵）……口絵2頁下
白林荘での犬養（昭和五年）（筆者蔵）……口絵3頁上
白林荘でくつろぐ犬養（犬養木堂記念館蔵）……口絵3頁下
田中久左良筆「得意の木堂翁」（犬養木堂記念館蔵）……口絵4頁

政党の変遷……xvi〜xvii
犬養家系図……xviii
『秋田日報』主筆の頃（明治一六年）（『木堂先生冩真傳』より）……36
名妓お鐵に与えたる名残りの扇面（伊藤金次郎『わしが国さ』より）……38
大隈夫妻とともに（明治一一年頃）（『木堂先生冩真傳』より）……48
犬養と尾崎行雄（大正二年二月）（『木堂先生冩真傳』より）……57
三浦邸での三党首会談（第二次）（『木堂先生冩真傳』より）……67
頭山満らとともに（昭和三年一〇月）（『木堂先生冩真傳』より）……99上
中国訪問中の犬養（昭和四年）（『木堂先生冩真傳』より）……99下

護憲三派内閣の三党首会談（『木堂先生写真傳』より）……134
政友会への合流（大正一四年五月）（『木堂先生写真傳』より）……145
富士見の白林荘（『木堂先生写真傳』より）……153
政友会総裁となった犬養と、党の長老高橋是清（昭和四年一〇月）（『木堂先生写真傳』より）……157
犬養総裁の獅子吼（『木堂先生写真傳』より）……161
岩佐銈六段との対戦（『棋道』大正一三年一〇月号、より）……170
犬養の書（堀江知彦『書の美しさ』より）……172
揮毫中の犬養（昭和五年一月）（『木堂先生写真傳』より）……174
遊説途中、汽車の車窓から見送りと話す（『木堂先生写真傳』より）……178
第一回普通選挙で使用された政友会のポスター……188
大命降下を受けた犬養と西園寺公望（『木堂先生写真傳』より）……191
犬養内閣の閣僚（『木堂先生写真傳』より）……192上
首相就任を喜ぶ家族たち（『木堂先生写真傳』より）……192下
総選挙大勝を聞く犬養内閣（『木堂先生写真傳』より）……201
ラジオ放送に立つ（昭和七年五月一日）（『木堂先生写真傳』より）……206
ファッショ運動批判の記事（『東京朝日新聞』昭和七年五月一三日朝刊二面）……243
海軍側公判（昭和八年七月二四日）（毎日新聞社提供）……248上
陸軍側公判（昭和八年七月）（毎日新聞社提供）……248下
五・一五事件受刑者一覧（『国史大辞典』第五巻、吉川弘文館、より）……250～251

減刑嘆願書の束（毎日新聞社提供）……264
事件を報じる号外（『東京朝日新聞』昭和七年五月一五日）（犬養木堂記念館蔵）……266〜267
犬養の葬儀（『木堂先生寫真傳』より）……280
犬養の墓碑（平成三年五月一五日の墓前祭）……281

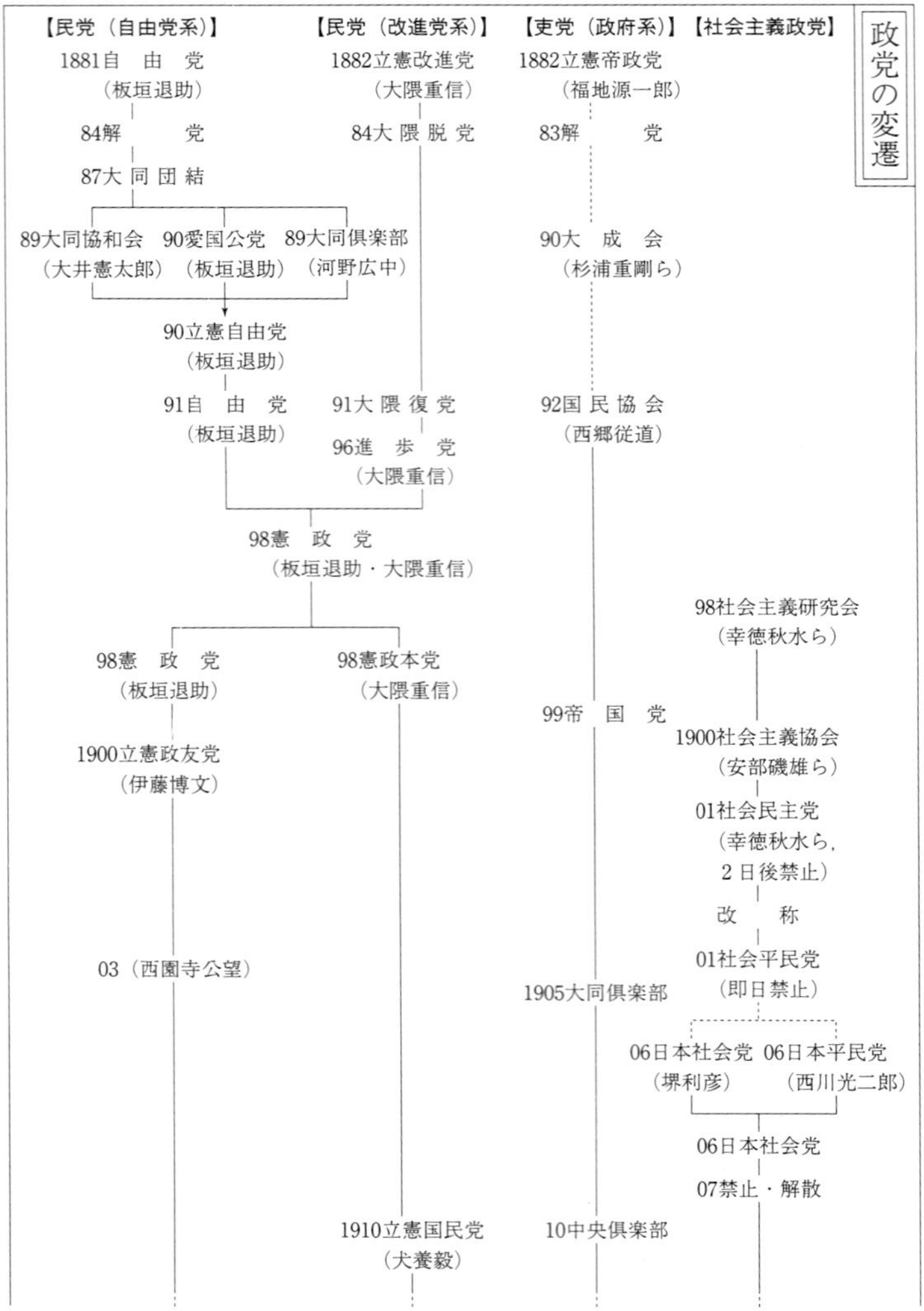
政党の変遷
【民党（自由党系）】
1881自　由　党
（板垣退助）
84解　党
87大同団結
89大同協和会
（大井憲太郎）
90愛国公党
（板垣退助）
89大同倶楽部
（河野広中）
90立憲自由党
（板垣退助）
91自　由　党
（板垣退助）
【民党（改進党系）】
1882立憲改進党
（大隈重信）
84大隈脱党
91大隈復党
96進　歩　党
（大隈重信）
98憲　政　党
（板垣退助・大隈重信）
98憲　政　党
（板垣退助）
1900立憲政友党
（伊藤博文）
03（西園寺公望）
98憲政本党
（大隈重信）
1910立憲国民党
（犬養毅）
【吏党（政府系）】
1882立憲帝政党
（福地源一郎）
83解　党
90大　成　会
（杉浦重剛ら）
92国民協会
（西郷従道）
99帝　国　党
1905大同倶楽部
10中央倶楽部
【社会主義政党】
98社会主義研究会
（幸徳秋水ら）
1900社会主義協会
（安部磯雄ら）
01社会民主党
（幸徳秋水ら，
2日後禁止）
改　称
01社会平民党
（即日禁止）
06日本社会党
（堺利彦）
06日本平民党
（西川光二郎）
06日本社会党
07禁止・解散
10中央倶楽部

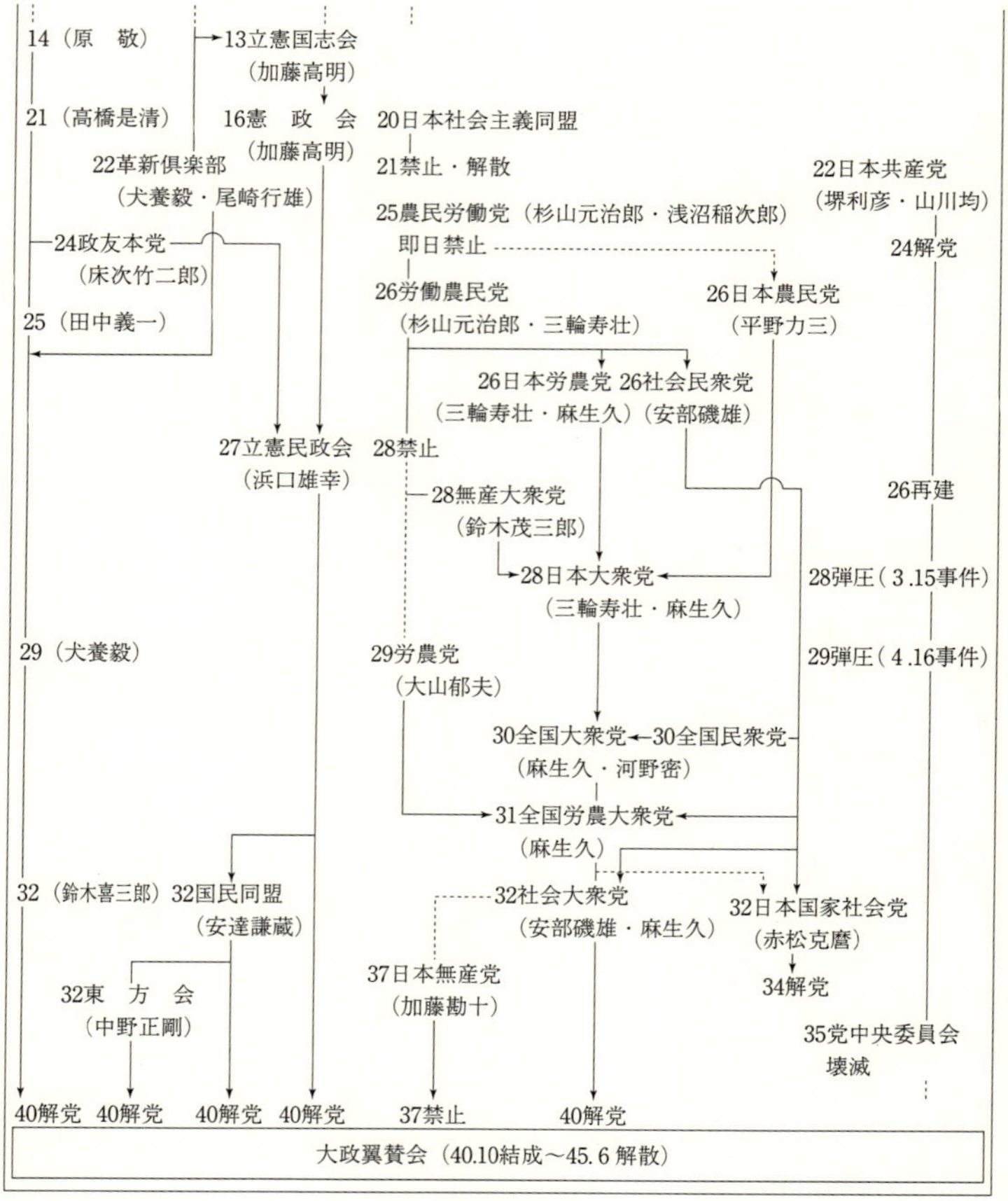

（『ビジュアル日本史』東京法令出版，より）

犬養家系図

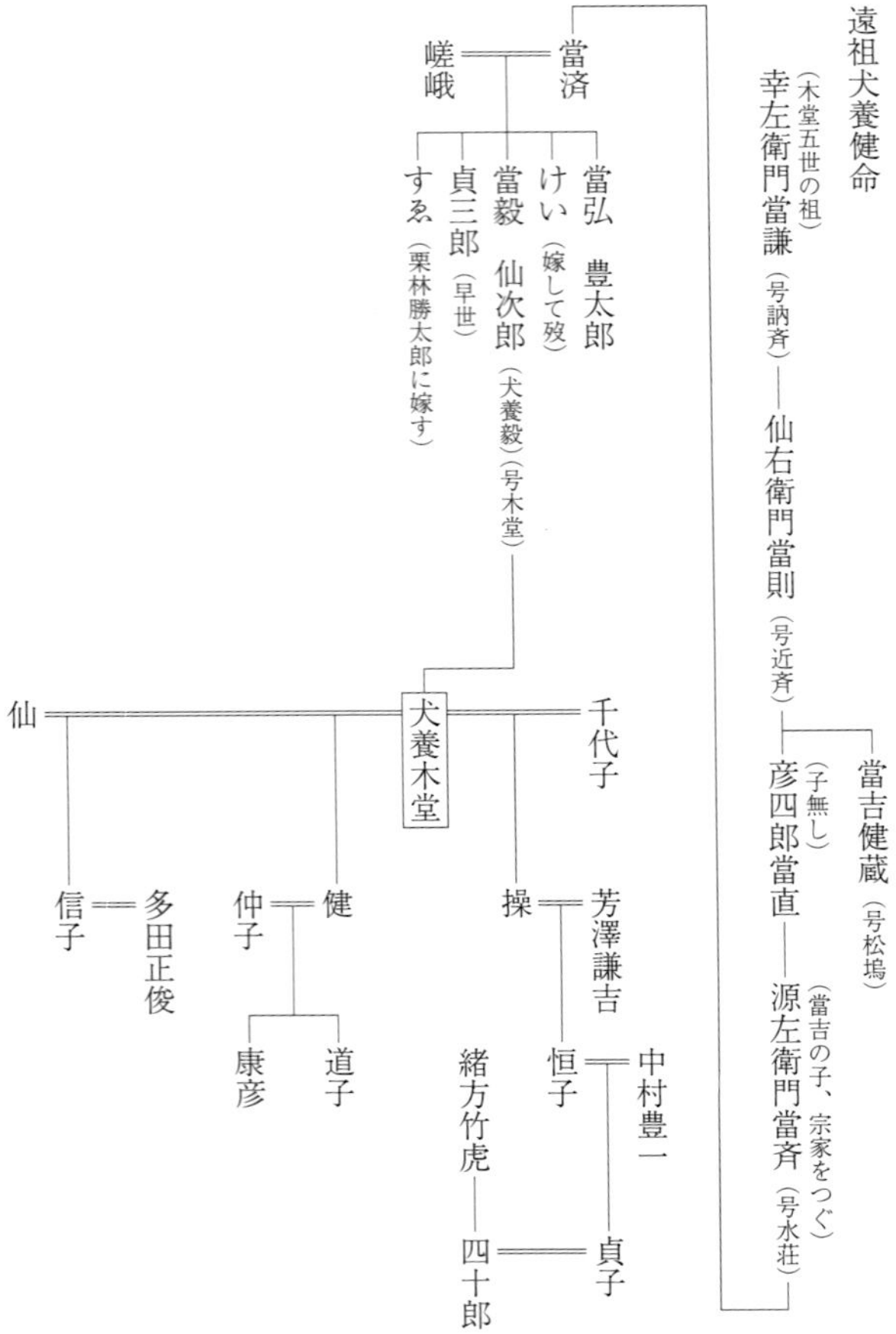
遠祖犬養健命
（木堂五世の祖）
幸左衛門當謙（号訥斉）
仙右衛門當則（号近斉）
當吉健蔵（号松塢）
彦四郎當直（子無し）
源左衛門當斉（号水荘）
（當吉の子、宗家をつぐ）
當済
嵯峨
當弘　豊太郎
けい（嫁して歿）
當毅　仙次郎（犬養毅）（号木堂）
貞三郎（早世）
すゑ（栗林勝太郎に嫁す）
千代子
犬養木堂
仙
芳澤謙吉
操
健
仲子
多田正俊
信子
中村豊一
恒子
緒方竹虎
貞子
四十郎
道子
康彦

第一章　若き日々

1　出自と幼少時代の修学

家系

犬養毅《いぬかいつよし》は、安政二年（一八五五）四月二〇日、備中《びっちゅう》国賀陽《かよう》郡庭瀬《にわせ》村字川入《かわいり》（現・岡山市川入）に、父・犬飼源左衛門当済、母・嵯峨の二男として生まれた。彼が生まれたとき、父当済は喜んで近親者を招いて盛宴を張った。そして仙次郎と命名され、諱《いみな》は当毅とされた。

大庄屋犬飼家の当主当済は、苗字帯刀はもちろん、槍をも許され、無禄ではあったが、中小姓格の待遇を藩から受けていた家柄であった。彼の家系について犬養自身がこう述べている。「吾輩の家は一種妙な家柄で、吉備津《きびつ》神社の関係から（遠祖犬養健命の随身たり）領主が屢次代っても常に特別の待遇を受け、元は可《か》なりな資産もあり、今に残っている礎などに依って見ても相当な家に住んで居たことが推察されるし、父の幼少時代迄は、まだ幾らかの資産もあった」（『木堂伝』上、一九頁）。

ところが曾祖父が板倉家に召出されて、長男彦四郎当直が大庄屋の後を継いだが、家産は七分どおり使い果してしまった。

犬飼から犬養へ

生家の姓は父の代まで「犬飼」であったが、犬養が明治八年（一八七五）七月一〇日、東京着を家兄の当弘に報ずる葉書に、「犬養当広」と認《したた》め、「発信人犬養毅」と記しているから、この上京に際して犬飼を犬養に改めたと見てよかろう。当時の届書も「養」の字を用いている。以来宗家もこれに従うこととなったのである。

後に述べるように、この一〇年前の慶応元年（一八六五）、一一歳の犬養は、儒者犬飼松窓《しょうそう》の門に入り、二、三年学問（経学・経書）に精励した。経学とは四書五経を研究する学問である。この犬飼松窓は、『日本紀』『姓氏録』『万葉集』などに犬飼家の遠祖が「犬養」とあることから、「飼」の字を忌み「養」としていた。松窓のもとで漢学の素養を積んだ毅も、師に倣《なら》ったのであろう。

父と母

犬養家は、代々武芸や学問に優れた人物を出してきた。

犬養の父源左衛門は、儒学を修め、板倉侯に仕えたものの、途中で辞して郷士となった。後年福澤諭吉は、犬養が「平民」とあるのをいぶかって尋ねたところ、元は郷士だったことを知り、さもありなんと納得したという。何かにつけて士族の子弟を重視していた福澤は、学問や討論に秀でている犬養が平民のはずはないと考えたのである。

この父は、明治元年（一八六八）八月に四九歳の若さで病没した。兄の当弘が一九歳、犬養はわずか一四歳であった。維新の大変革とともに父を失い、家政はにわかに苦しくなり、未だ少年の犬養は世の荒波に投じられた。彼の逆境はこの時から始まり、それが生涯を貫いたと言えよう。

母嵯峨は、思慮深く同情心に富む賢夫人の誉高く、犬養を愛護したことはもちろん、その友人に対しても、乏しい家計の中から手厚く世話をした。その庇護をうけて世に出た人も多い。この同情深い母の性格は、犬養の心性の核心に遺伝している。この母は、明治三四年（一九〇一）七月二四日、七七歳で東京早稲田に没している。

森田月瀬と犬飼松窓に学ぶ

犬養家は儒道では程朱学派であって、五世の祖が山崎闇斎《あんさい》の教えを受けている。闇斎は清貧で諸侯に膝を屈することなく高き志をいだき続けた大儒者で、その学風は峻厳で聞えた。犬養が豪傑的側面をもつとともに、謹厳にして正邪曲直にきわめて峻烈であったのは、ここにも根差していると見ることができよう。

犬養は五歳から父より経書（四書五経）の素読を習い、七歳になると森田月瀬《げつらい》の家塾に通い漢学を学んだ。月瀬はもともと庭瀬藩医であったが詩文をよくした。

ただ、犬養の父は家業をつがせるため、彼を経学者にしようと考え、森田月瀬の塾をやめさせて、犬飼松窓の三余塾に入らせた。時に慶応元年（一八六五）、犬養一一歳であった。それから二～三年の間、彼はもっぱら経学を学んだ。彼の修学の進路は父の命に従ったものであった。新たな師、犬飼松窓も、学徳高い活儒であった。

ところが、明治元年に父が逝去したので修学が困難となり、自活の道を歩まねばならなくなった。そこで翌年、わずか一五歳にして自宅の門側の一屋で寺子屋を始め、一方で犬飼松窓の塾にも通って勉学した。その熱心さは相当なもので、学業はめきめきと上達した。この間、彼は多くの書物を読破した。松窓が倉敷の明倫館《めいりんかん》に移ってからも、彼はその後を慕い、母方の伯父の家に寄寓して倉敷までの通学を続けた。

後年、犬養は先師追慕の至情を失わず、松窓の嫡孫源太郎を東京に招き、指導援助した。のち源太郎は、衆議院に二回当選して犬養毅直系の議員として活躍したが、惜しくも大正一二年（一九二三）九月一二日に没した。

小田県庁に写字生となる

明治五年（一八七二）、一七歳になった犬養は、習字を教わっていた御祐筆の近藤奏之助が小田県庁の役人をしているのを思い出し、近藤に相談すると地券局の書記に口があるというので、そこに勤めることにした。なお小田県とは、現在の岡山県西部から広島県東部にかけて当時あった県で、県庁は現在の岡山県笠岡市に置かれていた。ここでの仕事は、管内各町村から提出される調書を地券台帳と照合することで、ときには統計の調製をする。犬養は達筆だったので月給は普通より一円高い七円だった。

この当時の犬養は、県庁の小使や給仕などに対してきわめて親切で、菓子などを買ってやったり、困っている話を聞けば小遣いなどを与えていた。とにかく目下の者には親切であった。これは犬養の晩年になっても変わらぬ特徴であった。

明治七年（一八七四）に地券局は地租改正局となったが、これを機に小田県庁を辞した。なお、当時の権令《ごんれい》矢野光儀《みつよし》は、のちに犬養を統計院権少書記官に推した矢野文雄《ふみお》（龍渓）の父であった。

2　青年犬養、上京への決意

運命を変えた書——『萬国公法』

好学心向上心の旺盛な若き日の犬養にとって、従来の漢学（経学）では次第に物足りなくなってきた。

犬養が小田県庁に勤めていた明治七年頃、当時の医者などのインテリゲンチャたちは寄り集まって『気海観瀾』だの、『博物新編』だのの漢訳の西洋書の輪講をすることが流行していた。ある日、漢訳の『萬国公法』が取り上げられたとき、先輩がよく読めないという。そこで犬養が持ち帰って三日三晩読んでみたが要領を得ない。しかし一応説明すると皆が感服した。

ここで犬養は、この本はいままでの中国の文献にはない新規な学問だから、まず英語の原書で読んでみようと決心した。これは犬養が漢学から英語へと改宗《コンバーション》した第一歩であった。『萬国公法』一巻こそは、犬養の運命を変えた書である。

東京への上京と藤田茂吉との出会い

英語の原書を読むためには、どうしても東京に出なければならない。犬養が外伯父から三〇円貸与の承諾を得て、内一五円を受け取り、いよいよ上京が実現したのは、明治八年（一八七五）七月上旬だった。二一歳の初夏である。

「男子一たび郷関を出ず、志成らずんば帰らず」と心に決め、みすぼらしい弊衣破帽の外見の中に烈々たる高志を懐《いだ》いて犬養青年は郷里を後にした。まさに「被褐懐玉《ひかつかいぎょく》」（衣服は粗末だが、心には玉をいだく）を体現していた。

しかし、花の都と思った江戸は、犬養に様々な試練を課した。まず、頼っていった松窓塾の先輩で塾頭の難波恭平が、山口県へ転任してしまっており、犬養はたった一人となって途方に暮れたのである。懐中には残金九円のみ。

ようやく難波一族の保証で東京湯島の共慣義塾《きょうかんぎじゅく》に入ったというが、家兄の当弘に宛てた七月一九日の手紙によると、偶然に途上で会った元小田県庁の官吏・山口正邦の紹介で、当時林姓を名乗っていた山口の従兄、藤田茂吉に会った。藤田は慶應義塾を出てから『郵便報知新聞』の主筆であったが、彼の勧めで犬養は共慣義塾に入ったという。この塾は月謝も食費も安かったからである。それでも生活は苦しいので、藤田の家に身を寄せた。

慶應義塾に入り、『郵便報知新聞』に寄稿する

そのころ藤田は、京橋の南鍋町から日本橋の浜町に引っ越したが、彼は犬養に一つの提案をする。『郵便報知新聞』に原稿を書いてその原稿料で慶應義塾に入ったらどうかというのである。これが犬養の第二の大きな転機となった。上京した翌年（明治九年）、犬養二二歳の春であった。

当時は「報知は郵便報知」といった時代である。『郵便報知新聞』は、町田忠治《まちだちゅうじ》を最後として八人の大臣を出し、大隈、犬養、原敬《はらたかし》の三人の総理を出している。そのなかでも新聞記者としては、犬養の活躍が傑出していた。

しかし通学に時間がかかるので、やがて慶應義塾の寄宿舎に入った。ここで彼は英語と真摯に立向

かう。一方では林鶴梁《はやしかくりょう》の門に入り、漢学と文章を習っている。慶應義塾での犬養は、原稿料収入でうるおい（原稿一枚二〇銭）、教室へも紋付羽織を着て出るという、報知新聞記者兼学生の二重生活だった。

3　従軍記者として

「戦地直報」で文名あがる

明治一〇年（一八七七）二月一五日に、薩摩の不平士族が蜂起する（西南戦争）と、『東京日日新聞』からは福地桜痴《ふくちおうち》、『郵便報知新聞』からは矢野龍渓という一流どころの記者を特派した。しかし、彼らはたいてい京都にいて、政府に集まる情報によって戦況を筆にしていた。

だがそうした記者と異なり、二二歳の犬養は勇躍して戦地に飛び込んだ。着いたのは同年三月中旬で、ちょうど田原坂《たばるざか》の激戦の最中であった。

戦況報告を書けば卒業まで社から毎月一〇円ずつ出すとの約束があったとはいえ、現地で兵士と苦労をともにしながら、砲煙弾雨の中で生々しい状況を、一〇四回にも及ぶ戦記「戦地直報」に綴った。「本社より派遣せる戦地探偵人、犬養毅の実地目撃或は聴取にかかる細報を左に掲ぐ、明治一〇年三月二七日報知。実地の景況看客の耳目に新しきを信じ悉《ことごと》くこれを写す」に始まる「戦地直報」の最大の特徴は、その迫真の描写である。

「小銃の弾丸雨の如く注ぎ来り、路傍の樹木に中り弗々《ふつふつ》とし皆声あり、時に官兵の傷を負ふて退き来るものに逢ふ、曰《いわ》く予は誰ぞ、答へて曰く新聞記者なりと、官兵は予輩の神色自若なるに驚き、且《か》つ教へて曰く、予が服装に官の章なし、恐らく吾党に誤り撃れん。若し是より一町を進まば、両軍対戦線の中央に出るの道なるゆへ、請ふ此処より退き、別に本道より進んで官軍の背後に出でよと、予輩匆卒《そうそつ》の間懇諭に従ひ、直に道を転じて山を廻り、大山少将の旗を樹てたる丘陵に至る。」(「西南役従軍記」第八回、『犬養木堂』東京木堂会、所収、三一頁)

「予も始めて戦地に赴きたる節は、夢中にて更に怖るる事も無かりしが、やがて耳元に銃響して間近なる軍人の鮮血ほとばしり倒るるを見て、一時駭然股栗して歩むこともならざりき。既にして数度の見物に漸やく馴れ、硝煙にむせながら、わずかの立木を小楯に握飯を喫し、彼方此方と立廻れど更に意とせざる様になりたり。」(「西南役従軍記」第十二回、前掲書、四七頁)

若き新聞記者犬養は、危険な地帯へと足を踏みこみ、味方の官軍に誤射されることにもなりかねない危険地帯に踏みこんで取材し、危ないところを味方の官兵の助言に助けられたという。こうした迫真の描写力は読者の心をとらえた。一時、消息不明で、社友犬養毅は流弾にあたり物故したとの流説もあり、「戦地直報」の一六回目には、彼の健在を報ずる編集者のただし書きが冒頭に載ったりして読者をはらはらさせた(なお、帰京後に福澤諭吉から、「命しらずの大馬鹿者」と大目玉を喰らったという)。

犬養は、その取材にあたって確固とした取材哲学を持っていた。「予と同業の筆を載せて兵間に事を記す或生は、頗《すこぶ》る官の鼻息を嗅ぐ故、記事或は紆余曲折する者あらんが、予は直に見て記し、己が意見のままを連ねて報ずるのみなれば、更に斟酌文飾を用ゆるに暇《いとま》あらず、諸兄幸に諒せよ」（同前）。犬養は、官の鼻息をうかがい官におもねるための舞文曲筆を嫌悪した。あるがままを客観的に描写していささかも恥じなかった。単に従軍しているだけの記者ではなかったのである。

犬養の筆は、民情をもとらえている。例えば、当初は民衆に至るまで官軍を敵視していたが、次第に平穏になってきている。ただ、官軍に協力して万一薩摩軍が勝利した際に過酷な罰を受けないかと恐れているように見える（「西南役従軍記」第四十二回、前掲書、一一三頁）。また、家を失った人々が仮屋を建築することもできず、親戚知人の家に避難して雨露をしのいだり、運輸の便がないので物価が高騰している（「西南役従軍記」第三十八回、前掲書、九九頁）。さらに、兵士の多くが「スカイ」（娼妓の方言）のもとに詰めかけており、とくに容色の優れた者であれば前日か当日朝までに予め約束をしておかねばならないほどであるとし、「嗚呼昨日は血風腥風《けっぷうせいふう》の修羅道場に陥り、今日は醜体痴情の煩悩地獄に堕落す、皆前世の因縁乎」（「西南役従軍記」第三十八回、前掲書、一〇〇頁）と記している。

乃木希典との出会い

当時、犬養が軍中で次のような漢詩を詠んでいる。戦場を肌で感じ、現地の情勢を叙して余すところなく、漢詩の素養を備えた犬養ならではの作品である。

崎嶇樵逕排叢篁　崎嶇《きく》たる樵逕叢篁《しょうけいそうこう》を排す

身伴奇兵突賊彊　身は奇兵を伴うて賊の強きを突く

鐵馬不断人不語　　鐵馬断《いなな》かず人語らず
衡天殺気夜鋩々　　衡天の殺気夜鋩々
（訓責小林）

奇岩が立ちはだかり、竹笹や草木のおい茂るまさに木こりの通る道を分け入り分け入り進む。強い賊兵を一挙にたたきつぶそうと、奇兵を率いて突撃する。完全武装の馬も人も、ただ粛々として声もなく歩き続ける。あたりには天をつく殺気がみなぎり、夜は深々とふけてゆく。

この漢詩は、西南戦争に従軍していた若き日の乃木希典から激賞を受けている。なお、「戦地直報」（第一六回）には、乃木希典が次のように登場している。「乃木少佐足を傷めて未だ癒《いえ》ざれども、日々軍中を馳騁《ちてい》して兵卒を指揮する更に難ずる色なし」。

西南戦争から二十余年後の日露戦争の折、乃木は有名な金州城の詩を賦した。

山川草木轉荒涼　　山川草木轉《うたた》荒涼
十里風腥新戦場　　十里の風腥《なまぐさ》し新戦場
征馬不前人不語　　征馬前《すす》まず人語らず
金州城外立斜陽　　金州城外斜陽に立つ

この乃木の詩と犬養の詩を比べてみると、転句がすこぶる似ている。犬養は『木堂韵語』に、この自作の「崎嶇樵徑」を録していう。「予於軍営一日示之乃木中佐。中佐激賞。後経数十年。乃木将軍金州城之作。転句与予作同。蓋将軍己忘為予作也」。乃木の胸中深くに往年の犬養の詩が余響《ナハクラング》として残っていたことを思わせる。

西郷南洲の死を悼む

犬養の「戦地直報」は実に一〇四回に達し、「鹿児島城山賊巣攻撃立約」をもって終わる。攻撃部署を詳細に述べた後、その終わりに万感の思いを込めて次のように述べている。西郷の死を悼む気持ちが文面に満ちている。

天既に明け、戦全く止む、諸軍喧呼《けんこ》して曰ふ、我西郷を獲たり、我れ西郷を獲たりと、而して西郷の首は果して誰が手に落つるを知らざる也。午前九時偉身便腹の一屍を獲て来り、之を検すれば果して西郷なり、尋《つい》で其首級を獲たり、首は屍《しかばね》の傍らに埋め微《ようや》く頭髪を露《あらわ》す、因《よ》って之を堀出し、遂に桐野等の屍を併《あわ》せて浄光明寺に集め、両参軍以下諸将校之を検し、同所に埋む、実に明治十年九月二十四日午前十一時也。兵を起《おこ》して以来八閲《えつげつ》月の久しきに彌《わた》り、地を略《りゃく》すること五州の広きに渉《わた》る、武も亦多しと言ふ可《べ》し、英雄の末路遂に方向を錯《あや》まり、屍を原野に曝《さら》すと雖《いへど》も、戊《ぼ》辰《しん》の偉功国民誰《たれ》か之を記せざらんや、嗟《あゝ》我輩は官軍凱旋《がいせん》の日に歌ひ、国家の旧功臣が死せるの日に悲しまざる可からず

九月二十五日　犬養　毅記

犬養は、終生西郷南洲翁を尊敬し続けた。のち、西南役から五三年後の昭和五年（一九三〇）一一月、政友会総裁犬養毅は、党の九州大会に臨んだ後、往年の城山に登り、当時を回顧する漢詩を寄せている。

4　慶應義塾での生活

擬国会での演説

慶應義塾での学生生活は愉快だった。福澤諭吉が音頭をとった演説会やら模擬国会（以下「擬国会」）がしきりに行われた。尾崎行雄《おざきゆきお》や波多野承五郎らが協議社をつくれば、これに対抗して犬養が中心になって猶興社《ゆうこうしゃ》を組織した。福澤はこの連中を「民権村の若い衆」と言っていた。

明治一三年（一八八〇）の春、慶應義塾において初めて擬国会を開いた。議案は鎌田栄吉の発案で国会議員選挙法とした。もちろんこの擬国会の提案者は、先見の明ある福澤諭吉であった。大は国政、小は町村行政、鎮守の祭礼、村芝居の下相談まですべて会議法によるような時節が将来必ず到来するから、今から議事法を練習しておく必要があるという福澤は、明治七年（一八七四）六月に小幡篤次郎《おばたとくじろう》と小泉信吉《こいずみのぶきち》との共著で『會議辯』という著述までしている。擬国会を開くに当たり、鎌田栄吉あての福澤の手紙にも、犬養毅、林欽亮（のち伊藤）、高島小金治の名があった。

この擬国会では、議題となった比例代表制をめぐりわが国にこれを採用すべきか否かで議論百出、満場騒然、甲論乙駁のありさまとなった。大勢は比例代表制など必要なしに傾いていた。賛否両論のやや終息しかけたとき、犬養はやおらすっくと立って原案賛成論をぶち上げた。まず、反対論者の説を俎上にあげてこれを一つひとつ反駁し、論じ来って倦《う》むところを知らず、ついに議長福澤諭吉の裁決となり、犬養の勝利に帰した。ときに犬養二五歳。身体は小なりとはいえ、眼光炯炯《けいけい》、人を射るようで、その颯爽たる風貌は満場を圧し、警句はつぎつぎに口をついて出るありさまに数百人の聴衆は粛として声がなかった。

このように、犬養にとって比例代表制は、慶應義塾在学中の擬国会において多くの反対論を制し、議長・福澤諭吉の裁決で、堂々の勝ちを制した課題であった。それから半世紀の時が流れ、犬養は内閣首班となった際、青春時代以来の宿願である比例代表制を実施に移す伏線となった。

二人の恩人、福澤諭吉と栗本鋤雲

犬養は、人とのめぐり会いで次々と運命の転換期を通過している。例えば、小田県知事・矢野光儀の嗣子矢野文雄（龍渓）、藤田茂吉との出会いがある。この二人は、犬養の漢学の素養と文才がただものでないことを発見し、文章への道を拓いた恩人である。矢野は当時の犬養を「精悍の気眉宇に溢れ一見して鷙鳥の如きも其温情掬すべき所ありき」と評している。

また、共慣義塾の塾長神田精二の紹介で栗本鋤雲《くりもとじょうん》に知られ、そのうえ慶應義塾で福澤諭吉の知遇を得た。この二人は、犬養の性格思想の形成に大きな感化を及ぼした。

栗本は旧幕の遺臣で、初め典医であったが後に幕政の枢機に参画した。安芸守となり、外国奉行を務め、兵庫開港のため英仏米蘭と折衝した。また、小栗忠順《おぐりただまさ》とならぶ親仏派の巨頭でもあった。その栗本は維新後に『郵便報知新聞』の主筆となっていた。

犬養は『木堂談叢』の中で栗本翁につき、「其学問、識見、胆力ともに一代の人傑」であるといい、栗本の小伝を書いた。ただ栗本が在世中だったので、その人となりについては一切書かなかった。要するに一代の奇傑であるといっている。「英雄は、英雄を知る」のたとえのように、栗本のほうも早くから犬養の素質を見抜き、彼の将来に大いに期待し、誘掖して、犬養の脳裡に清新な意見を吹き込んだ。栗本は、彼を紹介した神田精二に、口をきわめて犬養の人物を讃えたという。

栗本、犬養の両人は、性格上共鳴するところ多く、その高風清節、堅実な操守、崇高な節義は共通する。そのうえ栗本の文才、「報知」の客員十余年にして多趣味。晩年は野に在って、花を植え、詩を詠じた。

ところで、犬養の雅号「木堂」は、栗本鋤雲の感化により、『老子』（七十六章）にある「兵強則滅木強則折」（兵強ければ則ち滅び、木強ければ則ち折る）からとった。軍隊が強ければ国は滅び、樹木の強いものは折れてしまう。つまり、個性の強い犬養が折られないようにあえてつけたのか。弟子を見ること師に如かず、であろうか（栗本鋤雲が、論語の「剛毅木訥近仁」からとって選んだとの説もある）。

慶應義塾を退学する

犬養は才学抜群で、慶應義塾で常に主席であったが、卒業直前の試験で二席になった。そこで彼は、学んで努めて及ばざるは慚愧《ざんき》に堪えぬと言って、明治一三年（一八八〇）八月に退学の手続きをとった。福澤は尾崎と犬養の学才に期待していたから、卒業していなくとも問題とせず、二人を後藤象二郎《しょうじろう》に推薦している。

なお、この頃から交友をもっていた尾崎も慶應義塾を中退している。尾崎の場合は、福澤に提出した作文「学者自立論」において、学校を卒業して役人となる風習を痛罵したのに対して、福澤が「議論は道理千万だが、さて実行せられぬなら致し方のないことだ」と評すると、尾崎はそれなら「自分は実行する」と退学して、工学寮（工部大学校の前身）に入学したが、ここも一年ほどで辞めてしまう。

尾崎は後に報知新聞記者時代には琴泉と号したが、森田思軒が「女流作家か音曲師匠か」と言ったので学堂と改めると、犬養が「学堂とは学校のことだ」と言った。のち明治二〇年（一八八八）一二月の保安条例の時に愕然として驚いてからは、愕堂と改めた。また、尾崎の字《あざな》の伯久について、犬養が「伯耆屋の矢兵衛どん…の略語かい」と冷評したので、以来尾崎は字を使うことを止めたという。尾崎の稚気、犬養の辛辣という両雄の特徴がよく表れている。

第二章　東海経済新報時代

1　経済学者犬養の登場

当時の日本は、慶応二年（一八六六）の改税条約以来三十余年。たえずその改訂につとめて、有識者は、自国の産業開発と貿易政策との関係について常に考えをめぐらせていた。

貿易論の系譜

そのため明治三〇年（一八九七）頃までに貿易政策の著作は多かった。例えば自由貿易主義を唱えたのは、田口卯吉《たぐちうきち》『自由交易日本経済論』（明治一一年）、田口が主宰する『東京経済雑誌』（明治一二～大正一二年）があり、一方、保護貿易主義を掲げたのは、若山儀一『自由交易穴探第一巻』（明治一〇年）、犬養毅主宰の『東海経済新報』（明治一三～一五年）、犬養毅『圭氏経済学』（明治一七～二一年）、大島貞益『李氏経済論』などがあった。

これらの論争は、あたかも一九世紀末の英国派経済学（田口）と米国派経済学（犬養）、それにドイツ経済学（大島）の三つ巴の論争となった。

犬養の主宰した『東海経済新報』では、犬養は、保護主義の基盤としての国家主義の立場を明確にし、戦時を想定する自給自足と、平時の産業育成の観点から保護税の必要を説き、農業国の不利を理論的に述べるなど、幅広い視野をもって鋭い説得力を示していた。

『東海経済新報』の発刊

犬養の果たした役割の第一は、それまでの日本の翻訳経済学、つまり西洋経済学の直訳的なものから、実際論を踏まえた日本の経済学への先導役を務めたことである。

もちろん犬養はケーリーの経済学の翻訳（『圭氏経済学』）もしているけれども、経済理論から経済政策論に移ると、それは一個の実際論となり、外国書の翻案では役に立たない。日本のたどるべき方向を定める上で重要となる政策論の中でも、当時最も真剣に取り組んでいかざるを得なかったのは貿易政策であった。日本の貿易政策において自由主義と保護主義のいずれを取るのか。

さて、この田口の主張に対して犬養がどのような立場から論戦を挑んだのか。明治一二年（一八七九）一月二九日に創刊した田口の『東京経済雑誌』から一年七カ月遅れた明治一三年八月二一日に、犬養は保護主義の旗を高く掲げて『東海経済新報』（旬刊）を発刊した。

この第一号に掲げた「緒言」こそは、犬養の根本主張を明らかにしたものであり、少し長いが目を通す必要がある。

一国の経済（ナショナルエコノミー）は世界一般の経済（コスモポライトエコノミー）と同じからず、又一人一家の経済（プライベートエコノミー）と同じからず。一人一家と世界一般人類の間において一社の集団を作り、他の集団と相離れて屹然特立するもの之を国と云う。故に国各其人種系統を異にし言語文字を異にし風俗習慣を異にし法律制度を異にし文明進度を異にす。是以て其利害皆な同一なるを得ず。利害同一ならず。是以て国各其国の経済ありて万国同一なるを得ざるなり。若夫の万国普遍の経済を確定せんとせば、必ず先づ万国を合して一社会を成し、万世争戦せず分立せず国体の異なるなく利害の異なる無らしめざる可からず。然らざれば必ず万国同一の経済を定むるをうべからざるなり。故に一国の経済を論ずるもの先づ国の形勢時情を詳にし、国の利害得失を計り以て其国固有の洪益を発達大成せざる可からず。

我国近来学士論者彬々《ひんぴん》輩出し経済を講ずるものまた多し。而して之を書に筆し之を新聞雑誌に編輯するもの甚だ尠く未だ広く世間に行はるを見ず。或は世間に行はるものありといえども概ね宇宙経済（コスモポリチズム）の空理を唱ふるものにて日本経済を論説記述せるの書と新聞雑誌と皆な未だ世に行はるゝを見ず。是れ吾輩が今茲に東海経済新報を刊行する所以なり。而して余輩固《もと》より浅学寡識この大任に堪ふる能はずといへども方今学士論者の見識を懐て之を世に公にする能はざるものをして其思想を述ぶることを得せしめ又吾輩平生の所見を述べて之を四方に質するを得ば豈唯吾輩持論の誤謬を正すのみならんや。誠に日本経済の真理を発見し以て之を大成完全するに庶幾《ちか》からん乎。吾輩が所謂日本経済なるものは世の所謂保護政策なるものにて将来続々篇を累《かさね》て弁論討議する所皆保護主義に外ならざるなり。請ふ四方有識の君子之を正せ。

(『東海経済新報』明治一三年八月二一日、第一号、一頁)

犬養の論旨は明解である。すなわち、それぞれの国の経済は世界一般の経済とも、また一人一家の経済とも違う独立の存在であることから、特に日本経済という特殊の状況下でのわが国の経済に対する根本政策を論じることである。それがすなわち保護主義だという。

田口卯吉と論戦

田口卯吉が、その主催する『東京経済雑誌』において自由貿易を説いたのは、明治一三年(一八八〇)一〇月以後のことである。田口は、『日本経済論』(明治一一年一月刊行)ですでにイギリス流の個人主義思想に軸足をおいて、まず各個人の利益の総和が国家の利益に合致すること、したがって自由放任こそが国家の最良策であること、この二点を強く主張したのであった西南戦争後、田口は『東京経済雑誌』誌上で、しきりに三菱の攻撃をしていた。田口の筆鋒は辛辣で、三菱もこれには手を焼いていた。そこで三菱は、当時『郵便報知新聞』の記者であった犬養毅に資金援助をして『東海経済新報』を設立させ、これにより田口の自由主義経済論を攻撃させ、政府の保護政策を弁護したというのが巷間伝えられているところである。

そうした背景がたしかにあったとしても、犬養は政府援護のためにのみ、対田口の論陣を張ったのではない。何事においても負けん気の強い犬養は、当時一流の経済学者と自他共に認めていた田口卯吉(鼎軒《ていけん》)を向こうに廻して、一新聞記者の犬養が堂々の闘いを挑んだのだから、世間の注目を浴びたのも無理はない。しかもその論戦は、明治一三年（一八八〇）八月から一二月末まで数次にわたり続き、ついに犬養の勝利に帰したのだから驚くほかはない。

その論争は中身の濃いものであった。日本の学界によくある感情論ではなく、整然たる理路、博引傍証、論旨の透徹、筆鋒の鋭利、誠に横綱相撲を見る感慨を持った人が多かった。この論争により経済学者犬養の名は天下に轟いた。

犬養と田口の相違点

ここで犬養と田口の大きな違いに気付くのである。つまり田口は、いずれの国にも適用できるとする経済学の普遍的な原理を、日本経済にも一律に当てはめようとした。いわば各国の個別性を無視しており、ここに田口の強さがあり、また弱さがあった。ところが、犬養から見れば、外国伝来の経済学原理を、そのままあたかもそれが普遍的原理のようにわが国に適合すると考えるのは、「宇宙経済の空理」に過ぎない。日本には日本の経済原理があるべきと考えたのである。

わが国の経済学においては、ながらく外国経済史の紹介に終始してきたが、明治一三年（一八八〇）という時期に、経済学の分野で外国経済学の祖述と模倣からの離脱を示す動きが一記者たる犬養毅によって行われたのである。犬養が田口との論争において示したのは、わが国の経済に対する根本政策であり、これは日本経済学樹立への一つの狼煙《のろし》であったと言ってもよい。

「日本経済を論説記述せるの書と新聞雑誌と皆な未だ世に行はるゝを見ず」とは、まさにここに日本独自の経済論樹立への犬養の強い自信が溢れている。

人がやらないことを、今、自分がやるという「乃公《だいこう》出でずんば創世《そうせい》を如何《いかん》せん」との気概が文面に満ちている。このように、犬養と田口はその出発点において根本的な差異があったのである。

たしかに、田口卯吉は明治一一年（一八七八）に、『自由交易日本経済論』を出している。しかし、書名の頭に「自由交易」の四字を付けたように、本書は「自由交易」を論じたものであって、「日本経済論」ではないところに注目したい。これに対して犬養が目指したのは、あくまで「日本経済を論説記述せるの書」を目指した、画期的なグローバルな視野でとらえた「日本経済論」だった。

田口の反論と犬養の反駁

しかし当時、自由主義者・田口がこれに黙っているはずはなく、好敵手犬養に猛然と襲いかかった。田口は『東京経済雑誌』第四一号（明治一三年一〇月一五日）、第四四号（同一一月一五日）および第四六号（同一二月五日）で「自由交易論」を発表して、犬養を駁しつつ、自説をますます強く主張した。

これに対し犬養は、『東海経済新報』第七号から第一〇号（明治一三年一〇月二五日〜一一月二五日）に「保護税論」を掲げて、田口説の一つひとつに答えたので、ここに二人の激しい論戦が繰り広げられたのである。

犬養の「保護税論」は二篇にわかれている。まず第一篇で次のように大上段に振りかぶり、開戦の火蓋を切った。犬養の年来の所信をもって正攻法に打って出たのである。「国体の区別を知らず、各国の利害を弁ぜざるものは一国の経済を談ずるに足らざるなり、金銭上の損益を知て未だ社会結構の効用を知らざるものは、一国の経済を談ずるに足らざるなり」。一国の利害は世界の利害と一致し、一個人の利害とも一致するという理屈は通用せず、一国の経済は宇宙経済とはちがい、また一家の経済と同じではないという理を知らず、また、その国特有の利害があることを知らないからであると犬養は言う。

さらに彼は説明する。一時、物価が騰貴するからといってこれをもって保護税の害とするのは、保護政策が永遠の利益をもたらし、生産力を増すという無形の利益を保全するという真理を知らないからである。保護税は、生産者に有利で、消費者に不利だというのは、社会運動力が何たるかを知らないためである。一つの国の経済の真理を知らないために、右往左往するのはあやしむにたらない。

「吾輩の曩《さ》きに保護論を草して以来、東京経済雑誌記者（田口卯吉）屢々弁駁せらると雖も概ね枝葉の末を議するに止り未だ大本原理を論じたるを見ず。是以て吾輩も亦記者と筆戦を開かざりしに、頃ろ雑誌記者が自由交易論と題し我保護主義を駁するに会ひ、吾輩正に開戦の機を得たるを以て、先づ議論の源流より始めて徐かに異同真似を判別せんと欲し、問題を掲げて弁論すること左の如し」（『東海経済新報』第七号、明治一三年一〇月二五日）。これは、まさに田口に対する宣戦布告であり開戦の雄叫びである。

売られた喧嘩に答うるに犬養の巧みな比喩と、嚙んで含める平語の力強さは、さすがである。一介の書生より文章を以て身を起した弱冠二六歳の青年記者が、以上の如き堂々たる筆陣を張ったのだから、世の人たちはその若武者ぶりに目をみはった。

さて田口は、犬養に対してさらに駁撃を加えているが（『東京経済雑誌』第四六号、『田口卯吉全集』第三巻所収)、その説得力はいまひとつである。二人の論争は仮説とか、数字のつけ合わせではなく、根本的な立場の違い、経済思想の違いであり、魚が鳥の世界を論じているようなあんばいである。犬養の倦《う》まず弛《たゆ》まずの鋭い論法に、さすがの田口も、自分の所論に関係のないところだからと言い、「今之を駁撃するを欲せざるなり」と正面衝突を避け、ついに矛《ほこ》を収めたかに見える。

明治一〇年代という段階で英国学派田口卯吉と、米国学派犬養毅がそれぞれの主宰する雑誌で論争したことは大いに注目されてよい。

2　貨幣論・金融論

犬養が、自由主義の牙城を守る田口卯吉と、貿易問題でいかなる太刀打ちをしたかを前節で見てきた。しかし、経済学者犬養はこれで満足したのではない。さらに次へ踏み出すのである。

貨幣複本位説を駁す

田口の『東京経済雑誌』第五一号の「貨幣の制は複本位に如かず」に対し、『東海経済新報』第一七号は「駁貨幣複本位説」を掲げた。これに対し、『東京経済雑誌』第五四号は「東海経済新報記者の駁議に答ふ」、さらに『東海経済新報』第一九号は「再駁複本位説」、そしてまた『東京経済雑誌』第五六号に「再び東海経済新報記者の駁議に答ふ」があり、さらにまた『東海経済新報』第二一号の「三駁複本位説」が続いた。ここにおいても田口は、「一金偏を以て価格本位となすときは動揺の度数は少なかるべし、然れども動揺の分量は必ず多かるべきなり」、したがって金銀二本立にすれば、諸物価の非常の動揺はないという。

これに対して犬養は、「経済雑誌記者（田口）の奇を好む何ぞ其れ甚しきや」といい、田口の貨幣複本位に真っ向から異を唱え、池にたとえて駁する。「金銀は猶ほ二池の如し金池の水二寸の増しあるとき、之を銀池に流通せば一寸の昇降に止るは論なし、然れども銀池又二寸の増減あるに及で之を金池に平均するときは共に二寸の増減あるべし（中略）一池水の増減を知て未だ両池の増減を知らざるに坐するのみ」（『東海経済新報』第一七号）。動揺の弊害は、かえって増加するというのである。たとえば官私が負債を償却するときは二度の動揺に遭う、「貴金を溶解し奇利を射るもの二度の投機を試る」。これによる不公不正は、たび重なるにつれて弊害はいよいよ深くなる。

「田口は複本位を建てんと欲すと雖も只複本位の名を建るを得べくして決して複本位の実を建つるを得べからず」と犬養はいう。なぜならば、金価が上れば、金貨は去って地金となり、逆に銀価が上れば、銀貨去って地金となる。二つの金属を比べてその低価の金属だけが貨幣本位の実を保つことができて、貴価の金属は地を払ってなくなってしまう。もし日本で複本位にすれば名は複本位でも、実は金貨は地を払い銀貨が本位となるにすぎない。論者（田口）は、以前は銀貨本位を排撃していたのにこれに反することにならないか。欧州諸国は金貨本位になっているにもかかわらず、複本位を説くのは怪奇である（『東海経済新報』一七号）。

さらに『東海経済新報』第一九号において、再び複本位説を駁している。曰く、田口が万国同盟を結んで、複本位制を実用しようとしたようであるが、わが国がひとり複本位を以て世界の金銀相場を平均するなど可能なりや、世界各国をさそってわが国新定の複本位制を採用させることなど可能なりや、どんな方策があるのか、難事中の難事であろう。もし複本位を採用して公定価格を維持しようとすれば、貨幣鎔解を禁じ地金輸入を禁止し、鉱山開発を禁止せよ。さもなければ政府の権力で価格を決定することはできない。以て如何となす。

これに対して田口は、犬養が複本位の実施の成否を論じて理論上の得失を論じていないと詰問してきた。この論法は田口の常套手段で、よく使う手である。実際を論じてはいるが理論的な根拠がないと。しかし、すでに犬養は理論上において、次に実施上においてともに複本位の非につき詳論しているのであって、いまになって理論上の得失をいうのは、記者（田口）の記憶力の欠如ではないかと反撃している。

しかし、犬養はこれに屈せず何度でも弁論すると切りかえして、複本位の実施すべからざることを力説して倦《う》まなかったのであった。

犬養、経済学を講ず

後述のように犬養は、明治一六年（一八八三）四月、秋田日報社長大久保鉄作の招きに応じて、秋田に赴き同社の主筆となった。また、同地に講塾・致遠館を設け、犬養自ら主として経済学を講じていた。しかし同年一一月、在任わずか八カ月で帰京し、報知社に復帰した。一二月二一日付の大久保鉄作あての書状に次のようにある。

〔前略〕西川氏ニよろしく。

政府ニテハ兼て評判ノエキシチカルビルヲ発行シ、其高ハ三百万円以上、七百万円以上《ママ》ノ流通額ノよし。

都下不景気甚シ、併シ地方ノ不景気トハ違、金ハ随分有之ナリ。唯金持ハ貸ス可キ人ヲ得ズ、金ノ持殺シト申処ナリ。

道中多事ニテ致遠館

筆記未タ出来いたさず、帰京後ハ殊ニ多事ニテ未タ能ハス。

来月ハ必ス差出シ候間、此段佐藤君〔順信。当時の同志〕ニ御申伝へ被下度候。

この手紙は実に面白く、経済学者犬養の面目躍如である。まず帰京後彼は、都下が不景気であると感じる。地方は不景気だが、都下はそうではなく、金は余っている。ただ貸出先がなく、金の持殺しだという。

明治一五年（一八八二）六月に日本銀行条令布告があり、翌年には貨幣制度の確立があり、この書簡にあるようなエキシチカルビルを発行し、その高は三〇〇万円以上、七〇〇万円以下の流通額という。これは exchequer bill（大蔵省証券）であり、イギリスの exchequer bond が、これに当たる。外国為替勘定証券であり、今日の Financial bill であり、日本では昭和四〇年（一九六五）から昭和五〇年（一九七五）に発行していて、今は日銀が例外的に引き受けている。

大蔵省証券は Treasury bill ともいい、短期公債の一種である。これは国庫金の出納上必要があるとき大蔵省が発行する無記名定期払の債券であって、当該年度の歳入で償還されるものである。なお、大蔵省証券の発行および日本銀行からの一事借入金の借入の最高額は毎会計年度国会の議決を経なければならないことになっている。国債の発行には、非公募と公募の場合がある。非公募は大蔵省預金部または日本銀行が国債を引き受けるものである。公募は、主として国債引受シンジケートが引き受けるものである。公債は国家または地方自治団体に対する債権であるから、有価証券中最も安全確実な投資物件とされている。

明治初年から明治二六年の国債の動向はどうであったか。維新政府は、封建制度を解体し、資本主義の確立を図ることを課題としたが、その財源調達のために国債を発行した。国債発行の最初は外債では、明治三年（一八七〇）、鉄道建設のために発行された九分利付外国公債、内債では、明治五年（一八七二）に旧幕藩の債務継承のために交付された新・旧公債であった。以後、金禄公債・起業公債などが発行されたが、これらはいずれも高利で償還期限が短く、財政上きわめて不利であった。

これを整理し、低利に借り換えるために、明治一九年（一八八六）一〇月、整理公債条令が公布され（勅令第六六号）、明治三〇年（一八九七）までの間に整理公債（年利五分、五年据置、以後五〇年で償還一億七五〇〇万円）が発行された（以上、『国史大辞典』第五巻、六三二頁による）。

明治初年から明治二六年の時期の国債は、金禄公債が発行された明治一〇年以後は、ほとんど増加せず、軍事公債の比重が低いのが後の時期とは異なる。

ところで、明治一六年（一八八三）に二九歳の犬養が前掲の大久保鉄作あての書簡で、「政府ニテハ兼テ評判ノエキシチカルビルヲ発行シ其高ハ三百万円以下ノ流通額」と言っているのは、いかなる大蔵省証券であろうか。

ちなみに明治一三年（一八八〇）国債発行額は二九五万二〇〇〇円であり、償還額三八一万二〇〇〇円、年度末残高二億三四三三万八〇〇〇円。残高の国民所得比二九・六パーセントである。ところが、明治一八年（一八八五）になるとその発行額は急に増加して六五八万五〇〇〇円、償還額は五一八万九〇〇〇円、年度末残高二億三一二五万五〇〇〇円で、残高の国民所得比は三七・二パーセントに上昇している。

明治一六年には、犬養の書簡にあるように大蔵省証券は三〇〇万～七〇〇万円の発行額を示し、これが流通したと考えられる。

保護貿易論の先駆者、若山儀一

前述の犬養の書簡には、「西川氏ニよろしく」とある。この西川とは西川元正（若山儀一）のことである。

西川元正は、江戸の医家西川宋庵の一子として天保一一年（一八四〇）八月に誕生し、幼名を元正、また隆民、あるいは儀一《のりかず》といったが、若山家に入って若山姓を名乗った。その後、大坂の蘭学者緒方洪庵の適塾に入門し、医学と蘭学を修めた。その間、緒方正と改名した。明治四年（一八七一）六月、緒方正をあらためて若山儀一に復している。この頃に若山は大蔵省に入り、田中光顕について欧米各国差遣の随行員となった。彼は当時、関税自主権回復を主張しているが、明治五年（一八七二）、アメリカに渡り、主としてニューヨークで、紙幣、国債証書の印刷事務監督になり、そのかたわら、政治、経済、特に財政方面の調査研究に没頭した。その間、多くの論文を書いたが、これらは草稿のまま棄ておかれ、のちに彼の全集に収められるまで公刊されなかったものが多い。なかでも国際私法の訳書は、その方面の先駆的業績である。若山は明治前期を代表する先覚的経済学者の一人であった。その学問は財政、経済、法律、歴史などの部門にわたり、その主要な著訳書は、『若山儀一全集』上下二巻に収録されている。彼の保護貿易主義を述べたものに、バイルズ『自由貿易の詭弁及び通俗経済学』(一八四九年〈嘉永二〉)を翻訳して、それに長文の自説を添えて、明治一〇年(一八七七)に刊行した『自由交易穴探』がある。これは注目すべき著述である。

そもそも幕末の貿易論は、開国交易の是非に関するものであった。これについて神田孝平、福澤諭吉の果たした役割は、外国貿易の必要を説いて世人を啓蒙した点にある。

ただ、維新以後に外国貿易が盛んになると、貿易そのもののわが国経済に及ぼす影響が問題となってきた。そこから貿易論は、自由貿易か保護貿易かの論争に移っていったのである。幕末・維新時代に移植された経済学は、主として自由主義経済学だった。そのため、貿易論も自由貿易主義が支配的となったのは当然である。

しかし、貿易情勢が悪化して貿易の逆調、正金の流出が続くと、輸入制限、保護関税を設け、わが国の産業を保護・育成する必要を説き、ここに保護貿易論が台頭してきたのは自然の成り行きであった。貿易論は、明治一〇年代で主要な経済問題となり、自由・保護両論の論争が盛んに行われた。このとき保護貿易を主張したのは、杉享二、西村茂樹、牛場卓蔵、犬養毅である。

若山儀一は、彼らよりはるか以前の明治四年（一八七一）、自由貿易論の横行している最中に、わが国の最初の体系的な保護貿易論を展開した先駆者であった。それが『保護税説同附録』である。同書は、明治初期の経済思想史上、保護貿易を説いた最初のものとして注目に値する。

若山儀一は、保護税の要旨を論じ、自由貿易との差違と利害を吟味し、さらにケイリーなどの西洋各国の実際についてその得失を明晰にする数章を抄訳して、将来の施策の標準とするように配慮している。彼の著述は、後年展開された自由・保護両主義論争の端緒を開いたが、これが租税権助として大蔵省に奉職して間もない若山が、明治四年（一八七一）九月租税頭の嘱で起草し、大蔵省から刊行されたことに注目したい。

そしてさらに明治一〇年（一八七七）に『自由交易穴探』を公刊、保護政策の必要なことを再び強調した。彼はいかなる国でも、保護政策を施さずに富強に成った例はない、と断言する。そして、わが国経済が開国以来沈滞している実情を詳述して、その振興策としては保護政策が絶対不可欠であると論じ、前提条件としての関税自主権回復が緊要であることを力説したのである。

このように若山を先駆者とする保護貿易論は、明治七〜八年（一八七四〜七五）から明治一〇年（一八七七）にかけて次第に勢いを増した。

一方、田口卯吉は、これらの保護貿易論に刺戟されて、『自由交易日本経済論』を公刊して自由貿易論を強調した。この本の出版を契機に、両論争は白熱し、田口と対決する英雄も、元祖若山から二代目犬養毅にバトンが引きつがれたのである。明治一三年八月からは、その戦いの舞台は、田口の『東京経済雑誌』対犬養の『東海経済新報』となった。

両者の論争についてはすでに述べたが、犬養への陰の応援を惜しまなかった人物は、当然のことながら若山儀一その人である。犬養の言を聞こう。

隠れた協力者、若山儀一

「あるとき貨幣に関する単本位複本位論が両方の雑誌の論戦の題目になった。田口は『インターナショナル・セリース』の中の『貨幣論』一冊しか持たないのに、それを虎の巻にし、複本位論を主張して、なかなか頑強だ。そこでわが輩も論駁に困ったので、当時農商務省の権大書記官をしていた若山儀一という人の所に行って種本を探してきた。〔中略〕わが輩はこの若山に頼み込んで、いろいろの本を借りて来て、それを読んでは田口の説を反駁したので、田口もとうとう論戦に敗けてしまって、最後には『経済新報記者は、その背後に三菱を控え、万巻の新著を外国より購い入れているから、引用が該博だ』などと悪口を言って論陣を撤してしまったことがある」（岩淵辰雄『犬養毅』一二七頁）。

何といっても優れた経済学者若山儀一の存在は大きかった。犬養の論文が該博な知識と新しい資料の鎧を着て颯爽と登場し、論敵を縦横無尽に斬りまくったのである

若山は後年、「日東保生会社」という相互組織の保険会社を企画し、契約者配当や会社事業内容の公開などの卓見を示し、年金制度の実施、家畜保険制度の創設などについても提唱するなど、保険制度の面でも先覚者としての識見を披露した。しかし、日東保生会社は惜しくもその加入者の定員に達せず画餅に帰した。

時を同じくして日本最初の近代的生命保険会社となる明治生命が、日本橋の交詢社（福澤諭吉などにより明治一三年に結成された社交クラブ）で設立計画が練られていた。犬養は述べて、「今日の生命火災等の保険という事は、宇都宮三郎君等が交詢社で論じたもので、日本では交詢社が元祖で、保険会社設立の下相談は大抵此処で出来たものであります」（『交詢月報』第六巻四月号昭和五年四月）。犬養が、若山が紹介しているケイリーの本を『圭氏経済学』として全訳したのも、若山との交流が大きな縁を結んでいたのである。

明治一八年には、若山儀一は、犬養毅、和田垣謙三らとともに日本経済会を起したこともあった（三浦周行『我国に於ける生命保険業の首唱と其先駆』『生命保険会社協会会報』第一八巻第三号、所収）。

3　統計院権少書記官・東京府会議員

統計院総裁大隈重信と矢野文雄

犬養の生涯は在野の闘将として人に知られたが、たった一度だけ官吏の飯《めし》を食ったことがある。明治一四年（一八八一）七月一八日、それまで『郵便報知新聞』への寄稿により文筆で頭角を表わしていた犬養は、二六歳で統計院に入り、権少書記官となった。報知社の先輩矢野文雄の斡旋《あっせん》であった。

もっとも犬養は、おいそれとはこの話に乗らなかった。前年『東海経済新報』を創刊して田口卯吉と保護貿易論を闘っている最中であり、『交詢雑誌』の編集も手伝うなど身辺多事で、経済的にも安定していた。そのうえ三田出身者は、官界に入るのを軽蔑していた。

慶應出身の矢野は、福澤の勧めで、大蔵省少書記官となっていた。福澤がかねて大隈重信大蔵卿から三田出身の適任者を推薦してくれと頼まれていたので、最適任者として矢野を官界に送りこんだわけである。その矢野が今度は犬養を誘ったのであった。

大隈参議は統計院総裁である。大隈は、近く開かれる帝国議会に有力な政府委員を導入するため、三田の俊才を集めようとかねて昵懇《じっこん》の福澤に人選を頼んでいたのである。この事情を聞いて、犬養はようやく決意した。しかし、任官を承諾するに先だって、権少書記官の「権」は除き、少書記官とすべしと申し出た。「権」は今日の次長にあたる。しかし、いくら何でも次長（副長）を飛び越していきなり課長にするのは、官界のきまりから無理であると矢野は説いた。これに対し犬養は、それならばと、在官中でも『東海経済新報』を刊行し、またこれに執筆することを約束させた。

こうして犬養は統計院に出仕することとなった。このとき犬養の他に三田の義塾関係者は、牛場卓蔵、尾崎行雄、波多野承五郎、那珂通世《なかみちよ》などがあったが、波多野と那珂は統計院出仕を辞退した。

そのうち、明治一四年の政変により大隈が失脚するとともに、大隈系とされる在官者は、一〇月一二日に官を辞して野に下った。三田出身者もすべて去っていった。犬養（二七歳）も尾崎（二三歳）も在官わずか三カ月であった。

東京府議会議員となる

明治一四年の政変で政府から追放された大隈は、翌年三月一四日に新党結成の趣意書を発表、四月一六日に東京の明治会堂で立憲改進党の結党式を開催した。大隈は、政治漸進主義を唱え、イギリス流立憲君主制・二院制議会・財産制限選挙制・国権拡張などの穏健な立憲政治を目標に掲げた。河野敏鎌《こうのとがま》、矢野文雄、沼間守一《ぬまもりかず》、尾崎行雄、前島密《ひそか》、鳩山和夫、島田三郎、箕浦勝人らとともに、犬養もこれに参加した。

ところで、立憲政治への一つの道程である地方自治は、木戸孝允や大久保利通らが立案したが、彼らの没後、明治一四年に府県会が設置された。そこで芝区長の奥平昌邁《おくだいらまさゆき》が犬養に東京府会議員になるよう勧め、彼はこれを受けた。ただ、当時の犬養は報知新聞記者であり、かつ下宿住いなので被選挙権がない。そこで奥平は一計を案じて、慶應義塾構内の岡本貞烋《ていきゅう》宅の門柱に犬養毅の門札を掲げて資格を得ることができた。立憲改進党結党式の翌月（五月）に行われた選挙の結果、犬養は三二票を獲得してめでたく当選した。

初期の府会には、福澤諭吉、大倉喜八郎、安田善次郎、福地源一郎、沼間守一、藤田茂吉、尾崎行雄など錚々たる人たちが名をつらねた。とくに尾崎は堂々と天下国家を論じたのでその名は華々しく聞こえたが、しばしば沼間議長は持て余し気味であった。これに反して犬養はあまり目立たず、沈思黙考の風格を持していた。

4　朝野新聞社の幹部に就任

『秋田日報』主筆の頃（明治16年）
（『木堂先生寫真傳』より）

『秋田日報』主筆となる

明治一六年（一八八三）四月、二八歳となった犬養は、秋田日報社長大久保鉄作の招きに応じて、『秋田日報』主筆として秋田市に赴任した。もともと『秋田日報』は、秋田改進党の機関紙であるが、犬養という指導者を得て、この地方の政治思想は著しく進歩し、改進党の地盤が築かれた。

犬養は、有志の頼みで演説会をやり、民権思想を壇上から唱え、『秋田日報』紙上で論陣をはった。

さらに大きな足跡として「致遠館《ちおんかん》」（諸葛孔明の「非寧静、無以致遠」からとった）という講塾を設けて、経済、法律、政治などを自ら講じて人材育成をはかった。

六〇名に達したという塾生の中には後年名をなした者も多い。中京財界に重きをなした上遠野富之助《かどのとみのすけ》は、当時『秋田日報』で犬養の指導を受けた。明治・大正・昭和三代の日本一の高利貸といわれた武藤三治《むとうさんじ》も塾生であった。また町田忠治（のち民政党総裁）は、当時東京帝大在学中だったが、卒業後は犬養の教導で、実業界から政界に出て一家を成した。

犬養は、同年一一月に帰京して郵便報知社に復帰したので、秋田滞在はわずか八カ月であった。だが致遠館は、『東海経済新報』（創刊以来二年で終わる）とともに、明治経済学史上、不朽の足跡を残した。犬養にとって秋田は、第二の故郷となったといえよう。

侠妓お鐵

秋田滞在当時の犬養は、血気盛んな青年であった。秋田改進党興隆のため、席の暖まる暇もなく、東奔西走している間、一方では紅燈の下に風流をも楽しんだ。こうした中で名妓お鐵《てつ》とのロマンスも生まれた。

わずか八カ月で秋田を去り、後に中央で名を成した犬養は、一四年後に秋田に再遊し、伊藤耕餘と会飲したとき、座にはべるお鐵を認めると、耕餘持参の白扇に即興一篇を書き、耕餘を経てお鐵に与えた。かつての情誼に報いたのである。その扇面をここに掲げる。

憶昔曼陀羅坊中之選　　昔を憶う曼陀羅坊中の選

阿鐵才色名最顕
満城少年競豪奢
不愛千金買一眄
吾曾一見如舊知
為吾慇懃慰客思
猶記旭川春雨夜
又記池亭別離時
雲山重々路幾千
幻華在目十四年
如今相逢先恐問且答
不禁為汝青衫濕

阿鐵才色の名最も顕る
満城の少年豪奢を競う
千金を愛《おし》まずして一眄《いちべつ》を買う
吾曾つて一見して舊知の如し
吾がために慇懃に客思《かくし》を慰む
猶記す旭亭春雨の夜
又記す池亭別離の時
雲山重々たり路幾千
幻華目に在ること十四年
如今、相逢うて先ず恐れ問い且つ答う
禁ぜず汝の為に青衫の濕うを

（訓責小林）

池亭（土崎港にあり）で、川端芸妓のなかでも粋と言われた侠妓お鐵との別離を懐かしんだ頃に思いを馳せて賦したこの即興の長古一篇は、犬養の人間味を縦横に語っている。お鐵が没した後も、木堂作の阿鐵の詩を諳《そら》んじて座興にそえる秋田の老妓がいた

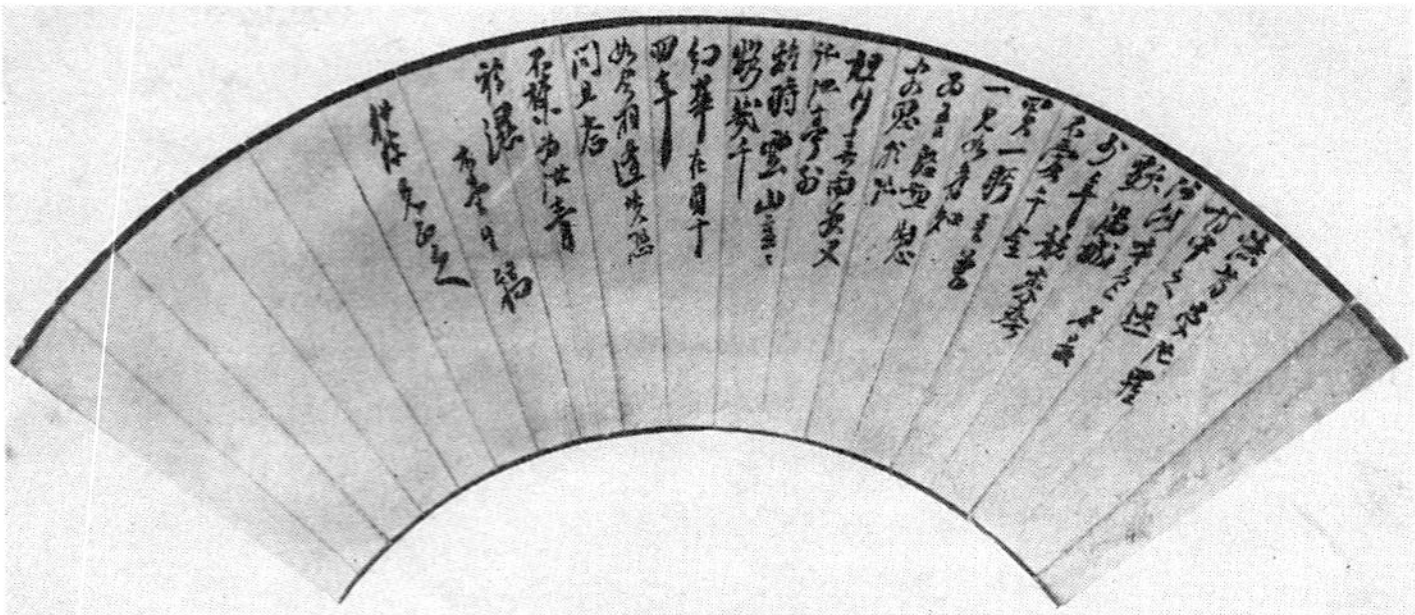

名妓お鐵に与えたる名残りの扇面（伊藤金次郎『わしが国さ』より）

『郵便報知新聞』紙上の「戦地直報」は名声を博したが、明治一九年（一八八六）三月、三一歳で犬養は報知社を辞し、朝野新聞社に入社した。そして明治二二年（一八八九）には、三四歳にして尾崎行雄らと朝野新聞社の幹部となった。

という。

高島炭坑と労働問題

当時、三菱経営の高島炭坑における坑夫虐待が、新聞や雑誌に出て問題となった。特に雑誌『日本人』が、大いにこれを攻撃した。もともとこの雑誌は、志賀重昂《しがしげたか》が創刊して以来、保守派の政治批判の牙城であった。後に志賀のあと三宅雄二郎（雪嶺《せつれい》）が中心となり、『日本及日本人』と改題するも、次第に経営難となり、昭和二〇年（一九四五）二月に廃刊となった。

それはともかく、明治二一年（一八八八）六月に松岡好一（『日本人』編集人、実は炭坑夫）が「高島炭坑の惨状」なる論文を雑誌『日本人』に掲載し、これが大きな社会問題となった。これに続いて七月には長崎県人吉本襄が一年間の実地体験によるという報告を寄せ、さらに同誌第九号はほとんど全誌面を挙げて高島炭坑問題に集中し、三宅雪嶺も「三千の奴隷を如何にすべき」と熱烈な救済の叫びをあげたので世人の注目と同情は高島炭坑に集まった。

そこで内務省も捨ててはおけず、時の警保局長、清浦奎吾《きようらけいご》を派遣して視察調査させた。清浦は視察の結果、この炭坑の労働条件と坑夫の待遇方法の改善を命じたので、以後多少の改善を見た。高島炭坑問題は保守系雑誌が取り上げたとはいえ、明らかに近代的社会問題としての労働問題であった。

『朝野新聞』の犬養論説

このとき犬養は、記者として高島炭坑の実況を別途に精査して、これを明治二〇年(一八八七)九月八日、『朝野新聞』の論説として発表した。「予は旅行の順序に拘らず先づ右炭山に係る実況を記載して以て論説に代ふ、蓋し斯る事柄は座上の議論にあらで事実の有無を争ふものなれば予が記事文は他の堂々たる論文よりも此問題に対して更に価値ありと信ずればなり」と大変な自信である。「他の堂々たる論文」とは何を指すか不明であるが、おそらく先の『日本人』に掲載された松岡、吉本、三宅などの惨状を訴える報告をいうのであろう。

犬養は高島炭坑の実況を、(1)緒言、(2)住所(附下水)、(3)食物(附飲水)、(4)衣服(附用水)、(5)病院、(6)納屋頭沿革及其職掌、(7)坑夫募集手続、(8)坑夫取締法(附違約処分)、(9)使役及賃金、(10)坑夫の生計及其進退、(11)患者取扱法及死亡、から論じた。

このうち、(1)の緒言で犬養は言う。「高島坑夫の惨状にかかる風聞はすでに関西地方の一、二の新聞に出て府下の新聞雑誌にも論説があるが、自分は遠隔の地に在る者なので容易に其事実の真偽を識別することができない。そこで、軽々しく筆を下さず実地の情況を視察した後に明らかにその事実を発表して公平の判断をしようとした。自分は筑前五郎の諸炭山及び三池炭坑を廻覧する際にも特に情状に注意をして後日高島炭坑々夫事件を調査するときの参考資料としようと努力した」。

高島炭坑は開坑以来すでに二〇余年を経過し、炭脈のあるところは採りつくし、三、四年もすれば採炭は終わる有様である。本島の地味は痩せており甘薯や蔬菜《そさい》しかとれず、あとは漁業のみ。気候は暑熱で森林もない一小島なので飲料水も乏しく他の諸炭坑と違う自然条件が、諸々の人為の原因を生じさせる本来の原因となっている面も少なくない。したがって、高島炭坑夫の情態を観察するにあたっても、このようなもろもろの点を参酌《さんしゃく》して判断しなければならぬ、と犬養は緒言を結んでいる。

そして(2)以下の個別項目についても独自の観察眼と分析をもって詳細に述べ、実に四〇〇字詰で九〇枚、三万六〇〇〇字の大論文となっている。

その個条のいちいちを論拠を掲げて論破するは容易ではなく、感情論をもってこれに立ち向かっても、勝ち目はないといわざるを得ない。緻密な論証をかかげ、反対論者の言説をも取り上げるという、鉄壁の論陣に立ち向かう論者はついに現われなかった。

高島炭坑の総論において犬養は言う。論者は「去る十八年の死亡表を掲げて以て其死亡の過半は坑夫が憤懣無聊の余自殺したる者なり」と主張するが、犬養の調査によれば、この年の死亡が多かったのはコレラ病流行の災害であって自殺によるものではない。「要するにあの惨状を主張する論者が攻撃の主眼骨髄とした個条は大抵実際の事実と違う虚報であることを発見した」のである。

5　決心なき争闘は無益なり

決闘状が届く

犬養の論文が『朝野新聞』に出てまもなくこれを読んだ前述の松岡好一は、明治二一年九月に、犬養に奉書二枚に及ぶ次のような決闘状を送り付けた。

拙者儀三菱会社所有高島炭坑被雇中、坑夫の情態詳細取調中、不愍《ふびん》至極に存候間、其実状を四方仁人に訴へ申候処、貴殿私利の為めなるや、虚実を転倒被致、偽報を朝野新聞紙上に御掲載相成候段、如何にも天下の公道に相背き候と心外無念に存候間、謹で決闘状呈上仕候、尚其場所順序手続等は介添人にて相定め可申候。謹言

明治二十一年九月三日　　　　　　　　松岡　好一

犬養　毅　殿

拙者共松岡好一之所存至当と認定し、介添人に相成候間、御承諾に候はゞ決闘上之件に付、此方迄御打合被下度候。已上

明治二十一年九月三日　　　　　　　　　　　　　　志賀　重昂

三宅雄二郎

犬養　毅　殿

志賀重昂と三宅雪嶺は、犬養が政府側に立ったと感じて、松岡の介添人となったのである。彼らの機関誌『日本人』は、犬養の『朝野新聞』を格好の標的としたのである。

これに対して犬養はどう答えたか。当時彼は、伊香保《いかほ》温泉にいたが、帰京後、ただちに次の返書を送り、平素から決闘を野蛮の遺風と考えており応じられない、自分の記事に不同意の点があれば遠慮なく論駁せよ、と述べている。*

敬復、頃日来朝野新聞上に記載いたし候、高島炭坑の実況と題する拙者の記事論文に関し、此度貴殿より決闘御申込相成候処、拙者儀は平素より決闘なるものは野蛮の遺風、痛く排斥すべき者と確信いたし候に付、折角の御申込に候得共御求めに応じ難く候。尤も拙者の記事論文中、御不同意の廉も候はば御遠慮なく明らかに事実を挙げて論駁可被成、即ち此辺は拙者本より希望する所に有之候。此段貴答迄如此御座候。謹言

明治二十一年九月十日　松岡好一殿

犬養毅

追て決闘介添人として御連署相成り候、三宅雄二郎殿及志賀重昂殿へは、別に答書を出さず候間、乍略儀此書面御内覧可被下候也

後に志賀重昂は、犬養に私信を寄せて「松岡某の激昂は、之を抑えんとすれば反って益々激昂の度を加ふる虞《おそれ》ある故、姑《しば》らく本人の思ふがままに委せて自然に鎮静を待たん為め、その望みに従ひて介添人たることを承諾せる旨を通じ諒解を求めて居る」（抱璞散史「木堂先生と高島炭坑事件」『木堂傳』下、五五四頁）。また三宅雪嶺によれば、「志賀重昂は、犬養のほうには『本気にしてくれるな』といってやった」という。

犬養は常に「決心なき争闘は無益なり」と相手にしなかった。人から軽蔑されたり侮《あなど》りを受けても、争っては損なので、筋の通らない、決心のない争いは無駄だと言って避けていたのである。この

理屈は、その後の犬養の行動にも一貫している。犬養にとってみれば、相手の決心の程度を斟酌《しんしゃく》して、決闘などはこれを無駄と思い実行しなかったのであろう。

これは犬養が臆病だったからではない。犬養は慶應に入って間もないころ、犬養を凌辱した友人が犬養に「汝の決心を示せ」と詰め寄ったとき犬養はナイフで友の左掌を貫き、鮮血のほとばしるなか、昂然と言った。「決心は此の如きのみ」と。友人たちは、犬養の胆気に驚いたのであった（『日本及日本人』明治四五年一月一日）。

＊ この野蛮きわまる決闘はヨーロッパでは古くからあり、有名な天才的数学者ガロアは二〇歳のとき恋敵との決闘の前夜、これが最期と予想していわゆる「ガロア群」に関する短い手記を書いた。この手記により現代数学の基礎が確立したのである。

また、社会科学者、マックス・ウェーバーは、一八八二年、ハイデルベルク大学に入学後、当時の大学内に多かった決闘クラブの熱心な会員となり、フェンシングの腕も上達して、三学期には慣行による決闘を行い、頬《ほほ》に刀傷を受けた。彼の肖像の頬には当時の傷が残っている。

騎士道の流れをくむ当時の若者のしきたりである決闘は、ずっと下って一九一一年（明治四四）のドイツ・ゲッティンゲンの大学町でも行われており、その絵葉書もあった。これを桟敷で見物する風習まであったのである。

当時これを実見した高辻亮一は決闘場の光景を次のように記している。現場には数人の医者とそれぞれの介添人が、あおむいて右手の剣で本人の剣を支える。二人の介添人がＬｏｓ（はじめ！）と言うと同時に剣を引く。決闘開始。一五分間で中止となるが、その間、何度もサーベルを振って相互に傷つけ合う。そのうち両者顔中鮮血に染まる。これは、一八三二年のガロアの決闘より八〇年後のことであるが、当時は見世物としてこれを公開していたことが分かる。

日本では、明治二二年（一八八九）一二月三〇日「決闘罪に関する件」（法律三四）が法文化されている。もともとこの法律は刑法の特別法で、江戸時代に美徳とされた仇討《あだ》ちを防ぐのが目的だった。現行法でも、決闘の場所の提供者や、立会人、見張役まで処罰の対象となる（第四条）。この法律は、少年犯罪や暴走族の取り締まりになお威力を発揮しているという。これにより一網打尽にできるからだ。

犬養の決闘事件は、決闘罪の成立する一年前であった。この決闘申し入れを拒否した犬養の返書の論旨は明確で、法案を先取りしていたと言える。

解放運動史に一石を投ず

かつて報知記者として西南戦争について一〇四回にわたる「戦地直報」を送ったときの報告と『朝野新聞』紙上の高島炭坑についての論述を比較すると、その叙述の厳正細密であることは同じだが、従軍記は、情緒的描写で精彩を放ち読者を惹きつける個所があった。しかし高島炭坑の論文は、重厚長大なる学術論文のごとく客観性が強く、説得力に優れている。

一方、これに反対する論説といずれが真実なのか、これを検証する材料はないが、高島炭坑をめぐる社会問題に取り組んだ清浦奎吾と一新聞記者犬養が、後年二人とも内閣首班となったのも一つの奇縁と言うべきであろう。

高島炭坑が三菱に属していたことから、犬養の論説があたかも三菱擁護のごとくに言う人もあったが、犬養は権力を最も嫌った人物であるし、従軍記にも官の鼻息を嗅いだりそのために記事を曲折したりすることを嫌い、見たままを記し、自己の意見のままを報ずるのみなのでさらに斟酌文飾を用いないとはっきり述べている（「戦地直報」第一一回）。このことからも分かるように、この高島炭坑論文も、事実をありのままに客観的に述べていると見るべきであろう。

ともあれすでに述べたように、明治二〇年代の初頭、労働者の境遇について一般社会の注意を喚起し、労働問題の存在そのものに世人の眼を開かせたことは、日本の解放運動史に特筆すべきことであった。

第三章　議会壇上の獅子吼

1　衆議院選挙で初陣を飾る

岡山開拓の苦心と理想選挙

明治二三年（一八九〇）、三六歳になった犬養は、この年七月一日に実施された第一回総選挙に、改進党の候補者として郷里である岡山県第三区から立候補した。

このとき犬養の他に三人の候補者があったが、なにぶん初の国政選挙なので、立憲政治の意味から選挙民に理解させる必要があった。そこでとくに言論を重視して、自分の選挙区はすみからすみまでくまなく廻ったのはもちろん、選挙区外にも足を運び、ほとんど全県を演説して廻った。

とくに自由党の勢力下にある岡山県北部の美作《みまさか》では、大変な苦労を強いられた。会場は使えないので、民家を借りて演説会を開いたところ、妨害が激しく、道路に向かって二階から火鉢を投げる者もあり、壇上で口を開けば、そのつど一斉に喚声をあげて妨害した。犬養はこれに屈せず、何度も敵地

大隈夫妻とともに（明治11年頃）
（『木堂先生寫真傳』より）

に遠征するうちに次第に同志が増えてきた。後に犬養の金城湯池《きんじょうとうち》と言われることになる岡山県も、最初はこのような開拓の苦心があったのである。

さて、第一回選挙は開票の結果、犬養は他の三人の全得票数の倍を得て当選し、第一議会に駒をすすめた。これ以降も犬養は、ほとんど選挙費も使わずに言論のみで勝ちを制す理想的な選挙により、連続一九回の当選を果たすことになる。

第一議会は、明治二三年一一月二九日に召集された。議会では、自由党の一三〇名に対し、犬養の所属した改進党はわずかに四〇余名であった。

後藤象二郎と大隈重信に私淑

犬養が私淑した政治家は、後藤象二郎と大隈重信である。前者は維新の元勲であり、十五代将軍徳川慶喜に大政奉還を勧めた。立憲主義者で板垣退助らとともに民選議院設立の建議をした。福澤との関係も良かったので、三田の学生は彼の門に参じた。犬養が、後年後藤の大同団結に参加したのもそのためである。大隈も、後藤と性格が似ており、福澤とも親交があった。そして統計院出仕を矢野に勧められた経緯から、犬養と大隈との関係が出来た。

犬養は、後藤・大隈の二人の先輩を握手させたこともあったが、条約改正問題で再び離れてしまった。その後も二人を結ぼうと努力したが、後藤は死去したため実現できなかった。犬養は改進党―進歩党―憲政本党―国民党―革新倶楽部と所属が変わったが、最初に首領とした大隈重信の幕下で終始し、大隈のあと首領に推されてきた。犬養がこの間、節度を守り、軽挙妄動せず、陣地を守り抜いたのである。

後藤と大隈のいずれの下にいた方がより幸運であったか断定できないが、その出発点において選びとった政治的立場により、日本の政界に民権の大きな灯明をともしたのである。

選挙大干渉を勝ち抜く

当時、政府の御用候補を吏党《りとう》、政府反対党を民党といった。第一回総選挙では民党が圧勝したものの、第二回総選挙（明治二五年二月一五日）では、吏党による猛烈な選挙干渉が行われた。日本全国で吏党は官憲を利用し、かつ武力を用い、全国で四〇〇余名の死傷者を出した。

民権政治家犬養は初陣で大勝したが、第二回は岡山でも政府の干渉は激しかった。反対候補は富豪馬越恭平《まこしきょうへい》で、選挙に大金四万円を投入した。選挙当日は警官および無頼漢が選挙場を包囲し入場券を強奪する有様であった。賀陽郡長の花房職居は、県知事から干渉を強要されたとき、やむなく懇意の犬養に手紙を送り、「不本意ながら干渉をするから」というと、これに犬養は答えて、「私交は私交、公事は公事、ご遠慮には及ばない。どしどし御干渉あって然るべし」と言った。花房はこのときの苦衷を述懐し、犬養の男らしい態度を生涯賞揚してやまなかった。花房をはじめ各郡長へも、壮士頭が

「干渉せよ。出来なければ辞表を出せ」と脅迫して廻った。

このような総がかりの吏党の大干渉にもかかわらず、犬養は敵の倍数の得票で当選した。民党の運動員は狂喜し、犬養が馬越恭平を破ったことから、犬を馬の背に乗せて引き廻り、「犬養は馬越を乗取った」と叫んだ。

吏党は知事以下、全く面目を失った。このようなことは、官僚出身で順境に育った原敬や加藤高明《かとうたかあき》など薬にしたくもできる芸当ではなかった。これこそ民権政治家犬養の面目躍如ではなかろうか。

第三議会での処女演説

こうした選挙干渉に苦しんだ民党議員八名は、明治二五年五月、第三議会で松方正義内閣弾劾上奏案を提出した。この上奏文案中に「殆ど政府なきに類す」とあった言葉を、政府を侮辱するものだと松方首相が批判した。

それに対し犬養は初めて本会議の壇上に立ち、上奏案の賛成演説のなかで、次のように反論した。

「上奏文中に殆ど政府無きに類すと云へること、又島田三郎君の演説中に無政府と云ふのを、政府を誣《し》ゆると云ふた、何を誣ひたか。我々は今日の政府の有様に向って、無政府と云ふ言葉を使ったのは、余程温和なる言葉である。〔中略〕無政府ではない、実に猛悪なる政府である、残虐なる政府である、我々は殆ど古来政府の乱暴粉乱の極度と云ふものを無政府と云ふ言葉を使って居るが、無政府どころではない、此残虐のことを行った政府に向って、無政府と云ふたのが何が誣ゆるであらう。」（『木堂傳』上、六六二頁）

「帝国の隆運は薩長人の力であると傲語《ごうご》した諸公、天下周知関知の事実を隠さんとするは卑怯《ひきょう》である。何故《なぜ》俺《おれ》がやったと傲語せられないか。日本帝国二十五年の平和ヲ保ったのは此薩長人の力であると云われた其暴慢な言葉を用ふる人が、天下萬目に認めて以て箇様なる残虐、箇様なる人殺をやったと云ふことは、己れ確かにやって居るなれば、何故己がやったと傲慢に出られなかった如何にも臆病ではないか。」（『木堂傳』上、六六三頁）

「選挙法を冥々裡に蹂躙し、人民を保護すべきものが武器を以て此良民無辜の民を虐げ、之を殺して歩くというやうな政府を一日も其儘《そのまま》に存したなら、独り理屈の上で瑕瑾《かきん》と申すばかりではない、実際是からどうなさる。決して、我々は後来日本帝国を平和に進歩させて往くこうと云うことは望まれぬであらう。」（『木堂傳』上、六六八頁）

辛辣な舌鋒、干渉の実態をつぶさにあげて政府の非を痛打した。しかし採決の結果わずか三票の差で敗れた。しかし、上奏案ということから、次の票決は一一一対一五四の多数で通過した。選挙干渉非難は巷間に満ち閣内にも非難する者が出て、ついに七月三〇日、閣内不統一で松方内閣は倒れた。このときの犬養の処女演説は、その第一流の雄弁としての折紙をつけられた。

犬養の人間的魅力

ここに一つの話がある。日露戦争前のことである。犬養が応援演説で、奈良から桜井駅に向うとき、犬養は汽車の乗車券を買おうとして財布から銭を出した。同行の者が、「キップは買ってあります」と言うと、彼は「それは済まなかった」といって、いったん出した銭を財布にもどさず、そのまま手にもったまま、プラットホームを歩き出した。彼は周りを見廻して誰にも気づかれないようにしてこっそり孤児院の寄付箱へ、その銭を入れた。

当時、議会壇上では並み居る権力者を言下に叱咤する一人の政治家のこの行為は、特別の感涙をさそった。立候補者が負担すべきものとして最初から自分で負担しようと考えないのが常識で、しかも金銭感覚のマヒしている政治家の多い中で、この犬養の行為は、遠くからこの様子を見ていた同行の政敵を感動させた。これ以来、知らず知らず犬養の人格に惹きつけられ欣慕するようになったという（『痴遊雑誌』第二巻第二号）。

また、芝の紅葉館の女中も犬養を評して、「政治上の会合に来られるときの先生は非常にむずかしい、恐ろしい様な人でありましたが、盆栽会の時来られるときはまるで別人の様に、実にいいお爺さんでした」。

事実、彼は個人としては、友誼に厚い親しみのある人だった。だから少数党の革新党の部下が困っていれば、一つのものは二つに分けても救う。このため部下の信頼厚く、同党は彼を中心にして一家のように結合し統制されていた。

かつて、同窓の友人榊原鉄硯《さかきばらてっけん》の画を世に出すために、彼は後援会をつくった。そうして鉄硯の画には何にでも賛を書いた。やはり紅葉館で会があったとき、犬養は山名次郎のところに来て、チョコンと座り、「今日は折入ってお願いがある。山名さん、あなたの力で画会を組織し、どうか鉄硯の絵百幅を売ってくれまいか」。一幅三〇円くらいだったから、一〇〇幅で三〇〇〇円、大金である。山名は犬養の真剣さに、「よろしうございます。やりましょう」と引き受けたという。衆人の見守るなかで弱輩に膝を曲げてまで人のために依頼する、美しい純真な心に山名は強く動かされたのである。

山名が嗣子義廣と娘富子の結婚式への出席を頼むと、「僕は岡山へ用事があって帰るが、そのときはきっと帰京して出るよ」。当日一番先に帝国ホテルに来たのは、わざわざ岡山から駆けつけた犬養だった。山名次郎によれば、犬養という人は何となく懐かしい人で、実に和やかな気の置けない人だったという。かつて財部《たからべ》彪《たけし》海軍大将が「犬養さんは実によい人でしたね」と言っていたのも、彼のそうした人間性に接したからであろう。

犬養は、贈られた金魚に餌を与えるのが楽しみであった。犬養は、友人が亡くなると自ら進んで墓碑銘を書いたともいう。忙しいときに女中に命じて外出する。女中も忘れることがある。帰宅すると餌がそのままになっている。「誰もひもじいのは同じことだ」と独りごとを言いながら餌をやっている。ある時、よその猫が金魚をねらっている。犬養は、これを追い払おうともせず、「こりゃ猫の方からさきにやらねばならぬ」と言いながら、夫人に食物を言いつける。夫人は忙しい中にも主人の心が嬉しいと言って、いそいそと猫の食事に取りかかる。このやさしい心が、政策の上には恵沢の普遍化となり、家庭の中には団欒の春となった。

2　外交問題を論ず

前述のように犬養は、明治二三年の第一回総選挙で立候補し、三五歳で初陣を飾った。それ以降、連続一九回の当選を果たしたが、最も華々しい議会活動を展開したのは大正年間であった。

文部大臣就任

明治三一年（一八九六）一〇月二七日、犬養は四三歳にして、わが国最初の政党内閣である大隈内閣の文部大臣に就任した。これは、尾崎行雄が舌禍事件で文相を辞任したあとをうけてのことだった。尾崎の辞任とともに、自薦他薦の候補が続出した。犬養の入閣を熱心に薦めたのは、大石正巳、神鞭《こうむち》知常《ともつね》らであった。このとき犬養は、憲政党が早晩分裂は免れないと見通して、改造後の内閣の内相として多難の問題処理にあたるつもりでいたから、文相就任をしきりに辞退したけれども、進歩党の大勢と、党の輿論から内諾を与えざるをえなかったのである。犬養決定に至る道筋はそう簡単にはいかなかった。当時は、隈板内閣だから、大隈は犬養を推し、板垣は自派の青木周蔵を推した。両者の意見は衝突した。苦しくなった板垣は、文相の椅子を当分、陸相または海相の兼任とすべしとまで言い出した。この間、桂太郎、西郷従道は他人事のようにしていた。

閣議が一向にまとまらないので、大隈は、大声一番、「私は犬養君を推薦するつもりである。」ときっぱりと言い切った。そうして決然として参内しようと歩き出した。桂は、その後を追って、「まだ閣議はまとまらないように思いますが、どうしても奏薦するおつもりか」と言った。これに対して大隈は、「閣議がまとまらぬ上は、私の職責上、私の信じる人を奏薦するまでのことである。」と憤然、色をなして参内した。

大隈は、内閣を統一できないので聖慮をもって進退を決したいと天皇に奏薦したが、辞職は許されなかった。そこで大隈は犬養を文相後任に奏薦し、即日裁可されて一〇月二七日に信任式が行われた。しかし、一一月八日には、隈板内閣は瓦解したので、犬養はわずか一三日間の文部大臣で終わったのである（一一月四日辞任）。

大正政変での活躍と憲政の神様

憲政擁護・閥族打破が犬養の掲げる年来の錦の御旗であった。

大正元年（一九一二）一二月一九日、いよいよ憲政擁護会が京橋木挽町の歌舞伎座で開かれた。当日の来会者は三〇〇〇余名。その冒頭で決議案が朗読された。

　決議

　閥族の横暴跋扈今や其極に達し、憲政の危機目睫の間に迫る。吾人は断乎妥協を排して、閥族政治を根絶し、以て憲政を擁護せんことを期す。

　右決議す。

　大正元年一二月一九日

この決議案に対して、会場は全員狂喜歓呼して可決した。

ついで尾崎行雄は、政友会を代表し、犬養は国民党を代表して演説した。「閥族の打破、憲政の擁護ということは、多くの議論を用いるまでもない。総ての私情的拘束を解けということである」。

これについて、翌日の『東京朝日新聞』では次のように記されている。「木堂が演説は、霜衣に松籟を聞く……木堂が枯骨、疎髯、胆気斗の如く、語気大に激して絶叫して曰く、『後藤の魔力、大浦の警察力、吾人之を恐るる者にあらず、我は憲政の危機をおそれ、天下後人の笑を恐る、両党を打って一丸と為し、一丸の力藩閥の壘壁を貫かん』と」。

憲政擁護の第一次護憲運動の幕はここに切って落とされた。このため桂内閣は倒れた。

この大正二年の政変は、日本の議会政治に一つの画期をつくった。犬養は多年の政敵であった政友会と連携して、閥族打破の護憲運動を起した。これは、政友会と国民党が手を携えて、藩閥の申し子と言われた桂内閣を一挙に打倒した運動であった。

この運動の先頭に立ったのが犬養であった。さらに、大正一三年（一九二四）、清浦奎吾内閣が貴族院を基礎に成立し、閣僚詮衡にあたり衆議院を無視した時、政友、憲政、革新の三党が共同で対抗し、言論機関、民衆の支持を得て、内閣を倒した。これが第二次護憲運動である。

そもそも大正一二年八月、加藤友三郎首相が病死して総辞職すると、元老西園寺公望《さいおんじきんもち》は政友会の高橋是清を無視して、海軍の山本権兵衛を担ぎ出してきた。政友会は山本を倒せば、高橋に政権が来ると考えて、震災復興計画にけちをつけて、火災保険問題で、農相の田健治郎《でんけんじろう》を辞職させて、内閣を総辞職に追い込もうとした。しかし、ここでも元老は政党には目もくれずに、官僚の清浦奎吾を首班に推した。もうこうなると政友会もがまんの限界をこえて高橋では政権はとれないと判断して、野党の立場で護憲運動を起すほかはないとあきらめた。そこで政友会が、憲政会と犬養の革新倶楽部と一緒になって、第二次護憲運動がスタートしたのであった。

と同時に、高橋にかわって陸軍の田中義一を政友会総裁としたのである。

犬養（左）**と尾崎行雄**（大正２年２月）
（『木堂先生冩真傳』より）

犬養は、第二次山本内閣に逓相として入閣したが、その目的は、普選をやらせることだった。

さて、こうした憲政擁護・閥族打破の運動は、自覚した国民の声であると同時に、運動そのものが、国民に反響して倍の効果を上げた。そうしてこの運動を意義あらしめた当面の闘将《ミリタント》は、犬養と尾崎であることは衆目の一致するところであった。このところから犬養・尾崎を「憲政の神様」と世間は呼んだのである。

犬養・尾崎の関係は、尾崎が政友会に投じてからほとんど絶交状態だったが、十余年ぶりに旧交を温めて共同戦線に立つに及んで、木咢二堂のゆくところ舞台効果は満点であったが、民衆の心を引きつける点では尾崎は、犬養に一歩を譲った。犬養は満天下の人気を一身に集めて、各地に木堂会が誕生する有様となった。ひとたび木堂が現れるや演説会には聴衆を収容できず、第二、第三の会場を設けた。木堂が壇上に立つと脱帽、脱帽の連呼と拍手が巻き起こり、五分間は口を開くことができない。演説中、場外に殺到した群衆が、入場を迫って入口を破壊することも毎度のことであった。

犬養と護憲運動、普選運動とは切り離すことができない。彼ほど若い新聞記者に好かれた人はいなかった。当時、政界の死活を握っていた元老たちから追い出されていた若い新聞記者たちは、元老や官僚政治家たちを敬遠していたし、近づきにくい相手であった。しかしそこへゆくと犬養の国民党の控え室は、いつでも気楽に出入自由のクラブのような存在だった。犬養も若い新聞記者を好んで、彼らを相手に駄弁を楽しんでいた。

護憲運動でも、普選運動でも犬養が起つといえば、彼らも一斉に立ち上がって応援した。犬養を「憲政の神様」に仕立て上げたのも、世間もそうだが、むしろ彼ら若い新聞記者たちだったといえよう。

シーメンス事件の余波

第一次山本権兵衛内閣のときの大正三年（一九一四）一月、シーメンス事件が発覚した。これは、ドイツのシーメンス社が行った贈賄事件のことであり、ヴィッカース社への巡洋戦艦発注にまつわる贈賄も絡んで、海軍高官、三井物産関係者、さらには当時の政界を巻き込む一大疑獄事件に発展し、そして同年三月には海軍長老の山本権兵衛は内閣総辞職にまで追い込まれた。

そのとき犬養は、山本権兵衛を攻撃しない代償として、川崎造船所から七万円の金をもらったなどと『報知新聞』に書きたてられた。当時、犬養が伊藤痴遊に出した手紙には次のようにある。「支那問題ニ付テ小生が軟化せり山本〔権兵衛〕らと結託せり外務ノ後任ノ約あり川崎造船所ニ秘密ノ関係アリナド矢鱈ニ攻撃致居候ソコデヲカシク思フハ政治家ノ実行ニハ必ス地位ト利益トの報酬アルベキ者との宗門ノ連中ノ説ハ此ノ如ク下等ノものと驚入候」(『木堂傳』下、六八五頁)。こうした根も葉もない悪評はすべて相手にせず、一笑に付していたのである。

事実、山本内閣のとき、憲政会の連中が不信任案を出すので犬養に陣頭に立って演説をしてくれと頼んだが、犬養は即座にこれを断ったのだ。その腹いせに、山本と結託して外務大臣になる約束があるからとか、川崎造船所は海軍の仕事をして金をもうけているからその関係で犬養は山本を攻撃しないで、その代り金をもらったとか低級の悪評を被った。これは全部見当外れであった。

かつて花井卓蔵博士が次のように評した(『木堂傳』下、六八六頁)。「僕は、自負心が強くて負けん気があるが、犬養、星の両君にはどうしても敵はない」。なぜなら、「両君は、世間からあらゆる風説を受けても、又どんなに非難されても、非難されることに対して世間的申訳と云ふ事を一遍もした事がない。さう云う悪いことがあるかないかは、時間が解決すると云って一切弁解しない、この忍耐力は政治家として実に豪《えら》いものである。僕は弁護士である為か知らないが、この事だけは両君に及ばない」。

膠州湾問題を政府に質す

大正三年（一九一四）七月に第一次世界大戦が勃発し、日本は日英同盟を理由に連合国側に参戦した。当時ドイツの租借地だった膠州湾《こうしゅうわん》（青島《チンタオ》）を攻撃して、これを占領した。大陸に市場を拡大しつつあった日本は、大戦によって列強の進出に間隙が生じた中国市場に有利な地歩を築こうとしていた。

日本は膠州湾占領の後、中国に返還すると格好よく早々に声明したものの、対独戦争終了後も、日本は、膠州湾と膠州鉄道とを引き続き占領して、山東半島に足場を保持し続けていた。日本はこのようにして、旅順の他に青島をもその手中に掌握することによって中国の首府北京に対して圧力を加え得る立場に立っていた。

こうした世界情勢のなかで開かれた第三十四回帝国議会衆議院本会議（大正三年九月五日）においては当然ながら外交問題、とくに日英同盟と青島攻撃が論じられた。ここで犬養の外交に関する独自の見識が示されている。

犬養は、膠州湾問題自体は小さな事柄とはいえその余波は帝国の前途にも影響する、とりわけ本来はロシアのアジア進出を牽制し、中国と英領インドの現状維持を目的として締結された日英同盟をどう解釈するか、これは帝国の利益をどう図るかによって考えるべきである。具体的には、膠州湾で共同動作をとっている以上は、太平洋におけるドイツ領南洋諸島、すなわちマーシャル、マリアナ、カロラインの諸群島の処分問題においても共同動作をとるべきであると述べた。犬養は、日本はこれからまだ奮発すれば、我が帝国の利益のために働くべき余地は十分にあるし、十分に弾力はあるという意味で知らせたというのである。*

＊ 犬養が取り上げたドイツ領南洋諸島については、後の大正六年（一九一七）に英、仏、伊、露の諸国との間に個別に締結した秘密協定以来、諸群島を日本領土に編入することを期待してきたが、ヴェルサイユ講和会議で審議の結果、ウィルソンの主張で、これらの南洋諸島は他の旧ドイツ領植民地と同様、国際連盟からの委任統治の下に置くことになり、日本がその受任国となった。

そして膠州湾攻略そのものについて犬養は、これは領土獲得が目的ではない、として次のように述べる。

「此領土獲得は目的でない、世界の平和を維持すると云ふ大目的を持って居る。決して現状を攪乱するものではない。併ながら現状を他の国が攪乱すると云ふ場合には現在、南洋、東洋に於けるところの地図に変化を及ぼさんとするならば此際に於て帝国は相当の活動をやらなければならぬ。（拍手起る）

他の国が地図を変え得るだけは帝国も変へなければならぬ。吾々は是は敵国である、是は友邦であると云ふことは臨時的のものである、期限のあるものである。我が帝国永遠に存在すべき処は他の一国をして日本前面に横たはっているところの東南洋総て之を以て占領させると云ふことを許すか、帝国の利益は斯様なことは許さぬのであります。」（同前、八九頁）

「他の国が現状を破壊し地図を変換すると云ふ場合には少くとも帝国は未来百年のために相当の地

歩を占める、併しながら占領せよと云ふのではない。単独行動ではない共同動作である、世界列強と共に平和を維持するだけの根拠は此時に於て得なければならぬが是にはどういふ御腹案があるか、膠州湾―独り膠州湾に割拠することを為さるか、帝国は決して香港以北ばかりで立つのではないと云ふことを御承知にならなければならぬ、又香港以北ばかりを安全にすれば帝国政府を脅迫するものはないと云ふのは大早計である。此御考へを御極めなさらなければならぬ。即ち解釈は広くでも狭くでも出来るが、外務省は尤も狭く解釈せられて居る、其解釈を御広げなさい、御広げなさる意思があるや否や。」（同前、八九～九〇頁）

犬養は膠州湾問題について、帝国議会で、原敬とともに激しく政府のやり方を批判した。原敬は「膠州湾を還付するという声明を一番喜ぶべきはずのシナ（中国）が、いっこうに喜ばない」ことに対して不審を表明している。さらに犬養が着目したのは、戦後の利害についての問題であった。膠州湾を中国に還付するかどうか、それはどちらでもよい。膠州湾というものを日本の未来を左右する大運命とは考えていない。返還するのが不都合というのではない。「還す、還さない」どちらでもよいが、返還するということを声明する必要はいずこにあったか、あるいは他の勢力が加わりはしないか。日本外交の拙劣さを批判している。

こうなるのを十分予想して、当時の犬養にしてみれば、膠州湾の価値はいずこにあるのかを検討していたのである。経済的根拠か、政治的根拠か、軍事的根拠か、この軍事の根拠としては余り価値がないが、鉄道が含まれているかどうかが重要問題と洞察した。何しろすべての商業機関が、膠州鉄道沿線にある。経済学者犬養の炯眼《けいがん》がここに注がれたのも当然であった。この鉄道が将来どこへ延伸してゆくか、その予定線はどうなるかである。河南をすぎて山西に向かい、一方切れては長江へゆく。この鉄道網ですべての大平原の利益をもって競争場裡より日本を打倒するということも考えられる。ところが、いま騒いでいるのは、兵営・砲台・港、これだけである。これだけならば何も兵を出して、兵を損耗するには値しない。いまの外務大臣は鉄道を考慮の外に置いているようだ。これをぜひ考慮に入れてもらいたい。そういう考えはあるのか。調査は果して出来ているのか。「これがまず外務大臣として第一着手にやることであると申し上げる」と犬養は念を押している。ここに目を付けた政治家は他にいなかった。

さらに犬養は、中国の治安問題に関する政府の対応について質問する。外務大臣の部下に革命党を煽動する者はいないか、陸海軍にはいないか。一面で煽動し、政府が立てば前面からこれを打潰すことをやってはいないか。こういう一国の政府としてはけしからぬ話を外務大臣や総理大臣は承知しているのか。むろんないと応えられるだろうが、やっていると思うべき理由があるので申しておく、と追及の手を緩めない。

以上のような犬養の痛烈な質問に対し、外務大臣加藤高明は丁寧に答えている。「膠州湾返付のことについて、なぜ返付すると云ふことを言ったかと云ふ御尋に対しては〔中略〕、将来の事に付ては時局の発展に付て御互に宜く考へなければならぬことである。犬養さんの御忠告の趣は大に利益を得ました。それに依て尚私も勘考する積りであります」（『帝国議会衆議院秘密会議事録集上巻』九三頁）と、外務省の対応に対して外相は謙虚に素直にその反省をしている。また、日本軍が山東の一角に行動したために中国に動乱が起こるという懸念については、政府の見る所では中国に動乱の起こることはないと断定はできないが、仮に起こったとしても、それは日本軍上陸の有無に関係はない。ただ帝国の利益が害される場合には動乱を鎮定することは考えている。

それから犬養は、日本政府部内で革命党員を煽動して事を起こさせる者があり、しかも外務省内にそれがあると指摘したことに対し加藤外相は、そのようなものはいないと信じており、もし確証があるのであれば参考のために示してほしい相当の処分をすると答弁した（同前、九四頁）。それを受けて犬養は次のように自信満々で述べた。「拙者は斯様な事に付ては宜く知って居る、成程外務大臣は御人が善いから御承知はありますまいが、確かに拙者は証拠を握っておりますから御必要の場合にはいつでもお目に掛けます」（同前、九四頁）。多くの修羅場をかいくぐってきた歴戦の勇士には、三菱財閥の女婿の御曹司である加藤高明を追及するのは容易に思えたであろう。

次に犬養は陸軍大臣に矛先を向け、膠州湾を攻撃する日本軍の体制について質問した。

「そこで最早更に増員せられると云ふことがあったならば世間は当局者の大失策と認める、なぜかといえば此膠州湾に於ける兵数には限りがあって増員の見込がない軍器弾薬を送らるべき途がない、一切のものが絶えているから敵は数が確定したものである勢力が確定したものである。此勢力が確定したものに後から増員が出来るという時は即ち陸軍大臣は余程の是は責を負はなければならぬが、それ程のものが遣っているか、私は懸念致すのは余程少ない兵力位を以て、なに此一孤島の端にあるものであるから蹴散らせば宜いと云ふ位の御考であるか、それであると吾々は甚だ憂慮する」（『帝国議会衆議院秘密会議事録集上巻』九二頁）。

ドイツの青島陣地の兵力、重砲を十分想定しているとは聞いているが、これに応ずる日本の銃砲ははたして優勢なのか、また兵力を増員もせず平時編成のままであるというが、これは確かめておかねばならない。日本軍の補充の手続きはどうするか、と問題にしたのである。犬養のこの質問は、緻密な計画性のある犬養の思考がよく表れている。彼は単に軍事上のことのみならず、これ以後のアジア大陸における日本陸軍の威力と関係があるので、そこまで考えた上での用意周到な質問なのである。さらに補充の問題、陸軍の教育問題との関係、これらは当時やかましい論議となっている増師問題とも関連するので、幅広い視野に立って陸相に質問しているのである。

これに対し、岡市之助陸相は、膠州湾攻略について軍事当局者が軽侮の念を持ってはいないと言うと、犬養は補充の点はどうかと次の矢を放つ。これに対し陸相が「敵を侮って居ると云ふことは……」と的はずれの反応を示すと（同前、九四頁）、犬養はすかさず「補充の場合はどうなさる」と切り込む。陸相は「是から申します」と言って「兵站守備隊の如きものは、現役をもってやって居りますが、戦線に立って攻城をしますものは動員をして居ります。従って其補充には戦時編成の規定に従って補充隊を取って逐次に行ふことになります」（同前、九五頁）と回答した。

それにしても犬養の議会演説は、その立論の広汎といい、鋭い問題提起といい、肺腑を衝く論点の指摘といい、当時彼の右に出るものはなかった。掛け引きの上手、手の内を見せぬ秘密保持と操守の堅城は、敵側からみたら難攻不落の鉄壁の城と見えたに違いない。

外交に対する見識

対する加藤外相にしても、岡市之助陸相にしても、一介の政党政治家・犬養毅の前には従順なる弟子のように映る。それは犬養の年齢からくる風圧にも抗し難いものがあったからである。

それにしても犬養は、外相や陸相に遠慮会釈なく質問し、場合によれば忠告や注意を提言する人である。しかも場合によれば九寸五分の匕首《あいくち》を相手の喉元につきつけてただすというすごみがある。これでは誰でも犬養の舌鋒に恐れをなすのは当然である。

3 犬養の世界観

三党首会談と外交調査会

第二次大隈内閣の末期に、三浦梧楼《みうらごろう》（観樹）が三党首会合を思い立ち、犬養毅（国民党）、原敬（政友会）、加藤高明（同志会）に声をかけた。少なくとも外交と国防に関する国是・国策は、たとえ政府が代わっても一定不動のものとしたい。ことに日本は第一次世界大戦に参加して国家非常のときである。そこで三党首の考えを一致させて国策を確立させようというのであった。

もともと三浦と親交があった犬養は、外交問題と国防問題とは党派以外において、お互いに論究して一致点を見出したいと言っていた。大隈の対支政策も、第一次大戦後の日本の立場についても、犬養は心から心配していた。三党首が外交問題という国家の根本問題にかかわる政策について共通の認識を決めておこうと三浦と犬養は話し合い、大体の基礎が決まり、その具体的な実行方法を考えたのであった。

三浦邸での三党首会談（第二次）（『木堂先生冩真傳』より）
左から，三浦観樹，高橋是清，加藤高明，犬養毅。

三浦は三党首に呼びかけたが、加藤は困惑し、原も多少難色を示したものの、ともかく大正五年（一九一六）五月二四日に小石川の三浦邸に参集した。会談の結果、外交は対支政策が中心であり、東亜の平和、両国親善のための互譲の精神、外交国防の対策に対しては外界の容喙《ようかい》を許さないということでまとまった。犬養は「元老の容喙」としたほうがよいと主張したが、原、加藤の意見どおりとなった。このとき三浦が覚書に記名を求めたところ、犬養は即座に承諾したが、原、加藤はしぶしぶの署名であった。ただ、この三党首協定も実行には至らなかった。

外交調査会は、三党首会同と根本趣旨で共通していた。ただ範囲を三政党に限らずに、広く各方面の代表を入れた。

三浦が外交調査会設置を献策したのは、政党首領を引き入れて安全弁とする意図があった。そして、とりわけ大隈内閣時代にもみくちゃにされた対支外交の建て直しをするには、ぜひとも犬養を入れておかねばならぬと寺内正毅首相を説得した。

犬養は、三浦から相談を受けた時、先の三党首会談と同じ内容であり、ことに対外問題で寺内内閣の独り歩きを危惧して、外交調査会設置に賛成した。犬養は寺内から正式な交渉を受けたときに、主な党員の了解を得て、委員になることを承諾した。原も賛成したが、加藤だけが首を縦に振らなかった。内閣以上の内閣を作らずとも、他の方法で国策樹立、国論統一はできるというのが加藤の表向きの反対理由だった。

外交調査会（臨時外交調査委員会）は、大正六年（一九一七）六月六日、勅令により設置された。外交調査会の重大性から、委員には首相級に近い人物として、加藤高明の代わりには牧野伸顕《のぶあき》が入った。

犬養の外交調査会入りのねらい

ところで、犬養の外交調査会入りには賛否両論が渦巻いた。以前に不信任案をぶつけた寺内内閣の下で外交調査会委員となったのは矛盾であるとか、官僚攻撃の総本山の犬養が官僚と握手したのは変節であるとか、天皇側近の最高機関を国民党もしくは犬養救済のために外交調査会を作ったとか、大臣待遇に目がくらんだ犬養が閥族に降伏したとか、あらぬ誹謗中傷の的となった。たしかに犬養の外交調査会入りは一つの冒険であった。世間の誤解や政敵の誹謗は覚悟の上だった。いつか必ず判るから言わせておけといった態度で弁解ひとつしなかった。

やがて外交調査会の中身が理解されるにつれて、犬養の心事も理解されるようになった。対外政策を超党派的なものとして国論統一を図るという犬養年来の持論と外交調査会の趣旨が一致したからである。外交調査会は内閣が代わっても続くのであるから、委員だからといっていずれの内閣をも支持するという理由はない。だから議会の問題で国民党を拘束せず、あくまで在野党として自由に行動した。ただ外交については犬養にも責任があったから、外交調査会で審議決定された事項は秘密を守り、党員にも漏らさなかった。

犬養は外交調査会についてどう考えていたのか。彼は外交調査会を確固とした政治的中心として、日露戦争当時の元老会議にも勝るような最高権威の付与を考えていたようである。つまり、外交調査会を内閣の上の内閣にしようとしていたのではないか。それほど外交に対する犬養の思い入れは深かったのである。

国際社会の指導原理

犬養は、第一次世界大戦後の国際社会の指導原理は「世界永久の平和」であると信じていた。

大正七年（一九一八）一月の日本青年協会で「世界永久の平和と日本」と題して行った講演で、犬養は次のように述べている。

米国が真に世界永久の平和を欲せば、米国自身先ずフィリピンを開放《マ マ》すべきである。ハワイ小なりと雖《いえど》も、之を独立せしめなければならぬ。二億の人口と数千年の歴史を有するインドを、英国が領有することの是か非かは多言を俟《ま》たずして知るべきである。故《ゆえ》にウヰ《イ》ルソン氏にして其主張を貫かんとせば、世界文明の中心に誇る米国にして其平和主義を確立せんとせば、此際起って其絶大の権力を発揮し、直ちに東洋諸小国及びインド其他の諸邦を独立せしめることに尽力すべきではないか。米国にして此事に尽力せんとならば、日本は世界永久の平和の為めに之を扶《たす》けて此大理想を実現するに躊躇《ちゅうちょ》せぬ。

元来人間の幸福と云ふ上から言えば、他国の領土を獲得することは何程の利益をもたらすものではない。夫《それ》よりも農商工共自由に交通し、取引することが出来ればお互に幸福ではないか。即ち諸国共門戸解放、機会均等何の制限も無き文明世界を現出せしむることは、真に人類の幸福を増進する所以《ゆえん》であって、その為めに弱小なる国を征服して、其自由を束縛するの必要は毫《ごう》もないのである。米国が此人種共同の幸福のために世界永久の平和を図らんとならば、微力ながら相当の海陸軍を有する日本は、進んで此大理想の実現に参加努力することと信ずる。世界の輿論を此方向に進めんことを切望する次第である。

（『日本内閣史録3』二六七頁、『大演説集』二六四〜二九五頁）

こういう基本理念だから、ワシントン会議の成果についても犬養はこれを積極的に評価している。大正一〇年（一九二一）一二月の木堂会で、犬養は次のように述べている。

ワシントン会議も大体結末が着いた。是れに依て太平洋に面する国々の間の平和は確保さるべき端緒を開いた訳である。然らば恒久的眞正の平和が之に依って維持されるのかと云ふに、夫れにはまだ幾多の距離を存して居るが、ともかくも平和に向って着々歩を進めつつあることは事実である。
欧州大戦前の有様は、諸国共戦禍に懲りて、何等かの方法に依って再び繰り返さぬやうにしたいと云ふ考えが期せずして相一致して、茲《ここ》にワシントン会議が開かれたのである。其結果世界の強国が互に軍備、就中《なかんづく》海軍勢力を節減することになった。猶《なお》此勢を以て陸軍の節減にも及ぶのは当然である。会期が短い為めに此問題には触れぬかも知れぬ。併しながら陸軍をも各国協定して減少すると云ふ風潮を造り出すことは極めて必要である。〔中略〕又一方の強国、殊に世界到る処に帝国主義の勢力を拡張せんと努めて居ったドイツも、惨憺《さんたん》たる最後を遂げてしまったのであるから、大陸軍を以て国の備えとせねばならぬ必要は大に減じた。夫れ故に強国互に協定して陸軍を減ずることが出来れば洵《まこと》に結構であるが、協定の成立すると否とに拘らず、日本としては陸軍減少の大英断を為すべき好時期である。

（『大演説集』二九五頁）

犬養のこの言葉は、大正七〜一〇年頃、ちょうど理想主義が世間を風靡していた頃のものであったことを割引かねばならない。しかし、犬養の基本的考え方と世界認識をよく表している。この点、犬養組閣で内閣書記官長となった森格《もりつとむ》による国際連盟無視のアジアモンロー主義とは大きく乖離していた。

外交調査会に殉ず

犬養が委員となっていた外交調査会は、無用論や廃止論まで起っていたが、ワシントン会議が終わり、各種条約が批准された後には、単なる外交報告機関のようになってしまった。

犬養自身もシベリア撤兵を機に脱退する考えだった。原内閣を経て加藤友三郎《かとうともさぶろう》内閣の大正一一年（一九二二）九月一九日に勅令により廃止となった外交調査会委員は五年でほとんど入れ代わったが、設置以来、犬養が最後まで踏みとどまった唯一の代表者だった。犬養が重点を置いた対支政策でも、その主張が容れられたとはいえなかった。しかし、一身一党の利害得失を度外視して、何とか曲りなりにも国策樹立のために尽力した。犬養は終始一貫、一党一派に殉ぜず、国家に殉ずる志を最後まで貫き通したのであった。

木堂会の由来

明治二二年（一八八九）一二月、神田区錦町の松本亭において、東京木堂会が創立された。

その会則は、次のとおりである。

會　則

第一條　本會ハ東京木堂會ト稱ス

第二條　本會ハ木堂犬養毅先生ノ高風清節ヲ欽慕スルモノヲ以テ組織ス

第三條　本會ニ幹事若干名ヲ置キ會務ヲ處理セシム

第四條　本會ニ入會セントスル者ハ會員ノ紹介ヲ以テ申込ミ幹事會ノ承認ヲ受クルヲ要ス
第五條　本會ノ費用ハ會員ノ負擔トス
（原文のまま）

そして大正四年（一九一五）二月には、東京木堂会は、次のような趣意書を発表して、その設立の趣旨を明確にしたのである。

東京木堂會趣意

有司專制の弊に堪へずして民選議院設立の議起り、民選議院設立せられて已に二十五年、歳月久しからずとせざるも、憲政の實擧れりと謂ふべからず。而し當時民權論の唱首たり、民黨の名士たりしもの、或は十年にして躓き或は十五年にして仆れ、縱令躓き仆れざるも漸くにして倦怠せざるは尠し、我が犬養木堂先生獨り此間に於て儼乎たりて主張終始渝らず、逆境に善處して益々奮ふもの高風氣節眞に景仰するに堪へたり、吾人が爰に本會を組織する所以、亦此高風を慕うて聊か自ら砥砺せんとするに外ならず。

近來政界風潮甚だ險惡、俗目唯勢利の趨く所を見て、議論の正邪を察する能はず、小數黨を率ゐて此濁浪の間に苦闘する先生の志や悲し、然れども吾人が此擧敢て夫の美名の下に私黨を結び國政を私議するの顰に倣ふに非ず、嚴寒うして然る後に松柏の後凋を知り、擧世混濁して清士乃ち見る、先生縱足を政界に投ぜざるも、其高風や以て吾人の師表とするに足るにあらずや、氣節の頽廢を慨するの士は來つて吾人が此に賛せよ、先生の謦咳に接して自ら啓發せんとするの士は來つて吾人と倶にせよ。

大正四年二月

東京木堂會

木堂会は、東京だけではなく、大正一一年（一九二二）四月には長野県上田市で北信木堂会が発足している。その発会式で彼は次のように述べた。こうした内省的持ち味は政治家にはめずらしく、ここにも彼の人気の秘密があった。

「私自身は、死ぬまで決して悪事はしないつもりであるが、棺を蓋うて名定まるまで他から見たら何う見えるかも知れず、また死ぬまでにどう変るかも知れない。自分は無論信ずる所はあるけれども、他人は何と見るかも知れないし、もしもまた此先きに行って変化でもしたら、ずいぶん剣呑《けんのん》なものだから、と最初は固く此名―木堂会―を辞退したのであるが、是非ともと云うのでそのままになってしまった。

また、その趣意書の中に「高風清節」の四字を以て、私を賞讃しているが、これは顧みて甚だ当らない。唯私の多少他と異る点は昔から一貫した主義主張を守ってかわらないでいると云うだけであって、これは高風清節でも何でもない。当り前のことである。」（佐々弘雄『人物春秋』二二〇頁）

第四章　帝国の危機と産業立国

1　広汎な見識を統一する歴史認識

大逆事件と南北正閏論

第二十七帝国議会は、明治四三年（一九一〇）一二月に召集された通常国会である。この議会では、大逆事件と南北正閏《せいじゅん》問題が桂太郎《かつらたろう》内閣を痛打した。

南北正閏論の起こりは、明治四四年一月一九日、読売新聞社説が、「南北朝問題、国定教科書の失態」と題し、文部省編纂の明治三六年度（一九〇三）の国定教科書『尋常小学日本歴史』が南北両朝を並立させて記述していることを取り上げ、これは「大義名分」を誤るものとして政府を非難したことである。

二月四日、無所属代議士・藤沢元造は、この問題についての質問書を提出した。この処理に窮した政府は、質問者と親交ある農務局長に依頼して教科書の改訂を条件に質問書の撤回を求めた。藤沢はこれに応じて、議会で撤回理由を述べ、議員を辞職した。これが当時の世論を刺激し、政府の裏面工作が、逆に問題を大きくしたのであった。

二月二一日、立憲国民党の犬養毅らが、前年（明治四三年）の大逆事件とこの問題を一括して、閣僚の責任に関する決議案を提出した。周知のように大逆事件とは、社会主義者・無政府主義者に対する弾圧事件である。数百名を検挙し、明治天皇暗殺計画の名目で二六名を大逆罪として起訴、二四名に死刑宣告。翌年一月、頭目とされた幸徳秋水《こうとくしゅうすい》ら一二名が処刑された。

明治四四年二月二三日、本会議の発言者は、犬養毅、佐々木安五郎、元田肇《はじめ》であったが、傍聴人を退去させたうえで、長谷場純孝《はせばすみたか》議長の議事開始の宣言で、犬養が拍手のうちに登壇した。

犬養はまず大逆事件について、国民同胞の間から斯様な凶徒を出したと云ふことは皇室に対して皇室に対して恐懼に堪えないと前置きをしたうえで、かかる事態を引き起こした原因の分析に鋭く切り込む。事件の原因は様々なことがあるが、「遺憾ながら其一つの原因として数へては行政上の失策、警察政治の失策確に其一原因を為して居ると云ふことを吾々は発見した」。社会主義などの危険思想が日本に入ってきているとはいえ、警察がこれを過酷なまでに取り締まったために精神に異常を来たしてしまったのではないか、と桂内閣の責任を追及した。

また、犬養のユニークな教育観が遺憾《いかん》なく述べられているのが、南北朝正閏問題にかかわる教科書事件についてである。そもそも南朝を正統とする精神こそが明治維新の精神の根本である。学者が歴史を研究するならともかく、文部省が神器の有無のみをもって正閏を判断し、国定教科書も改変する必要があるのか。「日本建国の大本となり三千有余年不磨の大典となって居るものを勝手次第に改竄したものである」。これは文部省の役人、あるいは文部大臣が責任を負えば済む話ではなく、内閣が責任を負うべきものである、と詰め寄った。

こうした質問に対して桂首相は次のように返答した。政府は国家の基礎を危くし社会秩序を破壊するような危険思想の伝播に対して必要な取締をするのは国家自衛のため当然の処置であり、また政府の職責であると確信する。しかし政府が新説を講ずる者を無実の窮地に擠《おと》したり犯罪を激成させるようなことは断じて事実ではないと確信する。また、小学校教科書の内容について教育上問題を生ずる恐れがあると認めれば政府は相当の処置をなすことに躊躇しない。こうした答弁の前後において議場は騒然として聞きとれない有様で、議長は「静かに、静かに」を連呼していた（以上、第二七帝国議会本会議、明治四四年二月二三日）。

討議終結後、採決について、犬養は記名投票を要求した。その結果、出席総数二九四、可とする者九三、否とする者二〇一。賛成少数により決議案は否決された。すでに此決議案は議了したので、これより公会に移して傍聴人の入場を許したのである。

以上のとおり、犬養の議場の演説は、今日と違い、官僚による作文の棒読みではなく、自らの所信を自らの言葉で諄々と説いたものである。そこには彼の政治、経済、社会に対する広汎な見識と深い知見が、随所にほとばしり出ていて、拍手の起きる場面が多かった。

とくに犬養でなければ言えない鋭い分析と断言は聴く者を首肯させた。その立言の特徴は、まわりくどい表現は避け、単刀直入に事態の本質に切り込むこと、例として取り上げる事例が具体的で明確であったこと、立言の背景に膨大な和・漢・洋書の知識が蓄積されていたこと、そして何よりもそれらを統一する確固とした歴史認識を持っていたことである。

現在をより深く理解するためには、何時《いつ》でも過去に遡及《そきゅう》する必要がある。現実に対する認識を深めるためには、史的研究は不可欠の要件である。逆に言えば、史的認識を欠いた現実の認識は、必ず常に浅薄皮相となる。犬養の判断基準には、他に類のない優れた史的認識があったことが挙げられる。

さらに彼の演説の特徴は、反対党を完膚なきまでに論破することに終始したわけではなく、強い自我に立脚していながら、この自我の赤誠に固執し、ただいたずらにこれを強調しなかったことである。彼の提出した大逆事件と南北正閏問題に対する動議においても、この特徴が十分うかがえる。ある場合には反逆者を官憲と対比して、その正邪を論じ、ある場合には北朝正統を唱える学者の意見さえもこれも抹殺しない。それでいて是々非々、理非曲直をあきらかにして、決してあいまいのままに放置せず、きまりをきちんとつける。また、為政者たる者は、君国のため、蒼生のため、行政機関を運転させるには、ただ誠心誠意で報国の念に燃えているだけでは不十分である。

教育への視点

ところで、教育に対して犬養はどう考えていたのか。

教育制度が整ってくると、「傑出した人物が出ないと言うが、日本ばかりでなく、学校の教育が整頓して来れば、言わば同じ品物が出来て、美術品が出来なくなって、いわゆる勧工場向きが出来る。かけ離れた英雄豪傑が出来るのは、不完全な教育の間なんだ。一般に教育が普及すると、平等に平凡な勧工場向きの品物になるということは当り前で、これはやむを得ない」（『木堂傳』下、七六頁）。あまりに整いすぎた教育課程は、勧工場（明治末から大正に多くの商店が一つの建物の中に商品を並べて販売したところ。百貨店の前身のようなもの）向きの何の変哲もないインゴットで打ち出される同じ形の鉛の人形でしかないという。

さらに教科書については、「極めて浅薄で、儒学の奥へ入らないで、門の外を自動車で通ったくらいの程度のものが入っている。今の形式的な道徳律、今の浅薄な道徳律を強いて、そのまま行われるというような、そんな気楽なものではない。ただ文字だけを並べて、これを守れというそんな馬鹿なことが出来るか。手近い話が、刑法では首を取るまでの制裁を与へておる。それでも泥棒は絶えぬ。況んや何の制裁もない学校の教科書をそのまま守れといっても、そんなことが出来るものかというのが私の持論である」（同前、七七頁）。いろいろな宗教があるから、教科書づくり等の段階でこれに触れないようにという意向があったかもしれない。しかし、儒教の「仁」も仏教の慈悲も、キリスト教の博愛も、文字以上は根源は違っても合流点があるはずだから、それぞれの信念でやればよい。

「道念」という生きる上で最も基本となる教育が完全に抜け落ちたまま知識ばかりが上へ上へとのみ重ねられて、子供たちはその重圧にたえかねて非行に走り、生きる基本を見失う。児童以来というが、いまの日本はその児童にすら満足な道念という生き方の基本を全く教えていない。ただ、甘やかし、お気に召すまま、ご自由に児童を放置している。これでは身体の方もなまって肝心の精神のない〝なまこ〟のような大人が続出するありさまとなる。

国立理化学研究所

西洋近代科学の移入・紹介によって明治初年以降顕著な発展を遂げてきた日本の自然科学界も、明治末より大正にかけて漸く模倣的立場からも脱却し、自主独立期に入ってはいた。しかし、大正年間の日本の科学は軍事面に注力したため、官学万能の色彩を濃くしていた。大正より昭和に入ってもこの傾向は改まらず、独創的研究も相当の水準に達しながらも、未熟な点が多く、総じてわが国の科学界は第二次大戦に至るまで少年期の域を出なかった。まして科学の知識は、犬養の言うように他の文明国に及ばなかった。

大正七年（一九一八）一月には文部省は中等科学教育における生徒実験の役割を重視し、二〇万円の国庫金を支出したので全国各地で理科実験は盛んになった。しかしこれも二、三年で衰えてしまい、国民全体の科学知識は進まなかった。「ソコで進歩の本は何をするにも金である。金があれば最高学府の学者の活動も出来れば、進歩も出来る」（『木堂傳』中、四五四頁）。

しかし学者ができても産業は進まない。「全体の国民の知識が進んで、最高学者の研究より出でた結果を、実際に応用するだけの知識が無くてはならぬ」（『木堂傳』中、四五四頁）。

そのためには国民教育年限の延長も必要、実業補修学校、農学校、工業学校、商業学校を造ることも必要であるが、もうひとつぜひとも設けたいと考えたのが、犬養が長年主張してきた国費で建設する国立理化学研究所であった（『木堂傳』中、四五五頁）。

さらに犬養は、大正一〇年（一九二一）一二月、木堂会の講演「ワシントン会議と帝国の国策」の中で次のように述べる。「吾等同志多年の主張たる理科学研究所の如きも、中央に大規模なるものを建設すると同時に、地方到る処適宜の場所にこれを建てるやうにしたい」。

この言葉の前提として、同年、今後の経済戦争の中で優勝者となるためには国民全体の知識を進めることだ、その政策として国民教育の年限の延長、学校設備の完成である。その費用を生み出すために、軍備経費の削減をする。これから始める新しい競争、すなわち「平和の競争」に打ち勝つには、それだけの下地が必要である。それには、国民教育だけではなく、理科学研究所の設置が必要だと説くのである。これは犬養の画期的提案である。これをどのように運用するのか、彼の独創的経営方法が示されている。

財団法人理化学研究所は、すでに大正六年（一九一七）三月に御下賜金と財界の寄附金で造られてはいた。しかし、犬養の目指すものはこれとは大きくちがい、全額国費で建設せんとする大規模なものであった。文字通り国立理化学研究所である。

犬養は、このような研究所を設けて、「若し日本の学者だけで足らなければ、外国からエライ学者を招聘して来ればよい。今はドイツやベルギーには立派な学者で生活に困っているのも沢山あるから、それを招聘するがよい。そして高等学府に於て研究したものを実地に応用すべき試験は、此研究所の目的である」（『木堂傳』中、四五五頁）としている。

要するに科学の力を生産事業に応用して産業上の大革新を図るの趣旨にほかならない。

もしこれらの設備がなかったら産業の目的を改めることはできないという。その一例として、イギリスの染料は、かつては世界一といわれたが、ドイツが次第に進歩してついにはイギリスを抜いた。

イギリスの学問が劣っているわけでないが、ドイツのように学術と実際の工業とが密接に連絡していなかったのが欠点であった、と彼は力説する。「ドイツは此点に着眼して、一方の進歩した学理を、他の一方の工業に結付けたのである。即ち媒介機関が理化学研究所である。此処で盛んな応用試験を行い、試験の成績は一々之を国内の当業者に示して、之を実用する、其結果は従来より精良なる品を、安価で造ることが出来るやうになったのである。日本でも大規模の国立理化学研究所を造って、之に十分の金を与へ設備を為す、そして日進月歩の学理を実物に応用するのである」(『木堂傳』中、四五五頁)。

いまのドイツが、将来いかに復興するかはもちろん疑問だが、復興の政策として全力を理化学に傾注すべしと有識者たちは主張している。これは思いきった妙案であると思う。

「日本も今日から生存の必要上、世界の工業に対抗するには科学に全力を注ぐがよい。科学万能主義で進むの外はない。其の準備として第一に要するものは金である」(『木堂傳』中、四五五頁)。

犬養の炯眼《けいがん》は、ここでその資金の捻出方法に着眼する。これは福澤諭吉の「経済的独立は精神的独立に先立つ」の実践である。「故に政府は不生産的経費を節減し得るだけ節減して、すべて産業振興の資に充つる決心をせねばならぬ」(『木堂傳』中、四五五頁)。

そのためには何をやるか、これが大問題である。「其の為には行政の整理も、税制の整理も軍備縮小も断行せねばならぬ。斯う云ふ風にすべての経費を節減して」産業立国の基礎を固めて、世界の競争場裡に於て優勝の地位を占めなければならぬ。「之が経済上より観たる産業立国の概要である」

(『木堂傳』中、四五五頁)。

福澤諭吉と理想社会

福澤諭吉は、明治三〇年(一八九七)六月頃、三田演説会において「人の独立自尊」を説き、その翌年六月、慶應義塾の学生に向って独立自尊を以て実際的精神とすべきと述べた。福澤がなぜこのようなことを言ったのか。当時の日本において旧道徳は力を失い、一方これに代わる新道徳は現われない有様である。天下、まさに修身処世の方向に迷っている。当時福澤は、風儀の頽廃こそは、修身処世の羅針盤がないためであるから、人心を導くためには、時勢に適応する徳教の基準を示し、一般国民をして適従する実践徳目を明示する必要があると痛論したのであった。

福澤は次のように提案する。「修身道徳の教は時代に従って変遷する性質のものであるから、永久の事は姑く別とし、現時の社会に適することを目的として、一定の主義の下に其の箇条を一括し、修身処世の綱領とも見るべきものを作ってみてはどうであるか」(高橋誠一郎『書齋の内外』一三一頁)。

やがて福澤は、『修身要領』二九箇条を門下に選ばせ、明治三三年(一九〇〇)二月一一日の紀元節にその稿本が出来上り、同月二四日に三田演説会でこれを公表させた。このとき犬養毅は、これを以って釈尊の法華涅槃に比べられると言ったが、この言葉は『修身要領』の本質を言い当てたものといえよう。

『修身要領』の説くところは、「人は人たるの品位を進め、智徳を研き、ますます其の光輝を発揚するを以って本分となさざるべからず、我が党の男女は独立自尊の主義を以て修身処世の要領となし、これを服膺して人たるの本分を全うしすべきものなり」（第一条）、「心身の独立を全うし自から其の身を尊重して人たるの品位を辱めざるもの、これを独立自尊の人と云う」（第二条）（『福澤諭吉全集』第二十一巻、三五三〜三五四頁）。

この『修身要領』には賛否両論がうずまいた。当時、『二六新聞』はいう。「恰《あたか》も暗道に星光を眺むるが如し」。『人民新聞』は「米国風の物質的文明を鼓吹すると共に、又、米国風の道徳を鼓吹し、而も躬行実践以って人を率ゆるもの」となした。この独立自尊主義をひろく一般社会に弘布宣伝するため、『時事新報』の紙面を活用したり、慶應義塾の主脳が地方遊説をして一部社会の冷淡無関心に立ち向ったけれどもついに時代を支配する力とはなりえなかった。

ある時、犬養のところへ理想論者がやって来て、政党の腐敗、疑獄の頻発、貧困の一方では、権力のある実業家の乱暴狼藉《ろうぜき》、これらを打ちこらしめるべしと言った。犬養は次のように答えた。「それは無論だ。俺もその通り思っている。唯、君は到底改善し得ぬというが、しかし俺は改善し得ると思っている。もっとも改善するといっても全部とはいわぬ。一部分の妙な世相を激発する助因だけは確に除くことが出来る」（『木堂傳』下、七九頁）。犬養の説得は、漸進的改良主義だが、このクーデターを意気込む青年の心を変えられたか。

また、共産主義が浸透しつつある中国に行った際、孔子の郷里・曲阜にある師範学堂を訪れて講演をした際には、次のような話をしたという。「中国《シナ》は今までに大試験を経ている。レーニンが言うようなことは四〇〇〇年前からその説を持っている。レーニンどころじゃない。レーニンはまだ国境を認めている。法律を認めている。政府がある。ところが、礼記の礼運第九編の大理想からいうと、ずっと人間が智徳ともに進んで行ってその頂上に行けば、どうかといえば、国境なく、政府なく、法律なくて治まる。そうして人は財産を私有しない」(同前)。

福澤諭吉が理想とした社会は、君主も官僚も政治家もいない社会である。個人個人が独立、自立して、独立邁進しながらも、秩序ある、共存の社会が成り立つとした。まさに「夢の社会」である。中国師範学堂での犬養の講演を聞くと、彼の志すものは、まさに福澤諭吉の「理想社会」を標榜しているように思われる。

犬養は儒教に淵源する「理想」をもった政治家であった。政治家としての木堂は、この理想を実現するために終始一貫した主義主張をもち、長い間の逆境にも、清節を持して屈するところがなかった。そうした強い反面、人間的な情味があった。

2　辛亥革命と犬養

アジア民族解放運動への理解と同情

犬養は、人情味にあふれていて、味方や党友やその家族、使用人にあふれんばかりの愛情を注いだ。それは、国内にとどまらず国外にも及び、数多くの亡命者を庇護《ひご》したことにも表われている。

明治一七年（一八八四）に、クーデターに敗れて亡命して来た韓国独立党の金玉均、朴泳孝を保護したこと、フィリピン独立運動、越南（ベトナム）独立運動に援助を与えたこと、また大正年間に日本に亡命してきたインド独立運動者ラス・ビハリ・ボース（R. B. Bose）を庇護したことも知られている。いずれも犬養の、中国を含むアジアの解放への深い関心を示すものである。

ここに一つの挿話がある。ベトナムの皇太子クォン・デ侯の日本での生活一切は犬養が見ていた。クォン・デは「王道をもって越南（ベトナム）の理想とする」といい、新生ベトナムの国旗（黄色地に王という字を図案化して赤く染め抜いた）をもって犬養を訪ねた。そして、「黄色は越南の民族色です。赤は忠誠と情熱を表したつもりです」と言って、犬養の批判を求めた。

そこで犬養は、次のように述べた。「王道を国本とする。それはわしの生涯を一貫した理想じゃ。よくそれに気がついた。満州には日本の覇道が強すぎる。日本も王道などといっているが、武が文に勝ちすぎて、このままだと覇道も覇道、軍国主義に終る危険がある。困ったもんじゃ」。

日本軍部の暴走を知っていたクォン・デは「閣下ご身辺に気をつけて下さい。いろいろな噂があるようですから」と答えると、「なあに、おたがい日本人だ。話せばわかるさ」。悠揚迫らず玄関までわざわざ送り出しに来てこう言った。「憲法草案が出来たら見せてくれ給え。越南独立も、もう十年の辛抱だ。しっかりやるんだよ。どんな苦難が振りかかっても、くじけてはならん。王道国本の理想だけは忘れるなよ」。

その翌日、犬養は暗殺された。クォン・デと対談した日本間で、このアジア擁護の老宰相は斃れたのである。悲報に接したクォン・デは、頭を抱え、肩をふるわせて人目もはばからず号泣し、悲嘆にくれて四九日間の喪に服したのであった。クォン・デ侯は死ぬまで五月一五日の墓参を欠かさなかったという（田中正明「アジア風雲録」『東京タイムス』昭和三二年三月五日）。

宮崎滔天との面会と支援

犬養は近代政治家の中で、最も中国と関係の深い政治家であった。その結びつきはきわめて古く、明治三〇年（一八九七）九月初旬、宮崎滔天が、横浜の陳少白の寓居で初めて孫文と対面したその年、当時の松方内閣の下で、大隈外相の諒解をとって、犬養は、宮崎《みやざき》滔天《とうてん》、平山周、可児長一を外務省嘱託として中国に派遣している。

この間の事情については犬養自身が「揺籃時代のわが対支方針」で述べている。

「我輩が支那問題に関係し始めたのは随分古い話で、丁度隈板内閣が出来たとき、……内政問題はまァ誰にでも出来るから、茲《ここ》で一つ対支政策というものを確立して置かなけりゃいかぬ、かう考えて一つの案を作って大隈さんに見せた。その案というのは年々二十万円ばかりを内閣の機密費から出させ、相当な人物を支那に派遣していろんなことを調査させようというのであった。ところがあの通りの内輪喧嘩で内閣は潰れる、然《しか》しどうもこのままに流して了《しま》っては惜しいからと、次の山県内閣に佐々友房、星亨、それに我輩とかの御用党も一緒になって「何か支那に対して相当な仕事をしろ」と迫った。その結果何処にも当り障りのないお公卿さんの近衛（篤麿）公にやらせようということになって、東亜同文会というものが出来た」（『木堂傳』中、九一五頁）。

そして、宮崎滔天が、日本へ亡命してきた孫文を初めて犬養に引き合わせたのであった。そもそも、宮崎と犬養が会うことになったのは、可児長一の仲立ちであった。犬養家に寄食していた可児は、犬養の人物を称揚してしきりに犬養と会うように同郷の友人、宮崎滔天にすすめた。最初、気の進まなかった滔天も、口を極めて犬養を称賛し、心を尽くして勧誘する可児の熱意に、ついに動かされて、犬養を訪ねた。この時のことを滔天は『三十三年之夢』で次のように述べている。

天縁なる哉、余が方針の一転機は此時に在り、人は批評的動物なり、故にその初めて相見るや、必づ先づ其人を是非するの心生ず、則ち彼此の眼光の接触する途端に於て、早く既に忌な奴と好きな人との判断を着るなり、則ち所謂直覚的判断なり、世の木翁を評するもの、皆以て策士となす、策士元来厭味を帯ぶ、然も余の初めて木翁を見るや、心中些の厭味を感ぜざりき、其左手に煙草盆を携へ、右手に煙草入れを握って、ヒョロヒョロとして出で来る処、何ぞ仙風を帯ぶるの甚だしきや、其チョクと頭を下げて「始めて」と云ひ、クルリと胡座して煙を吹く所、何ぞ夫れ漂忽洒落なるや、余は既に直覚的判断を下せり、是れは好きな人ワイと、彼は冷かなる笑を含んで「暹羅《シャム》は如何です、何か面白い事でもありやすかナ」との問を掛けたり、言容聊か嘲弄の気を寓するものの如し、然も余は胸裏些の不平を感ぜざりき。

ここで滔天は、金をもうけるための事業について話すと、犬養は即座に、滔天の長髪無頼の風貌では無理だと断言しながらも、情に深い犬養はある人物への紹介状を手渡した。滔天は、その人物を訪ねたが、うまくゆかず、再度犬養を訪ねて結果報告をした。滔天にしてみると金もうけはある目的を達成するための手段であったのだ。そこを見抜いた犬養はこう述べた。

「金儲けも一生の事業だ。金儲けて而して後に天下の事をやる、成程正当の順序の様だが、さう甘くゆくもンぢァない、がらにないこたア中止が好い、中止して直に本職に掛るが好い。ナニ天下の事は分業法でやるさ、儲かってゐる奴の分から使って行くさ」。

滔天は、心の底を見透かされたように感じて、ついに自分の真の狙いが中国にあると白状した。そして犬養に援助を求めたのである。

犬養は、「わかった、暫く昼寝でもして待って居たまえ」。この一語、まさに泰山よりも重く、この一語によって二人の兄を失って意気消沈していた滔天の志望はついに復活し、失望の谷を出で再び希望の天地に入ることができたのだった。「木翁は余が心的再生の母なる哉」と、滔天は、心の中で叫んだ。

それだけではない。滔天は木堂の厚情に感泣する。滔天が再び東京に木堂を訪ねると、金がやっとこれだけ出来たと、相当の金を渡し、「暫らく遊べるだろう、急に出発したが好い。今度は官辺の係累がないから、その運動も自由であろう」と言った。犬養の高義と厚情に感泣した宮崎滔天は即日、住居を取りかたづけ、南万里とともに上海に向って出発した。

宮崎と犬養の関係は、このようにして生まれ、こうした結合を通じて犬養は、中国問題にかかわっていった。

当時、日本は、中国の政治的亡命者の根拠地であった。清朝の改革を志しつつ戊戌《ぼじゅつ》政変で国を逐われた康有為、梁啓超らの改良派が、横浜に拠を構え、他方では孫文の革命派が亡命してきていた。この間、犬養は康・梁の設立した「大同学校」の校長となり、あるいは孫・康の握手をはかるなど、亡命者の庇護者であった。さらにまた、革命運動のリーダーである黄興が亡命してきたとき、犬養は、運動の統一を目指して孫・黄を握手させ、中国革命同盟の成立に力を貸した。

中国からの亡命者を庇護する

犬養は他国の宗主権（所有権）を尊重して、あくまでも平和裡に太平を拓く方向であって、軍による制圧をこととする、軍閥支配とは相容れるものではなかった。しかし、犬養の志向する平和路線は、いつの時代でもなかなか難しい。ましてや当時の軍部全盛時代にはとうてい受け入れられるものではなかった。

犬養の中国との関係は古く、深い因縁の糸で結ばれていた。中国が国内改革によってその荒廃から立ち直り、更生した中国と日本との間に友好提携の関係が結ばれることを人一倍願ってきたのは、ほかならぬ犬養であった。

犬養が、明治三一年（一八九八）に東亜同文会の創立に関与したり、明治三八年（一九〇五）に中国革命同盟会の成立に尽力したのも、すべて彼の中国観に基づくものである。

また犬養は、中国の改革に失敗して日本に亡命してくる中国人たちを温く迎えて、これを庇護し、助力を惜しまなかった。彼らの中には、康有為、梁啓超のような保皇派もいれば、孫文、黄興のような革命派もあり、左右いずれをも問わず、来る者は拒まなかった。とくに孫文と犬養との関係は古く、犬養四一歳であった明治二九年（一八九六）以来のことである。

犬養の大陸政策

政党政治家犬養は、漢学によって人生観を固めていた政治家である。慶應義塾で西洋の政治思想を学び、その影響を受けて、政党政治の実現に向けて闘いながらも、その一方で、東洋のことを常に心にかけていた。片時も忘れず心配していた。

だから、中国の民族革命を企図していた孫文や黄興を支援する情熱を長い間胸に秘めていることができたのである。中国の民族解放運動への理解と同情は、隣国日本の政治家として当然すぎるほど当然の行動であった。

とはいっても、これは誰にでもできるものではなく、犬養だからこそ初めてなし得る立派な政治的行動であったのだ。

そもそも孫文を犬養に紹介した人物は、当時陸軍少佐の宇都宮太郎（のち大将、自民党代議士。宇都宮徳馬の父）であった。孫文がアメリカから本国へ帰る途中、横浜で会談している。明治二九年（一八九六）、日清戦争後のロシア、フランス、ドイツの三国干渉のあった直後のことである。その後、犬養は、平岡浩太郎（玄洋社創立、進歩党代議士）、宮崎滔天、頭山満《とうやまみつる》らと力を合わせて、中国同盟会を日本で結成させた。この同盟会は、中国の辛亥革命の母体となった。孫文の「三民主義」の骨組が発表されたのもこのときであった。

アジア解放の壮大な夢

犬養は、中国の前途に対していかなる見通しをもっていたのか。対中国政策についていかなる構想を立てていたのか。それは明らかではない。しかし、彼の一連の行動、忘命の志士たちを懐にとびこんだ「窮鳥」のように保護し、援助し、同じ革命党でも個々に分裂しないように、黄興と孫文を握手させたりして、革命党自体を大きな勢力に育て上げようとした。犬養の心の中には計り知れないアジア解放の壮大な夢があったのではなかろうか。その一方、現実政治家として革命派の前途を見こして何らかの政治的つながりを持とうとしたのか、それは分からない。

犬養は明治四二年（一九一九）三月九日、議会で重要な発言をしている。この年は日露戦争から三年たったものの国力では列強に伍すことはできず、危機的状態を脱するために増税による軍備増強政策をとり、列強の中国分割戦への割り込みを企図していたのである。

こうしたなかで、犬養は軍備拡張を批判する。戦後経営の内政面で、河川改良、港湾改良、海陸連絡、すべて先送りしておいて、ただ軍備の拡張だけに集中しているのはいわゆる退嬰《たいえい》的積極方針であると痛打し、さらに中国政策に対して政府を弾劾する。

凡そ隣国で宗教上の関係、学問上の関係、人種上の関係、地理上の関係、数千年来最も親密なる隣国、而も吾々が開導して、吾々が率ゐて、さうして此開明にまで持つて来たものを之を敵にする程の下手な外交をやらなければならぬ外務大臣なら要ならい、〔中略〕此下手な、此親密な関係のあるものまでも敵にすると云ふ下手な外交、拙劣な外交であるならば、外務大臣もない方が余程安全である。〔中略〕それ故に唯一切外交と云ふことは棚に上げて、一切政略と云ふことは棚に上げて、大砲の重みと鉄砲の重みを以て競争するならば、諸君の仰しやるやうになる（議場騒然）、私は唯一言致します、唯外交と云ふものを棚に上げて、無能にして無為にして唯大砲の重みだけで競争

する と云ふ政略であるならば、私共は此政略に供するたけの今日金を持って居らぬ〔後略〕。

（明治四二年三月九日第二五帝国議会）

犬養はあくまで増税に反対し、ここに述べているように日中関係の平和が「大砲と鉄砲の重味」によるものではなく、平和的競争を目指すべきであると力説している。犬養は、もちろんこの時点での腐敗した清朝との平和共存を考えていたわけではない。

民力の休養、産業の振興、平和政策の遂行と日中親善は、犬養の胸中で一つの糸に結びついていた命題であった。彼は、日中の安定した結合方法を模索していたのであって、それは同時に日本の経済発展にとっても重要な課題であった。そして、それは、あくまで武力による制圧と専制権力によるものではなく、内政・外交の両面で対決する政策をもっていた。

辛亥革命の勃発

その二年後に、降ってわいたような一つのチャンスが到来した。一九一一年（明治四四）一〇月一〇日、中国の武昌で清朝に対する革命軍が蜂起して、一カ月余で中国全土の三分の二が革命軍の影響下になった。辛亥革命である。

革命派に対する援助は、これまで犬養のやってきた運動の継続であった。それだけではなく新しい政治状況の中で、日中の親善関係を樹立する可能性も秘められていた。それはまさに犬養の希求する国内政治改革に関連した、新しい対外状況を設定するチャンスであった。

そのころ衆議院の補欠選挙の最中、古島一雄の選挙事務長萱野長知《かやのながとも》へ黄興から軍資金の調達と兵力援助の懇請の電報がきた。古島の当選が決まったので萱野は若干の資金をもって中国へ先発。五六歳の犬養も後から出発（一二月）。上海で頭山満とともに孫文と落ち合って相談した。

中国に渡った犬養は、革命派、孫、黄と立憲君主派、康、梁、岑（春煊）を「抱合」させようとする。彼の腹づもりは「革命が出来たら、日本類似の議院政治が出来る。まア此位のところに落着いてくるだろうというつもりでやった」。中国問題は、政治家犬養の全政治活動の中での一つの結節点であったが、その環が、彼の渡清のときから彼の手からするりと抜け落ちてしまった観があった。頭の鋭い犬養は、西欧列強、とくにイギリスが、中国の政治動乱に乗じて自国の影響力を拡大しようとしているのをいち早く察知していた。彼はもはや、政治亡命者に対する支援のみに満足できなくなってきたのである。このため、一方で当時うねりはじめた中国民族主義の趨勢《すうせい》を感知する力が多少とも薄弱となっていた犬養の姿が見え隠れする。もしくは感知はしていたが、彼は民族主義台頭の事態にあえて目をつぶったのではなかろうか。犬養自身は中国の革命を支援していたが、中国革命の底流になっていた中国ナショナリズムに気づくのが遅れた。犬養が気づいた時には、日本の国粋主義の余波で十分な機能を発揮できなかった。こうした情勢のなかで犬養は、中国における日本の政治的優位の確立の方にウエイトを置かざるを得なかった。

そればかりでない。それに気づいた宮崎滔天とも次第に犬養から離れていった。もちろん滔天は、あからさまに犬養を批判してはいないものの、革命の現場にいた滔天と犬養との距離は少しずつずれていき、ついには離反する遠因ともなった。

辛亥革命は犬養の中国問題の認識に一つの大きな転換を迫るものとなった。帰国後の犬養は、中国での安定勢力の創出に強い関心をもち、これと日本が早く提携する必要を強調した。そして安定勢力を破壊しようとする世論「中国分割論」を「不謹慎」と批判した。

帰国した犬養は、早速西園寺公望《さいおんじきんもち》首相と会い、中国の民族解放運動の実態を説き、中国の政体問題に干渉しないよう強く進言した。さらに頭山らと相談し、頭山の力を借りて中国の利権漁りをするシナ浪人を抑えながら、中国革命派の勢力強化を図った。

ところが第二次西園寺内閣は、犬養の進言に反して軍閥・官僚・元老の言うとおり、孫文らの革命軍に反対し、清朝擁護の方針をとった。ここに対中政策は日本政府と民間で正反対となった。日本政府は、辛亥革命の混乱に乗じて日本の権益の保持、拡大のチャンスととらえていた。外相内田康哉《うちだこうさい》は、まず援清政策を打ち出し、その後、二転三転したが、とにかく日本はこの時、あきらかに新しい利権獲得の欲望にとらわれていた。犬養の中国における革命派に対する様々な勧告は、彼らによって拒否され続け、渡清の目的は不首尾に終わった。新中国をつくる革命派を応援し、日本との経済的共存共栄を目指した犬養の大陸政策は、元老・軍閥・官僚らの対中国政策で打ち砕かれてしまったのである。

犬養の大陸政策は、軍閥・官僚・元老たち、いわゆる保守勢力の反対であえなく画餅に帰したが、時代は軍主導の政治にのめりこんでいて、もはや政党政治は風前の灯《ともしび》であった。従来の日本の政治は、政策の争いにあらず、政権争奪の争いのみと喝破したのは犬養である。政権奪取闘争の繰り返しの中に何らの政策も、その実行もなかった。あるのは政権争奪のみであった。そうなると孫文との関係にも微妙な色彩が生じてきた。犬養は、孫文や立憲派ではなく、袁世凱を中国統一の、新しいリーダーと期待するまでになっていたのである。

犬養の渡清を不可とする茅原華山《かやはらかざん》は次のように述べ、犬養を鞭撻《べんたつ》した。「先生は何故に支那に行き、何故に支那より還りたる乎、これ記者の先生に問はんと欲する所なり〔中略〕先生は一国の選良なり、国民党の首領なり、世豈《あに》先生の志を諒とするものなからんや、今や我国は憲政興廃の危機に際す、先生たるもの今にして其抱負を拋却すべからず」（『萬朝報《よろず》』明治四五年一月二〇日）。

犬養は辛亥革命への対応を通じて「民党政治家」としての地位をいっそう確固たるものとした。その意味では犬養の渡清は成功であった。同時にこれにより浪人の間における犬養の地位もまた高まった。それは、彼の行動が浪人の巨頭、頭山満、三浦梧楼との一致した方針の下で行われていたからである。

辛亥革命は、犬養の意に反して、中国の政治的統一をもたらさなかった。それに続く第二、第三革命の動乱の中で孫文が再び日本に亡命してきた時、犬養は手厚い援助の手を差し伸べていた。そして議会では、革命時の「対支政策」を激しく糾弾していた。

そもそも、日本と中国という国情の違う国に日本類似の議院政治をあてはめようとしても無理である。ここにもう一つの話がある。孫文が、犬養を革命政府の顧問にしようとしたとき、犬養は声をはげまして言った。「日本、天皇の外、誰か敢えて予に任命し得る者あらんや」。この言葉は、犬養の思考の枠を示している。中国で、犬養は革命派からは高い待遇を受けた。孫文はじめ革命党要人との交際は、きわめて密であった。しかし、彼らとの間にはやはり距離があった。そして中国革命そのものとの間に生じた間隙《かんげき》は、辛亥革命を転機として広がっていった。

孫文との交友　ただ、孫文と犬養の二人をつなぐものは、「仁」の精神、つまり二人の間の道徳観と深い情義だったのである。中国との関係では、彼は最後まできわめて誠実な政治家でもあった。

孫文が大正一二年（一九二三）一〇月二四日に綴った、犬養宛書簡の草案が発見されている（『朝日新聞』昭和六一年一一月九日）。当時、犬養は山本権兵衛内閣の逓相兼文相であった。孫文は、かねて旧知の犬養に、日本が中国革命に反対する政策をやめて、革命を援助してくれるよう、切々と訴えている。孫文は、同年秋、入閣した犬養がアジア問題解決のため孫文たちの革命事業に関心を持っていることを知り、この書簡をしたためたようである。彼は犬養に、対中国政策につき、次のように提案している（以下、前掲『朝日新聞』記事による）。「日本政府はこれまでの対中国政策の失敗を改め、革命の成功に援助の手をさしのべるべきである。革命が成功すれば、ベトナム、ビルマ、ネパール、ブータン、さらにインド、アフガニスタン、マレーなどの民族は、中国に続いて列強勢力の手を離れて独立するのは当然のことである。ゆえに中国革命は、欧州帝国主義に死刑を宣告する第一声となるはずだ」。

犬養がこれに対してどういう態度を示したかはわからない。しかし、この書簡の前文で、「第一次大戦後、世界の大勢は一変しており、アジアの被圧迫民族もすでに十分に目覚めている」という認識に立って、日本の採るべき対中国政策を提案しているのである。しかし、当時の日本帝国主義はこのような考えに加担する余裕はなかった。ただアジアの解放に理解を示す犬養は、この提案に対して積極的な評価を与えたのではなかろうか。

昭和四年（一九二九）には、中国統一の事業は、国民党により達成されていた。かつて失意落魄《らくはく》して犬養にしばしば助けを求めてきていた孫文は、いまや国民革命の父と仰がれる存在となっていた。パール・バックの『孫逸仙伝』（*The Man who Changed China, The Story of Sun-Yet-Sen*）によると、中国びいきで日本を嫌っていたパール・バックは、「犬養と大隈のふたりの進歩派の指導者」がその後援者となった意義を特筆し、日本が孫の基地（base）であったと述べている。

昭和四年五月、すでに政界を引退していた犬養は、頭山満とともに中国に渡った。当時の国民政府は、北京に葬られていた孫文の柩を南京郊外に中山陵を築いて、改葬することとなり、この移柩の式典に、孫文と生前に親交の厚かった犬養毅と頭山満を国賓の礼で迎えた。孫文の柩が、盛大な儀式の中に改葬される光景を目の前にして、犬養の胸には、往事が走馬灯のように浮んでその感慨はいかばかりであったろうか。

孫文との長い交友も次第に遠い昔の思い出となって往事茫々。自適の日を送りながらも、七四歳のこの老政治家の胸中には、政治に対する情熱は、まだまだ消えることなく赤々とともっていた。多年の悪戦苦闘の中で幾多の蹉跌《さてつ》を味わい、いまは引退の閑散な身となった犬養にとって、この中国からの招請は、一服の清涼剤だったに違いない。「情けは人のためならず」の故事が犬養の胸中に去来したかどうか。一方の孫文も落魄の身に犬養が支援を惜しまなかった当時、「おちぶれて袖に涙のかかるとき人の心の奥ぞ知らるる」の俗謡のとおりの心境を味わったかもしれない。

頭山満らとともに（昭和３年10月）（『木堂先生寫真傳』より）
前列左より，一人おいて犬養毅，頭山満，古島一雄。

中国訪問中の犬養（昭和４年）（『木堂先生寫真傳』より）
前列左より，一人おいて頭山満，犬養毅，古島一雄。

3 産業立国の提唱

大正六年（一九一七）四月二〇日、郷里の後輩である星島二郎が政界に入るにあたり、政治家の心得について犬養に教示を求めた。星島二郎は児島の素封家星島謹一郎の第二子、大学在学中から慈善事業や社会事業に手を染め、木堂の秘書だったが、岡山第二区から打って出て普選の初舞台で当選し、普選の価値を知った。犬養の政治理念を決して忘れず、のち昭和二一年（一九四六）五月、第一次吉田内閣の商工大臣となり、昭和二六年（一九五一）九月の日米安全保障条約の調印には、全権の一人としてサンフランシスコに随行した。衆議院議長も務めた。晩年は、自民党顧問の傍ら教育、福祉、文化の仕事をして、五〇年前の政界入りした当初の理想と意志の完成を目指す一方、犬養政治の清節の理念の体現を果たし、自らの政治生命に締めくくりをつけた

後輩に与える政治家の心得

この時の犬養の文章がある。少し長いが引用しよう。

政治家之心得とて特種のものニハあらず、人之道は即政事家之道ニ候、但他ノ事業と異る所ハ目的が自己利害にあらずして、一国の利害、人類の利害の為めに心力を傾注するに在るが故に、其事たる遠大高尚にして常に心を一段の高処に置く者たるは申迄もなし、別紙一幅は近思録にある程伊川の語を録したる者に御座候、

為天地立心為民生立道而して、最後の到着点は万世の為に太平を開き好生利済の大道を行ふに在り、政事家ノ理想ハ此の如くならざる可らず。小生ハ心窺ニこれを規箴と致し居候ニ付、兄の為めにも録呈致次第ニ御座候、理論上にてハ極めて平凡、極めて分明に候得共、之を体得し、之を実践するハ容易にあらず、平生静座瞑目して考ふれば、イツモ自家の信念ハ確乎不抜の様ナレドモ、愈《いよいよ》実事に接触したる場合には自己利害と云える悪魔や憤怒の感情より生する敵対心と云える悪魔や、畏怖と云える悪魔や、種々の障碍物が聡明を掩蔽し煩々悶々として平素の知恵も勇気も一時消亡したる如き観なきにあらず、是れ畢意静時の工夫ハ所謂畑水練ニ帰するの恐あるか故也、

故に僕ハ常ニ云へリ、静時百日の工夫ハ動時一日の工夫鍛練ニ如かすと、要之「信念の硬度ハ艱難に当る毎に実地の工夫にて段々と度を増すの外なし、斯くして剛健牢確に至りしにあらざれハ甚だ脆弱の恐ある也、僕多年の間幾度も難境窮地に陥りたる場合に於て鍛練を経来り、近ころ両三年始めて一点の光明を確得するに至りしも猶未成品たるを免れず、」念々之を勉むるにあらざれハ或は失脚の恐あり、彼の従心所欲不踰矩〔心の欲する所に従いて矩《のり》を踰《こ》えず〕と云へる縦横無礙の心境にハイツ到達し得るや、前途幾多の距離あるべしと存候、僕に対して政事家の心得を問ハるれハ之を似て答へるの外なし、根本此に在り、此根本にして確乎ならハ之に因て諸種の智識を指揮して大過なきを得べしと信する者に御座候、不尚人に対して晦示の態度を取ることハ敢てせずと雖も、御求に対し殊に御懇意に任せ老婆心申上候

以上

まさに政治家心得の虎の巻の観がある。ここに読まれるごとく、犬養の政治哲学と理想がすべて言いつくされているといっても過言ではない。ここには政治家の理想を押しつけるのではなく、ときには羞恥心さえかいま見せてその本心を語る裸の犬養の姿があるではないか。あれやれこれやれの命令調や教訓調は薬にしたくもなく、誠心誠意の告白である。赤心の吐露である。政界の酸いも甘いも嚙み分けている六二歳の政治家が与えた、政界進出を志す若き貴公子星島二郎への手向けとしてこれ以上のものはない。

犬養の改革論の骨子

大正九年（一九二〇）二月、原敬内閣は、普通選挙に対する輿論を国民に問うと称して、議会を解散した。当時、犬養は「帝国の危機」と題した演説をしている。これは全国の同志応援のためであったが、この中に彼の長い政治生命を貫いている思想がちりばめられている。

日本の狭い土地を如何に巧みに耕作し、如何に巧みに食糧を増した所が、其量には限度がある。我々の民族、盛んに繁殖しつつある民族を何処に於て安全に食物を得せしむべきかを考えたならば、現在の金勘定以外にまだ重大なものがあるということを考えなければならぬ。といって私は他の領土を侵略しようというのではない。唯、接近地方の関係が平和に安全に秩序が保たれ、日本の農業工業が相待って発達するがために、我々は子孫のために相当の努力を致さなければならぬ義務がある。

そこで此問題の解決は、難事には相違ないが、いずれにしても国に一定の方針がなくては何事も出来る訳はない。

（『大演説集』二三一頁）

もし早く一定の方針があって各部署の努力を統一したならば、シベリア出兵にしても、何とか始末をつける機会があったであろう。確固とした方針が決まっていないのが、従来の通患になっているという。中国との関係も同様で、すべて無方針の結果である。無方針こそ歴代内閣の通弊である。

今は一時平和の有様であるが、国際連盟がもたらした平和が、世界にどの位な幸福を与えたか。すこぶる疑問である。連盟に加入した国々が盛んに兵備を増しているではないか。すべての点から考えると自給自足の出来ない国であることが明瞭である以上は、地方隣邦の関係が密接でなければ、日本は存立が出来ない。このような事柄は国家に一定の方針があって統一的の働きをしなければならぬ。私は是が戦後の用意として最も大切なものと考えているという。

当時、役人の生活は困難だった。その理由は何か、犬養は言う。その原因は、繁雑な組織と手続きの面倒な事務にある。そのため多くの人を使わねばならなくなる。人が多いから給料の増しようがない。ただそれのみではない。手続きの繁雑のために却って事務が滞るのである。すべての仕事の運ばぬ原因はここにある。

彼が、なぜ政務上の失策が多いかを研究してみて分かったことは、役人の無能ではない。遊んでいるわけでもない。繁雑な手続きをしている間に時機が遅れてしまう。外国電報一つでも、その返事を早くて三日、遅くて一週間も置いておく、これでは機敏な仕事はできない。なぜそうなるかは、商人の店にいる人間と役所にいる人間との能力が違うのではない。煩雑な手続を経て段々階級的に手を経て行く間に、総てに機会を失う有様になっている。

なぜそうなるか。今の政府は、明治初年に立てられて、段々改革はしてきたが、その改革は継ぎ足し普請で根本的ではないからである。そこで改革を行うなら、根本から設計を改めねばならぬ。此方針で行政の改革もやれ、財政上の改革もやれ、税制の改革もやれ、と犬養は言う。まさに行財政改革の雄叫びである。

その改革の方法はどうか。改革にはまず委員を設け、その委員は役人の熟練家ももちろん必要である。学者も必要である。実業家の働き盛りの人も委員に必要である。そして如何にしたならば役人全部が満足に働けるようになるかということを調査設計することである。機関を設けて根本からの改革は世界諸国において現に行っており、そうしなければもはや立ち行かないという時機に達している。これが犬養の率いる党の建議の趣旨である。

しかし犬養によれば、その実行を政党が阻んでいる。どの政治家の演説にも軍閥、藩閥、官僚という言葉を聞くが、今日は藩閥も軍閥も消滅している。官僚は今もなお存在するが、首領はいないから、統一されていない（犬養がこの演説をした大正九年は、第一次世界大戦後の平和風潮にともなう軍縮時代で、軍人も肩身が狭く、軍服を脱いで平服で外出する時代だった。当時の犬養の国民党は、師団半減、あるいは一年服役制を主張、党首犬養は「軍制の大改革は素人でなければできない」と喝破して奮闘した。各政党も軍費節減とときだったのだ）。

の一番乗りを競うありさまであった。このときは第一次大戦後のほんの一時の晴間にぽっかりと浮んだ平和のひとときだったのだ）。

だが、今は政党のみが政権を握っており、政党でなければ政治ができないにも関わらず、政党は不完全であると犬養は言う。「改造の必要は政党である。実は甚だ恥しい話であるが、現在の政党は国政に堪えるとは信ぜられない。〔中略〕政党内閣は如何なることを為しているか。党員の慾心を満足させるために、如何なる悪事を為して居るか。〔中略〕種々雑多な利権を振りまけばこそ党員が集合しているではないか（拍手）これまで藩閥、官僚の政府が随分悪事を致したが、斯の如く広く行き渡る悪事を何時したことがあるか。それはないのであります」（同前、二三七頁）。

すなわち、政党の首領は何を目的としているのか。党員を集めて、それを踏台として権力を握り、地位を得るのが目的であり、政治が目的ではない。そのうえ雑兵たちは利権が目的で、それを得れば満足している。自分のところに学校をつくれ、郵便局をおいてもらいたい。それができれば満足しているという有様だった。「首領も雑兵も雀は雀、鶴は鶴だけの食物を以て満足しているのである。かかる政党が代る代る政権をとれば、何度交代しても立派な政治が出来よう筈がないのである」（同前、二三九）。

胸中深く普選を期す

犬養の胸中深く期するところは、普選であった。これを行ったら「全国の人民が自覚して立派な頭になって、己が政治を為す者であるという精神になって働くかというと、そううまくゆかぬが、それでもこの他に方法はない」と犬養は考えるのだ。

ここで話が少し前後するが、大正九年二月の総選挙に際して、犬養は同志応援のための演説で次のように主張した。「要するに、普通選挙より生じる効果は未知数であるが、そのほかの方法では確かに善政の出来ぬことだけは明瞭である。そのほかのもので確かに出来ぬとなっておれば出来るか出来ぬか知らぬが旨く行ったら出来そうなと云ふ此方法を取るより外に致し方が無い（拍手）」（「帝国の危機」『大演説集』二三九〜二四〇頁）。こうして、彼は、国民党の党勢打開の望みをも普選に賭けていたのである。

彼は、この同じ演説の中で次のようなことも述べている。政治、軍事、思想問題について大改革がせまられている時代だった。「思想の上から言っても、政治の上から言っても、軍事の上から言っても、今日は大改革をしなければならぬ時代である。それをするには誰でも構わぬ。政党といわず藩閥といわず、軍閥といわず、何人でも宜しい。新しい時代に適応するだけの善政をする人があるならば、誰でもわれわれは之を援ける考である」。「晩いか早いかわれわれはすべてのものが改革され、すべてのものが新しくなり、すべてのものが健全になるまではお互いに大努力を致さねばならぬ」（同前、二三四頁）。

大正九年五月一〇日、原内閣下の総選挙において与党政友会は一六二あった議席を二八一と大幅に増やす大勝となり、他方犬養の国民党は三二あった議席を二九へと減少させた。そのうえ、近い将来に普選の実現する見込みも薄れたのである。

しかし、犬養はあきらめない。犬養が震災直後の山本権兵衛内閣に入ったのは、前述したようにまことに簡単だった。普通選挙の問題が正式に閣議にかかったのは、この山本内閣のときが初めてであり、これは犬養の力であった。それから幾多の曲折があったが、内閣が変っても、この問題をいい加減に扱うことができなくなった。こういう次第で、普通選挙の生みの親は、ほかの誰でもない、まさに犬養その人であったといえよう（『伊藤痴遊全集』続第七巻、三五三〜三五四頁）。

犬養は政治の中に理想を掲げる政治家であった。まず彼は、明治憲法制定当時の衆議院議員の「制限選挙」を改革しようとする「普選運動」に自らの政治目標を掲げた。せっかく衆議院を通過した普選法案も貴族院で阻止され、最初の本格的政党内閣たる原敬内閣すらこれを斥けた。しかし、第一次大戦後におけるデモクラシーの波は、普選運動を活発にさせ、一大国民運動となった。

相次ぐ政治腐敗事件

第四四議会（大正九年一二月〜一〇年三月）は波乱含みの幕開けとなった。その前後にかけて政治腐敗事件が次々に暴露された。それらは司法問題に発展して、さらに大きな衝撃を与えた。この第四四議会は原敬内閣の総選挙後の最初の通常議会であったが、疑獄事件をめぐる与野党の「泥仕合」は、世の人々の眉をひそめさせた。この時の原の議会運営はきわめて強権的で、最後は与党絶対多数の力で野党の論難、攻撃を一蹴した態度は、世人の原に対する反感、憎悪を助長させた。

絶対多数をたのむ政友会は、相次ぐ反対党決議案を一蹴に付した。また輿論の動向をも意にとめず、「力の政治」を高調して、わが世の春を謳歌《おうか》していたが、満鉄疑獄事件が起こり、憲政会は政府の責任を問い、一方与党政友会は加藤憲政会総裁の珍品五個問題*を掲げて、暴露戦術に出てお互いの醜を暴くに日も夜も足らぬ有様に、議員の品位は低下し、国民の政党への信頼はようやくここに離れるにいたった。

＊　大正九年二月議会解散の折、内田信也が加藤高明の求めに応じて選挙資金として五万円を寄付し、この金額を憲政会内の急進論者の援助には用いないことを条件とし、これに対して加藤は「珍品五個」をありがたく受領した旨の礼状を内田に送ったという事件。

こうした第四四議会について、その閉会直後に『国民新聞』は、「不快なる議会―堂々と主義・政見に争はず、敵党の信用失墜に狂奔」との表題を掲げて、こう記している。「政府並に政友会は事勿れの主義下に謙押自ら持して今期議会を切り抜けんと努めたるも、政府並に政友会の欲する所は、在野党、特に憲政会の最も欲せざる所にして、内にしては議場の平調を破り、外にしては民衆の動揺を誘ひ、因りて以て内閣破綻の基を開き、一挙其罅隙《こげき》に乗ぜんとするは、彼等当初の方針也。〔中略〕在野党側が無数の問責決議案を濫発したるは、波瀾を欲する在野党の作戦として已むを得ざるに似たりと雖も、過ぎたるは猶及ばざるが如し。余りに濫発したる為、著しく問責案其物の価値を下落せしめ、世人の倦殺、笑殺を買ふに至れるは、在野党の為の特に其薄利多売主義を惜まざる能はず」（『国民新聞』大正一〇年三月二九日）。そして、「去れ、不快なる第四十四議会！」と結んだ。この『国民新聞』の論調は、当時の人々の心情を反映したものといえよう。

産業立国論の展開

この第四四議会は、一二月二七日開会し、翌年一月二〇日休会となったが、再開前日、国民党は例のように党大会を開いて、討議会方針を決め、宣言を発表し、主張を明らかにした。同日、神田青年会館での立憲国民党同士会大会の席上、党総理である犬養は、国際情勢の変化に対応すべき、わが国のとるべき方針と国民多数の希望を掲げ、産業立国主義を展開して、次のように述べた。

「世界の形勢は既に変化し、又現に変化しつつある、吾邦も旧態このままで過ぎ去るをゆるさずとは恐らく何人《なんぴと》も同論であろう。只互にその意見の異る所は、之を断行するか否かの問題である。我党の主張は此際思い切って産業立国の国是を一定したいのである。我輩は我邦の既往および現在を以て帝国主義、軍国主義、侵略主義であるというのではないが、既往の事実はかかる疑念を生ぜしむべき形跡を残したには相違ない。是は当局のある部分のみではない。元来我国民は数百年間封建制度に養成せられて、知らず識らずの間に一種の軍国的臭気を包蔵して居るので、これは我国民の貴《たっと》ぶべき長所であるが、又或場合の短所である」（『大演説集』一七四頁）。

これは、右記のような当時の低調極まる原政友会内閣の議会の不快を一掃するに足る一服の清涼剤であり、多くの識者の注目をひいた。しかし、ある者はこれをもって古看板の塗り替えといい、ある者は、巧妙な政策転換と批判した。

しかし、犬養の産業立国主義は、遠く明治一五年（一八八二）の政界進出の当初に源を発し、以来、終始一貫した主張であった。しかも後年、革新倶楽部を率いて政友会へ合同した時に継承した重要政策の一つであった。だから、この産業立国策は、看板の塗り替えでも、政策転換では全くなかった。世界の大勢上、日本として産業競争に乗り出す必要を痛感したからであった。

犬養は次のように述べている。世界大戦後に訪れた「平和の時代があるとすれば、この期間こそ各国家が文化事業に向かって全力を集中して、確固不抜の実力を養成すべき時期である。」そして、「実力とハ云ふ迄もなく富の力である。富を造る所の有形無形の力である。此力を養成するが、即ち産業立国の主張である。然るに現今四圍の事情を観察すれバ、我国産業の前途は頗る困難である。元来我国の産業ハ甚だ幼稚で、彼の高価なる高等工芸の産物を以て、欧米と頡頏する迄にハ前途遼遠で、僅かに東洋向の低価製品を以て順調の進歩を成し来ったのであるが、何ぞ料らん、東洋向の製品ハ現在ニ打撃を蒙り、未来益々打撃を蒙らんとしつゝある」（『木堂傳』中、四四八頁）。

日本の産業が打撃を受けつつある原因は、天然資源の有無と、賃金の高低とからくるやむを得ないものだ。綿糸、生糸など、日本の資本家が続々と中国に出かけて起業するのもこのためである。「資本は有利の地方ニ移動するが故ニ、資本家ハ必しも苦痛とせざるも、到底移動し能ハざる労働者の前途ハ如何にすべきやが問題である。〔中略〕是ハ現在の困難のみでない。元来資源の貧弱なる我国ニ於て、如何せハ工業の安全成立を得へきやハ根本問題である。即ち国民多数の生存問題である。〔中略〕国民多数の労力ハ如何なる事業ニ用ひらるべきかを考ふれハ、農業は已ニ多くの余地ある筈もなく、海国の自然として遠洋漁業の拡張も為すべく、海産の加工も為すべけれど、是とて自ら限度がある。又隣接の地方ニ移住して職を求むるであろうが、是も事実は困難である」（同前）。

そこで犬養は、天然資源に乏しい日本が取るべきただ一つの方法として、「知識の発達、技術の進歩、又ハ交通機関の整頓に由る運賃の節約及租税負担の軽減、衣食住費の低減等、都べて生産費節約を以て之を補足する方法を研究するの外にハ、血路を開くへき處ハない。是が吾党の諸種改革の必要を唱る原由である」（同前、四四九頁）。

さて、この諸種改革のために必要な財源として、行政改革と軍備縮小による捻出を挙げた。すでに海軍はワシントン会議などで決定した軍縮条約を実行しているが、陸軍でも軍縮を行うべきである。陸軍の大英断は、後年の宇垣軍縮で実現された。

ただ犬養は、絶対平和主義者の言うような無防備論を唱えたのではなく、現代の軍隊編成に必要な武器が軍の予算内で十分に供給できるだけの規模に軍隊の規模を縮小すべきと考えたのである。

しかし、いずれの時代にも改革に対する反対勢力はある。「今ハ更始維新の機会である。国民全体の一致調和したる力を以て一生面を開くへき時である。選挙法の改正も、労働立法も、皆此主旨より急施を求めるのである。然るに、斯る改革を危険なる如く誤想する保守的論者もあるが、彼等ハ我国体の真髄を知らぬのである」（同前）。

また、犬養の産業立国論の第二の骨子というべきものは、官紀紊乱すなわち党紀紊乱の革正であると力説する。「政権を濫用して私利を営むを以て恰も戦勝者が戦勝の権利として捕拿するが如く、利権の獲得の至らざる所なきハ近来の通弊である。其弊ハ一党一派に止らす、延いて一般の人心を腐敗せしめ、利害得失の外ニ復た何物をも認めざるが如き風潮である。其流毒の泉源ハ党弊である。即ち政弊である、吾輩ハ天下同感の士を喚起して、之をも革正したいものである」（同前、四五〇頁）

なお、犬養の産業立国論については、『犬養木堂傳』の編者が、本人から筆受した一文を「産業立国主義」と題して載せている。この伝記は、犬養本人の校閲を得て、犬養の生前に完成したものである。文章をもって身を立てた犬養であるから、校閲とはいえ、ゆるがせにせず、十分意をつくして読んだはずであろう。その中でも「産業立国主義」は、犬養が革新倶楽部を率いて政友会に合同した時の重要政策であるから、とくに犬養が力を入れた一文である。その中には、一国の経営者としての高い識見と先見の明が余すところなく語られていて今日にも十分通用するものが多々ある。この畢生《ひっせい》の論説は、「一、経済上より観たる産業立国」「二、国際関係より観たる産業立国」「三、軍事上より観たる産業立国」という見出しからなり、犬養の主張が詳細に述べられている。

国家の解体

大正一三年（一九二四）五月の総選挙における護憲運動の勝利、翌六月における護憲三派連立の第一次加藤高明内閣の成立は、昭和七年（一九三二）の五・一五事件まで八年間の「政党内閣の時期」が開始したという歴史的意味をもつのであった。この戦前の政党政治の時期はどういうものであったか。犬養らがかちとった護憲運動の勝利、第一次加藤内閣がどのような意味をもち、またどんな意味しかもたなかったか。

ただ、清浦奎吾内閣が総辞職を行った日（大正一三年六月七日）に『東洋経済新報』は、「人心の倦怠」なる社説を掲げた。そこでは、今日人々は前途のゆきづまりを嘆き、とくに経済のゆきづまりはもっともおそろしい。人心の倦怠は憂うべき状態であり、とくに政治的関心の冷却は著しい。その原因は何か、人々を失望させ、あるいは反感を抱かせたのは、選挙費用の増大である。「少くも政治を食い物になし得ぬ程の良心の所持者」は代議士に立候補する望みを断つ。また金の力で当選した代議士のつくる議会にも、政府にもまた望みを断つ。青年や有識者が長年希望をもってきた普選が実現されても「金銭万能選挙」はなくなりそうもないので普選に望みを断つ。このような有様である。一方、政変に対する一般の関心も低く、まるで他人事である。どうせ財政緊縮もできず、経済政策も変わらないから、どんな内閣でも一向かまわないという具合である。近年わが国民の多数に無政府的な風潮が見られるようになってきた。国民の政治熱が冷却すれば、国家の解体を招く。これが事実であれば、由々しき問題であると言わねばならない。徳川末期の極度のゆきづまりの結果、ついに明治維新が起こった。近来しきりに第二維新といわれているのも偶然ではない、などと『東洋経済新報』は論じた。(大正一三年六月七日)。

このように、加藤内閣の誕生ではじまった政党政治の時期は、その前途に何らかの光明を感じさせるものではなかった。実際、『東洋経済新報』の「人心の倦怠」にあるように、人心は政治から離れてその不信感は極点に達していた。その間隙をぬって、軍閥が跳梁跋扈《ちょうりょうばっこ》しはじめた。

十月事件とその甘い処理

軍閥発生の発端が、昭和六年（一九三一）九月の満州事変の勃発と同年一〇月の十月事件の発生であり、この両者の発生は決して偶然ではなく、多年にわたる政党政治の腐敗にその端を発したものである。

このうち十月事件とは、クーデターにより政権を奪取して独裁制を布き政治変革を行うことを目的に、橋本欣五郎中佐ら参謀本部の幕僚、隊付の青年将校と大川周明《しゅうめい》、井上日召《にっしょう》、橘孝三郎《たちばなこうざぶろう》の一党が参画した謀議であり、彼らは軍上層部の黙認も得て、一部兵力の動員、航空機（一三機）の参加も予定し、若槻礼次郎首相をはじめ閣僚の斬殺、警視庁占拠など、大規模な国家転覆を狙い、荒木貞夫教育総監部本部長を首相として目的を達成しようとしていた。

もっとも荒木は、この計画が発覚したとき、金竜亭に集っていた桜会（皇道派の新しい派閥）の現場に乗り込み、計画の中止を勧めたが、首謀者らはその勧告を拒否した。これに対して昭和六年一〇月一六日夜、ついに南次郎陸相は意を決して憲兵の手で首謀者を検挙、事件は未発に終わった。

これは陸軍刑法でも明らかに叛乱予備罪であり、普通刑法でも殺人、騒擾予備罪を構成する。仮に情状酌量しても、関係者は現役から去るのが当然であったが、十月事件関係者の処断に当たった陸相荒木貞夫は曖昧な態度を示した。すなわち、十月事件の首謀者、橋本ら一三人は、代々木の陸軍刑務所ではなく、東京近在の旅館や料亭に収容され、最大限の優遇を受けた。彼らの処断は、二転三転して結局、彼ら首謀者たちは無罪放免となった。彼らを罪人扱いすることが却って第二の事件を誘発すると恐れたからという。しかも彼らは軽い処分だけでなく、この中から太平洋戦争時の軍司令官や師団長が出ており、青年将校からは二・二六事件の参加者さえ出ている。当時の軍の処罰の甘さ・軽さの根源は、彼らの行為は非なるも動機は忠誠より出でて賞讃に値するという奇怪な論理にあった。

荒木貞夫は、この処断を通じて将校の国内革新行動を是認した。言いかえると政治干与を認めたのであった。明治天皇の勅諭に示された軍人の政治干与厳禁の鉄則を、荒木は敢然と覆したもので、まさに大権の干犯をあえてしたのである。

田中隆吉《りゅうきち》少将は述べて、「荒木氏の言動は、厳正なるべき軍隊の指揮系統を根本から破壊する下剋上的悪風を是認し、これを奨励したものであって、過去の日本歴史に特筆大書せらるべき罪悪であろう」（田中隆吉『日本軍閥暗闘史』四八頁）。当時の日本を覆い尽した黒雲の正体は、このような軍部の無統制と無責任体制であった。

こうした微温的処理は百害あって一利なく、後に大きな禍根を残した。とくに計画の内容に盛られた徹底した残忍性と全関係者にみなぎっていた下剋上の気風はそのまま引き継がれ、ことに青年将校のもつ国内革新の意識を是認するような荒木の態度が著しく青年将校を増長させた。もし荒木が十月事件の処断に際して一切の私情を捨て、断固これを軍法会議に付して正当なる刑に処していたならば、五・一五事件の犬養暗殺も、神兵隊事件（昭和八年七月に発覚した、愛国勤労党天野辰夫らを中心とする右翼によるクーデター未遂事件）も起こらずに済んだであろう。いわんや二・二六事件は到底発生しなかったに違いない。

さらに荒木は、十月事件の後に犬養内閣で陸軍大臣となり、荒木人事を強行して陸軍中枢部を荒木の皇道派将校で占拠した。そのためこれに反感をもった統制派との間で、血で血を洗う陸軍部内の抗争を生み、ついに軍閥政治を完成して、祖国を第二次世界大戦の渦中に投じたのであった。

また、すでに述べたように荒木は「皇軍」意識を全軍に強いて、軍人の特権意識を増長させ、一般国民の窮乏生活を横目にして、彼らのみの特権的な生活をあえてし、国民の反感を買った。このような軍人軍属の特権階級的態度の淵源は、実に皇軍意識の強制と普及にあった。これを推進した荒木の過失は、十月事件に対する曖昧きわまる処断とともに後に禍根を残した最後の政党内閣となった犬養内閣は、内部にすでにこれを崩壊させる時限爆弾を抱えていたのである。すなわち、それは憲法において禁令たる、現役将校の政治干与である。このことが民間に軍部の暴挙をまねさせる結果となり、翌八年夏の神兵隊事件（未遂）、さらに二・二六事件へと継続されていったのである。この意味では十月事件こそは、政党政治に瀕死の重傷を負わせた契機であった。

4 軍備縮小を提起

犬養の議会演説には定評があり、毎度のことだが演説をした翌日の新聞各紙は、あげて絶讃の辞を捧げた。また与野党の議員も等しく一人のヤジもなく静かに厳粛に彼の壮重な演説に聞きほれた。

陸軍整理問題

特に高橋是清内閣最初の議会、第四五回議会（大正一〇年一二月二六日〜大正一一年三月二五日）で大正一一年に犬養は歴史に残る演説をした。これに先立つ大正九年（一九二〇）一月一三日、世界平和克服に関する大詔が渙発《かんぱつ》されている。この時代に、日本全体が平和に向かって一致団結したことは、過去にも将来にもなかった。このことはあまり知られていない。

犬養毅は、国民党を代表して軍備縮小に関する決議案を提出したが、大正一一年二月七日に行ったこの二五分間の演説こそ、彼の数ある演説の白眉ともいえるものであった。壇上には一切の原稿なく、水も飲まず、悠揚迫らぬ座談的態度で、当時の陸軍の態度に批判を加えた。このとき満場は水を打ったようで、しわぶき一つおこらず、全議員も傍聴人も等しく謹聴した。「演説としては上品な好い演説」と言いった尾崎も、この演説が始まるや、慌ただしく席につき身動きもせずに聴き入っていた。

この演説は、かつての寺内内閣弾劾以来六年目になる六五歳の犬養の獅子吼であった。新聞はその様子を次のように伝えている。

「陸軍整理問題は、彼が多年の研究で、十分頭に入っているので、草稿無しに諄々《じゅんじゅん》と述べ立てる。講ずるが如く、諭すが如く、其態度たるや一頭地を抜いている。立錐の余地のない傍聴席も、政府委員席も、議場も、心臓の音まで聞える静けさを保って一語だも聴き洩らすまいとする。恰も聖僧が教徒に対したかのよう、実に偉いものなり。」(『時事新報』大正一一年二月八日)

「悠々と其の萎《しな》びた小さな体を舞台に運んだ。今までザワ付いていた議場はぴったり静まって、大臣、政府委員、千数百の傍聴者の眼は斉しく其の萎びた身辺に集注した。殊に山梨《やまなし》陸相を始め、尾野次官、田中経理局長外五、六のカーキ色は、造り付けの人形のようになっている。重々しく錆のある声が、どうしてアノ萎びた体から出るだろう。腕を後ろに廻わして、時々輝く眼を満場に浴せ乍ら、ピタリピタリと押えつけてゆく調子、熱して右手を振る体のこなし、芸術! そうだ、寸分の隙もそつも無い芸術そのものだ。」(『東京日日新聞』大正一一年二月八日)

「敵も味方も一斉に拍手す。実に此壇上に木堂を見るは三年振也。」(『国民新聞』大正一一年二月八日)

国防計画の確立は犬養多年の主張であった。大正三年（一九一四）に第二次大隈内閣が経済不況下にもかかわらず二個師団増設を実現しようとし、そして第三五議会（大正三年一二月召集）でこれを決した際には、大隈内閣に対してこれまで「好意的中立」をしてきた国民党は、党首犬養毅が多年唱えてきた「経済的軍備論」の見地からいち早く反対の態度を明らかにしたこともあった。

二個師団増設反対も、国防会議の建議も、産業立国主義の主張も、すべて国防計画に関係していた。といって木堂は、軍備の撤廃を夢みる空想的平和論者ではなかった。経済学者犬養の主張は、あくまで経済的な国防計画を樹てることにあった。そしてその余力でこれを産業発展に活用して国力を充実させ、いざというときに備えるというのが、その狙いの根本であった。したがってこの演説は、彼が長年嚢中《のうちゅう》に温めてきただけに、練りに練った立案を一気に吐き出した感があった

当時、犬養は、これを国民党の空論として攻撃した反対党を一笑に付して語っている。「政友会にも、憲政会にも国防問題に関して真剣に研究した者がないから、保守派の軍人の説に雷同しているが、若手の士官や、ドイツ軍制の研究家中には、吾輩と同説の者が沢山ある」。ドイツ軍制の研究家とは、暗に宇垣一成《うがきかずしげ》中将を指しているようだ。

彼の立論が空論でも空想でもなかったことはこの二月七日の演説と、やがて行われた宇垣軍縮と比較対照すれば明瞭となる。犬養の提案理由説明演説を聞こう。

軍備縮小に関する決議案
陸軍ヲ減縮シテ、政費ノ按排ヲ計ルハ我ガ国目下ノ急務ナリ。政府ハ速ニ乗ヲ具シテ議会ニ提出スベシ。
右議決ス。

（『木堂傳』中、四六五頁）

犬養は登壇して、冒頭、右記決議案の本文を説明し、いかなる根拠からこのような希望をするかを説明するといい、国民党の案の大趣意は、第一に経済的に軍備を維持すること、第二に不生産的労力を生産に向けかえることである。

第一は軍備縮小であるが、改革によって余った金は、文化事業に向けてゆく。それだけでなく、兵の休養、将校の俸給、その他改善すべきものに充当する。そのために師団を半減、陸軍幼年学校・軍医学校・陸軍経理学校・陸軍獣医学校などの廃止、中国本部の駐屯部隊の削減、一年服役制などを、具体的な数字を挙げながら主張した。党首犬養は「軍制の大改革は素人でなければできない」と喝破した。

また、武器は日々進歩しており、兵員が多いだけをもってこれを精兵とはいわれない。従来より陸軍首脳は東洋の道路は悪いからなどと言い、自動車、飛行機、野砲、重砲などの兵器に関心を示さず、兵員だけ増加させればよいとしてきたが、武装なくして戦場に立てないから、後から武装が必要になって来て、結果として財政が行き詰ってきている。「是は陸軍専横の自業自得である」（同前、四七三頁)。だから兵員増加よりも兵器の改良充実こそが急務ではないかと。そこで旧来の習慣を一掃して経済的に精鋭なる軍隊を作ろうというわけであるから、ぜひ議会に対して胸襟を開き、お互いに研究するという態度をとられることを希望する、とあたかも陸軍を教え諭すような論調で述べた。

どちらが陸軍当局か分からぬくらい、犬養の軍備に関する見識には刮目すべきものがあった。在営年限短縮も常設師団減縮も、犬養にしてみれば、それは労働力の増加であり、生産力の増強を意味している。犬養は、師団削減やその他による剰余金をもって兵器の近代化を計り、国防面への備えを強化するとともに、軍事上から見た産業立国であるという。犬養は経済学の立場から見て、これはまさに一石二鳥と強調している。

軍縮問題については、憲政会は陸軍縮小の具体案を要求し、与党政友会も軍費節減の建議案提出の態度を示し、まさに各党とも軍縮戦場の一番乗りを競う観を呈した。

軍縮ついに断行される

犬養の軍縮演説の後、陸軍はようやく改革整理を認め、遅まきながら実現されたのが、山梨半造《はんぞう》陸相が行った縮小整理である。同年八月と翌年四月の二度にわたって行われた軍備縮小では、将校二二六八人、准士官以下五万七二九六人、馬匹約一万三〇〇〇頭が整理された。それはほとんど五個師団に相当する縮減であった。また鉄道材料廠、近衛師団と第四師団の軍楽隊、独立守備隊二大隊、大阪幼年学校(大正一二年に名古屋、大正一三年には仙台)などを廃止し、他方で父島及び奄美大島の要塞司令部を新設した。これらにより生み出された経費は、三五四〇余万円であった。

このような山梨軍縮であったが、師団半減という犬養らの主張に対して師団数は元のままの二一個師団であり、また犬養の力説した在営一年制に対して依然として在営二年制のままであるなど不徹底な内容であった。政党と世論が、これを不満としたのは言うまでもない。

この年九月一日には関東大震災が起こり、莫大《ばくだい》な国富の喪失と罹災《りさい》市民をめぐる社会問題も激化した。ここに、第二次山本権兵衛内閣が成立し、犬養も逓信大臣として入閣したが、虎ノ門事件で内閣は総辞職した。山本内閣の陸相は田中義一大将が二度目の陸相となり、その下に宇垣一成は次官であった。そして次の清浦奎吾内閣で、宇垣一成中将が陸軍大臣となって軍縮整理を断行することとなるのである。

宇垣はもともと軍人の本性として軍縮に積極的に賛成ではない。しかし彼は武断的な好戦派でなく、思慮綿密である。当時、彼の望むところは、陸軍の改良進歩を図るいう点にあった。宇垣のドイツ滞在とその後の長く陸軍の中枢にいた経験から常にこのことは彼の脳裡《のうり》から離れたことはなかった。

当時の日本陸軍は、口では「無敵陸軍」と言いながら、その装備は貧弱きわまるものであった。二一個師団は名ばかりで近代化は行われず、歩兵大隊に軽・重機関銃すら一挺も配置されていなかった。戦車も歩兵砲もなく、欧州ではすでに一五センチの榴弾砲になっているというのにそれすらもなく、飛行機にいたっては若干の偵察機のみで通信機材も旧式のものばかりであった。世界の水準から見て日本陸軍は、三流、四流で、内部でもこれでは近代戦にはとても勝てないという空気が支配していた。

宇垣にとっては、陸軍の「科学化」が焦眉の急であった。四個師団を縮減して、これによって浮いた費用を全部「科学化」「近代化」に振り向ける。元勲山県有朋《やまがたありとも》亡き後、宇垣はなりふりかまわず昼夜を問わず対策を練った。

宇垣の苦心の成案は首相加藤高明の了承するところとなり、政友会の高橋是清蔵相に話すと陸軍の装備の悪いのに驚きあきれ、懐刀の横田千之助と一緒にただちに賛成した。また軍縮の最強硬論者犬養に話すと、「えらい事を考へたな」と皮肉に笑って賛成した。政党方面は、これで解決した。

問題は陸軍内部である。高橋も犬養も「それで納まるかい」と、軍の内部を心配した。豪気満々の宇垣は言った。「部内のことは俺に任しておいてくれ、きっとうまくやる。その代り金の方は頼むよ」。しかし、一方では、宇垣と対立している上原勇作《うえはらゆうさく》元帥を中心とする薩派の反対は猛烈を極めた。しかし、宇垣は暮夜ひそかに裏門をくぐって切りくずし工作をするような芸当のできる人物ではない。あくまで正々堂々信念をもって真向勝負に出た。

軍事参議官会議にかけた結果、宇垣の軍備整理案は決定した。これで四個師団（高田、豊橋、岡山、久留米）および連帯区司令部一六個、衛戍病院五個、台湾守備隊司令部一個、幼年学校二個をそれぞれ廃止し、新たに戦車隊一個、高射砲一個連隊、飛行二個連隊、台湾山砲一個大隊、通信学校、自動車学校を設け、また軽機関銃、大砲、射撃器材の整備改良を行った。

この軍備整理の断行で減少した人員は、将校以下三万三八九四人、軍馬六〇八九頭であった。これは山梨陸相時代の第一次整理の約半分であり、これにより浮いた六〇〇〇万円は、全面的に機械化に振り向けられた。

この軍備整理の発表で各新聞は「陸軍始まって以来の大地震」「軍にその人あり」と評した。

この浮いた人員はどうしたか。宇垣は、彼らを現役将校のまま全国の大学、高等学校、専門学校（佐官クラス）、中学校（尉官クラス）に配属将校として転出させ、軍事教練の教官として活用した。彼らは、青少年に対する軍事教育の実践を担当した。教育現場からは、教育の軍国化として相当強い反対があったが、各学校は結局この新教科に協力せざるを得なかった。それは国民皆兵への一歩前進であった。

さらに宇垣は、学校教練と並んで、全国の青年に軍事教育を行い、軍の国民化を図ったのである。後に、ヒットラーはこれをまねてヒットラーユーゲントをつくり、彼らを日本に親善特使として送りこんだりした。アメリカも登録制の軍事訓練法を開発した。

宇垣が、軍の国民化を各国にさきがけて行ったのは特筆される。整理の嵐は、上級者（福田、山梨、尾野、町田の大将）と華族出の将校に強かった。

一方、彼は緊縮財政の浜口雄幸首相にせまり、内閣資源局（後の軍需省）の新設を実現した。彼の政治哲学と手腕は、いかんなく発揮された。それは不要の節約と有用の創造であった。

宇垣の陸相時代、四個師団の縮減が完成したことは、もちろん時勢もあったとはいえ、驚くべきことであった。内閣の一つ二つは簡単につぶれると言われるのに、見事にこれを実現した宇垣の識見と政治的手腕には目を見張った。世間も宇垣を高く評価した。加藤高明首相は、「内閣で頼りになるのは、浜口と若槻と、宇垣の三人だ」と言ってはばからなかった。

浜口と若槻は、後に首相の印綬を帯びたが、宇垣はビスマルク流の大政治家として大いに期待されて大命降下まであったが、この軍縮の荒業が、陸軍内部にしこりを残し、反対派によって組閣がつぶされたのは惜しいことであった。もし宇垣首班が実現していたならば、日本の進路も多少変っていたかもしれない。

宇垣も犬養も共に、その志と理想は高遠で、不羈《ふき》独立で、他人を頼らず、もし同志の朋友が、たとえなくとも、自分一人で日本国を維持するとの気力と気概を養っていた。そして世のため人のために尽くすという信念を胸中深く蔵していたことは特筆される。両者ともに「剛毅」というリーダーに不可欠の資格要件は十分にそなわっていた。これに大衆を統御する器量が加われば、申し分のない大親分であった。

しかし、ただの「剛毅」では猪武者で終わる。彼ら二人は、猪突猛進の猪武者ではなかった。思慮周密《しゅうみつ》で、人一倍洞察力に富んでいた。つまり頭が抜きんでてよかった。先が見えに見えていたから凡人が見ると、その真意を計りかねた。もう一つ大切なことは、この二人の根底に独特の政治哲学があったことである。それは言わば哲学的思索である。

宇垣は軍人にはめずらしくなかなかの文章家である。新聞記者の原稿も、綿密にチェックして朱を入れる几帳面さがある。他の政治家のように人まかせにしない。鉄腕の事務的才能があった。だからこそ、この軍縮の大仕事もできたのである。一方、犬養の草稿なしの演説の多くは、記者たちを悩ました。無駄がなく、一語聞き洩らすと、前後のつながりが分からなくなる。犬養流の名文がそのまま口からほとばしり出たのである。

第五章　逓信大臣時代

1　関東大震災

逓信大臣として入閣

ながらく小政党で活動してきた犬養であったが、大正一二年（一九二三）に組閣された第二次山本権兵衛内閣で入閣を打診された。

名古屋からの帰京の車中で古島一雄が「先生、山本伯から入閣の相談がありました。どうしますか」と聞いた。

「うむ、入ろうじゃないか」

これには古島も驚いた。もともと犬養には入閣の機会はいくらでもあった。しかし、自分の主張が容れられる見込みがなければ、初めから問題にしない。これが犬養の流儀である。

ところが、政党内閣でもない山本内閣へいとも簡単に入るといったのだから古島でなくても誰もが驚いたのも当然である。さらに古島は聞く。

「入って何をするつもりですか」

「普通選挙をやってしまおうじゃないか」

「その見込みがありますか」

「見込みがあるもないも、それァ此方の出様一つだ。無理にも、押へ付けてやっしまうだけの事さ」

（『伊藤痴遊全集』続、第七巻、三五三頁、『木堂傳』中、五八五頁）

そもそも犬養の頭には普選のことがこびりついていた。だから、大臣ポストについても、内心は何でもかまわない、一番閑な大臣がよかろう。そして普選問題という面倒なことをこの機会にやり遂げようと考えていた。それで逓信大臣になった。ただ、逓信省には利権が多くて千客万来の利権の亡者どもを撃退するために古島一雄（衆議院議員当選六回、犬養の国民党、革新倶楽部に属し、犬養の参謀格として進退を共にした）を逓信次官に据えた。

古島は、郵便だの貯金だの知らんからと渋る古島に、犬養は「逓信省には水力、電気など様々な利権の亡者どもがおしよせてくる。そいつらをおまえのところで全部撃退してくれ、それがお前の仕事だ」と言って承諾させた。

古島は、犬養の隣の部屋にいて、彼のところに来る利権屋たちを次々に追い返した。犬養にとって古島一雄は防波堤、保険であった。

震災で通帳焼失でも預金金額保証

ところが、思わぬ大災害が日本に襲いかかった。犬養が逓信相に就任する前日、九月一日の正午二分前に関東大震災が発生したのである。関東大震災の当日、四谷南町の犬養邸にかけつけた橋本実朗が次のように述べている。

ちょうどそのとき炎々と燃え上る火の手が物すごく応接室の窓に映った。犬養はそれを無言で見つめている。

橋本が「あすこは番町です。今盛んに燃えています。」というと「ナニ！番町、あすこは老友島田（三郎）が住んでいる。しかも彼は今病気で寝ているが間違いがないとよいがなあァ」

と暗然としていた。

（古島一雄『一老政治家の回想』二〇六頁）

島田三郎は、松隈内閣時代に犬養と袂をわかった人だが、このとっさのときにも、犬養の胸中には老友を気づかう深い情があった。

また、庭に避難していた夫人には、「夜露にあたると悪いから入れ」と注意している。こういう非常の事態にも騒がず、驚かず悠然と常と変らない犬養に無言の教訓を得たと橋本は言っている。

山本内閣は、震災の真っただ中で組閣したので、閣僚の人選が間に合わず、山本首相は外相を、田《でん》健治郎《けんじろう》農相は法相を、犬養逓相は文相を兼ねるという急ごしらえの内閣が誕生した。

犬養が一番閑な大臣と踏んだ逓相は、降ってわいた大震災のため逆に一番忙しい大臣となってしまった。犬養としては当てが大きくはずれた。そのかわり、逓相として、彼でなければできない大仕事をやってのけた。

九月九日に、犬養は逓信省の局長連を集めて四谷の自邸で一場の演説をした。非常時とはいえ、こうしたことを大胆に言い切る大臣はいなかった。「このたびの震災は未曾有の事であって、かかる非常の場合には、非常の手段を以て当たらなければならぬ。従来の法律や慣習にとらわれず、斯く為すことが罹災民の為になると考えた事は遠慮なく、遂行してもらいたい。今までの慣例で、区々たる法律などは顧みるに及ばぬ。もし、他官省との関係事項があって、他日、故障が起きた場合には、すべて大臣の命令で執行したと答えてよろしい。その責任は、吾輩が一切引き受ける」（『木堂傳』中、五五七～五五八頁／『伊藤痴遊全集』続第七巻、三六七頁）。

しかし、当時の役人たちはただ驚いて茫然自失、役所に帰れば元の木阿彌《もくあみ》、彼らは慣例と法律にとらわれて、一向にめざましい働きをしなかった。犬養は嘆息して曰く、「これは、皆、高等教育の祟りである」（前掲『木堂傳』中、五五八頁）。犬養にしても我笛ふけども皆踊らずの嘆があったに違いない。高等教育を受けた官僚は、理屈によって魂を失ったのだ。

大震災で貯金通帳を失った人は万余はいたであろう。ある者は逓信省の貯金本局に談判に行くと、貯金台帳はすべて焼失してしまったから調べようがないとつき放されて、ぼんやり帰ってくるだけである。犬養にこの世間の事情を話した伊藤仁太郎（痴遊）と犬養の問答が面白い。

「郵便貯金の事は、外からも言われているが、何分にも、貯金台帳はいうまでもなく、カードまですっかり焼けてしまったのだから、どうして調べてよいか、という見当もつかない位で、役所の方でも実は弱っているのだ」

「しかし、先生、結局どうなるでしょう」

「それァ、預かった金だから、すべて支払う事にするまでのことだ」

「預けた者が通帳を失い、預かった役所の方では一切の書類を焼いてしまった、というのでは、それを支払うべき方法が立たないではありませんか」

「これはずいぶん面倒な問題だが、しかし考えようによれば、簡単なことだ。つまり、預けた者からその申告をさせて、それを基礎に、払出したらよいのだから大した心配にはならぬ」

「先生は、そう簡単にいっても、役所の方では通帳も台帳もないのだから、その申告の真偽を鑑別する方法はないじゃありませんか」

「それは何でもない。申告して出たのをすべて信ずれば、それでよろしいのだ」

「そんなことができますか」

「全体、逓信省の貯金局が、そういう大切な書類を焼失させないように堅固な金庫をつくってあったのだから、それをよく閉めきって逃出せば、台帳もカードも残っている訳だ。自分の一身が大切だからといって、金庫を開け放して逃出したような失態はお話にもならぬ訳で、この責任は、逓信省の方に在るのだから、預金者《ママ》の通帳がないという事を口実として支払いを拒むような事は出来ぬさ」

「そうすると、申告した全額を払い渡すということになるのですか」

「無論」

「しかし虚偽の申告をした者があったら、どうしますか。例えば百円預けた者が、二百円預けたと言って出ても、つまり判らないのですから、それを全部信用して払うとなれば、国家の損失は、非常なものになりますが、それでもよろしいですか」

「この場合に、虚偽の申告をするような国民は、唯の一人もないと我輩は、深く信じている。日本人は正直だからなァ」といって犬養は微笑した。（『木堂傳』中、五五八〜五六〇頁）

これを聞いた伊藤は、いやしくも一国の大臣としてこれまで国民を信じてくれれば、国民もまた大臣を信じるようになるだろう。何と美しい心を持った人だ。実に偉い人だとそぞろ涙がにじんできたという（『木堂傳』中、五六〇頁／『伊藤痴遊全集』続第七巻、三六九頁）。

そして数日後には犬養の言うとおりになり、通帳をなくした貯金者は全員救われたのであった。犬養の決断は逓信大臣だからできたものだが、このような見事なリーダーシップをとれる政治家は稀有である。この郵便局の窓口払い出しに、「さすがに苦労人の犬養さんだ」と世間は喝采した。

ところで、犬養が逓信省入りをしたとき、省内では犬養のことを「大臣」とか「閣下」とは呼ばず、すべて「先生」である。「大臣」と呼んでも大勢いるから誰が呼ばれているか分からない。しかし、「先生」というと自分のことだと勘付くのだ。民衆政治家である犬養は、「大臣」「閣下」「犬養さん」、何と呼んでも一向に気にかけないが、頭の良い役人たちは犬養の注意を喚起するには「先生」の称号を使うのが一番便利だと知ったのである。今日では陣笠代議士までも「先生」と呼びあっているが、これは犬養が逓信大臣になったときが初めてである。

さて、震災のために一番忙しくなった逓信省では、急ごしらえのバラックの中で犬養も仕事を片付けていたが、逓信事務について若槻礼次郎が、貴族院で犬養の責任を質した。「逓信事務の緩慢にして、遅滞せること、今の如く、甚だしきものはない。全体、逓信大臣は何をしているのであるか」。犬養は、静かに演壇に立った。衆議院ではお馴染みでも、貴族院は初舞台である。満場、水を打ったように静かになった。「若槻君の、お尋ねでありますが、逓信大臣は、逓信事務を執っております」。人を食った答弁に、若槻は満面に朱をそそいで、演壇をにらむ。「何分にも御承知の如き震災で、帳簿一冊、書付一枚、ないという有様であるから、庁員は、必死に働いていても、これ以上には能率が上がらぬ。そのうちには整理もつくから、しばらくご容赦を願いたい」。犬養はこれだけ言うと、すまして席に戻ったのである。収まらぬのは若槻である。再質問をしたが、犬養は聞き流してしまった（同前、五五二〜五五三頁／前掲『痴遊全集』三六九〜三七一頁）。

2　閣僚の一員として

この議会は期間も短く、帝都復興費を議案として開会されたものであったから、次の本会議では大いなる論戦が期待された。

虎ノ門事件

しかし同年一二月二七日に、摂政宮裕仁親王（後の昭和天皇）が帝国議会開院式に臨む際に虎ノ門附近で難波大助に狙撃されるという虎ノ門事件が勃発した。

このとき終始一貫総辞職を主張したのは犬養だった。これに対して伊藤仁太郎が、責任の帰着をはっきりさせれば内閣総辞職には及ぶまい、こうしたことが前例にならないか、などと述べた。これに対して犬養はこう答えた。「伊藤君、こういうことが、もう一度、起こると思っておるか」「我輩は、こういうことは、再びないものと確信している。したがって、前例になるなぞということは、考えておらぬ」（前掲『痴遊全集』三七三頁）。

こうして、当初は人物揃いと世間から大いに期待されていた山本内閣は倒れた。しかし、この内閣の残したものは大きかった。それは普選案が法制審議会に移されたことである。犬養の初志は貫かれた。このとき、一番に賛成すると思った後藤新平内相が、はじめは渋っていた。ただちに賛成したのが井上蔵相と平沼法相だったというのも面白い事実であると伊藤仁太郎は言う。

横浜復興に尽力する

犬養の沈毅果断は、逓信省の所管以外にも発揮された。それは横浜の復興である。逓信省は、海運に関係があるから商業貿易にも関係する。犬養は、若宮貞夫次官を帯同して横浜の惨状を視察した。当時の横浜の復興は困難で、外国貿易は神戸に移す方向に話が進んでいた。犬養は、これに断固反対した。商港としての横浜の重要性からその地位を維持すべしとの方針を主張し、横浜の復興が進められた。このように犬養の判断には私心がなく、常に大局に立って誠に方正潔白であった。利権問題については、前述の古島一雄に言ったと同じことを若宮次官にもこう申し渡している。

「誰が何と言ってこようが、誰がどんな圧迫を加えようが、君は断じて利権運動に耳をかすな。そういう事柄は僕に報告にも及ばない。即座にはねつけてしまえ。責任は全部僕が負う」（前掲『木堂傳』中、五六三頁）。

したがって、次官は事を為すのに非常に助かった。例えば、犬養に親しい者であるというふれ込みで来ても、その真偽をいちいち調べなくてもよかった。いやしくも利権を含み、正道を踏みはずすおそれありと感ずれば、ただちにこれを峻拒するのにいささかも躊躇しなかった。それで若宮は存分に仕事ができて心身爽快だったと述懐している。

さらに犬養は、大正一三年（一九二四）六月、加藤高明内閣（護憲三派）で二度目の逓信相に就任した。この時に犬養は、次官と局長級を能力主義に基づいた大異動を行う人事改革、そして従業員の待遇改善を行った。とくに予算請求では、浜口蔵相から経費節約と従業員優遇の費用とは別々にしろと

護憲三派内閣の三党首会談（『木堂先生寫真傳』より）

言われて実行したが、浜口は、無い袖は振れぬの一点張りなので、加藤首相に直談判したが埒があかず、しからば閣議で是非を討論すると迫ったので、大蔵当局もついに折れた。犬養の人間味は多くの人たちから感謝されたのである。

山口県萩町で料金問題を解決

大正一三年（一九二四）秋、山口県萩町で電燈会社と町民が料金問題で対立した。町民は同盟して点灯しなかったので、萩町は暗闇となってしまった。逓信省への陳情により、調べると電燈会社側に非があったので、逓信大臣は職権をもって、電燈会社に指令して町民の利益を図った。また同じような例が佐世保にもあった。このように彼はいつも大衆の味方であった。

もっとも国務大臣としては他にも大きな問題はあったが、護憲三派内閣の首班、加藤高明の下では、犬養の経験をもってしても意の如く行えなかった。ただ、不完全ではあるが、この内閣の下で普選法が実現できたことだけが、犬養の入閣を意義あらしめたといえよう。

私情はいろいろあったにせよ、いったん入閣したからには、加藤首班をどこまでも守り立てていかねばならぬと肚を決めて、犬養は最後まで信義を重んじて内閣の支柱として終始した。実際は、加藤高明が内心最も恐れ、かつ警戒していたのは犬養だった。その犬養が内閣の支柱となったのだから世の中は分からぬものである。犬養にしてみれば、積年の念願たる普選の成立を果たし得たという感慨が、根底にあったのかもしれない。

逓信省を去る

万事、下に厚かった犬養は逓信省を去るにあたり、男女従業員一〇〇〇名に招待された。会費一〇銭、貧者の一灯であるが犬養を慕う赤誠が溢れていた。このとき彼は、維新の革命から説き起こし、若者の士気を鼓舞するような建国の精神を説いた。満堂には犬養万歳の声がこだました。

第六章　心ならぬ間奏曲

1　政革合同への胎動

普選法の成立

この間においても、ここにくるまでに犬養は、真の普選は未だしとの信念で一貫し、さかのぼると大正一一年（一九二二）に革新倶楽部を組織し、大正一三年（一九二四）、政友会、憲政会と清浦超然内閣反対の護憲運動を起こした。その結果、苦節十年の野党生活を送った野党憲政会総裁の加藤高明が、同年に護憲三派の内閣を組織したのである。政友会から高橋是清と横田千之助、革新倶楽部からは犬養毅が逓信大臣として入閣した。

そしてその旗印である普選案を通過させた。

大正一四年、護憲三派内閣は、その旗印として普通選挙法案を議会（第五十議会）に提案した。普選は犬養の永年の宿願であったが、犬養の志とは違い、この普選案には野党の政友本党はもちろん、貴族院の大多数も反対であり、政友会は政府与党として提案者の立場にありながら、裏では貴族院を通じてこれを葬り去ろうとした。加藤連立内閣を倒せば政友会に政権がくるという画策陰謀である。

普選案の通過には、近衛文麿、岡崎邦輔、古島一雄が成立に骨を折り、ようやく成立した。これにより衆議院の選挙権者は一躍四倍になった。それまでの納税資格による制限は撤廃されたものの、貴族院と枢密院の圧力で住居別制限は六カ月から一年に延長され、社会的原因からくる選挙権喪失規定が多く盛られて、極めて不完全なものであった。このときは男子のみの普選案であり、真に平等な選挙権は女性の参政権を認めた第二次大戦後の新憲法を待たねばならなかった。また、貴族院の改革は不徹底となり、旧態依然のまま残された。

原敬と政友会

さて、政党らしい政党が生まれたのは、大正七年(一九一八)に原敬が結成した政友会である。しかしそこにも政策らしい主体性をもった明確な政策があったか極めて疑問とせざるを得ない。

なお、平民宰相原敬は犬養を評して、「犬養は、政局の前途も能く見えるし、又、陣頭に現れた以上、最後迄戦争を継続する自信勇気もある。あっぱれ好個の政党首領だが、惜むらくは、余りに正邪の念が強すぎる。又、余りに聡明にすぎる。自然近眼者流の誤解を招き易いとともに、要領を得ることは余りに早く且つ適切すぎるので、ドウしても政党首領として必要欠くべからざる清濁併呑などの気が起らぬ。又、之を収容同化して行くという大度量、悪く言えばソンナ手緩い仕事は到底出来ぬのである」(『木堂傳』下、四六九頁。傍点筆者)

原敬の評言は、かなり当たっている。ただ、犬養の中に清濁雅量に容るる気宇の不足を、原敬は指摘するが、はたしてそうか。彼の人相を観ずれば、その眉間の広大は、気骨稜々たる中にも、すべてを包容する雅量が横溢《おういつ》していることを示している。

したがって、彼のふところに飛び込めば、誰しもその雅量の大を知るのである。これあるがゆえに犬養を尊崇する者が各階層にわたっているのも当然である。特に、彼に仕えた使用人の中に犬養を讃仰する者が多いのは、彼の民衆に浸透せる魅力のいかに大きいかを示して余りある。

ただ、彼の眼が大きく、眸《ひとみ》の明らなること、正邪判別の鋭利なることが、原敬の印象批評のように世人に映ったのである。

犬養の顔は、彼の経歴、彼の心事をそのまま表わしている。彼の眼には偉人の光があり、賢人の色が現われている。彼の場合、「文質彬々として然る後に君子なり」という古人の言葉が、そのままあてはまる。文《ぶん》は飾り、質《しつ》は地味《ぢみ》と見てよい。この両者が、出ず入らずちょうどよい具合に調和し、渾然一体となってこそ、初めて君子、つまり今日の言葉で言えば、紳士、淑女ということができる。特に眼は人の心を最も明白に語るという「孟子」の言は正しい。

犬養は、孔子の言う威あって猛からず、恭敬にしてしかも、いささかの嫌味もないことである。また犬養には大愛に満ちた貴さがうかがわれる。単に威だけでなく、単に愛だけでなく、一方に偏することなく、その容貌に愛と威とが渾然一体となってくる。これが円熟であるが、春風懐に入るところがあるとともに、秋霜烈日の厳乎としたところがあるのが偉人の相である。犬養にはこの両方を兼ね備えたところがある。

しかし、見る人により、あたかも多面鏡を見るように、政界の人々にとっては、秋霜烈日の感を懐かしめるところが多かったのではなかろうか。

一方、彼が多くの亡命者を救ったのは、彼の春風懐に入る感にあったのである。そこには一切の打算なく、相手を思いやる同情とあふれんばかりの憐愍《れんびん》の情が犬養を動かしたのである。

それとともに当時の清国に対する革命党を支持したのは、それが中国の未来にとって有効であると信じたもので、他国への干渉をこととしたものではまったくなかったのである。犬養は、早くから清華学校を興して、清国青年の育英事業に従事したことにも、それは表われている。当時、清廷の少壮官吏の多くはこの学校に出入したものである。そのため、清国では、犬養の名はかなりきこえていた。また、横浜、神戸などの清人学校の名誉校長も務め、さらに東亜商業学校を小石川に設立して経営している。これは政党政治家としてその着眼の卓越を示して余りある。

彼の着眼の非凡は、政治家としては稀有《けう》の万巻の読書から得たものに違いない。読書という点では、星亨も兄たり難く弟たり難い。今日、慶應義塾に残る膨大な洋書を中心とした星文庫は、それを物語る。しかし、犬養には、最後まで読書生らしい面影があり、星亨《ほしとおる》のように一挙手一投足の間に本部を奪うような傍若無人さや、水際立った蛮勇はない。彼は、文章と弁論で政界を改革せんとしたところに面目がある。

犬養の素養は、星亨の洋学中心と違い、あくまで少年時代に培った漢学にあり、漢学的政治家で、彼の機略術数は、その漢学生の雄たるに値する。彼こそ漢学趣味をもって東洋流を代表するとすれば、犬養こそ東洋流の政治家のモデルといってもよい。

だから犬養は、少数の国民党を率いて小党の首領として、一糸乱れず、そこに犬養らしい味があった。政友会の脂肪《あぶら》たっぷりの原敬とは一味も二味も違う。原敬の死んだ後の大政友会には政策がない。いわば羅針盤のない巨艦である。どちらへゆくか定めなく太洋を漂流している。ただ強い潮流に惹かれてゆくだけである。

もともと犬養と原は馬が合わなかった。原は犬養を評して聡明すぎるといったが、これは原らしい体裁のよい批評で、実際には、犬養は枢密院あたりに入るのがはまり役だと悪口を言っていた。桂内閣を向こうに廻《まわ》して護憲運動をしたときも、原敬は犬養を信頼していなかった。犬養を信頼していたのは松田正久だった。政友会が官僚と徹底的に闘うためには、どうしても犬養のような闘士が必要だといっていたのも松田正久であった。そして犬養を政友会に入れる下工作をしたが、実現しなかった。犬養が入れば、政友会は原と犬養の二頭政治になる。原は政友会を自分の統制下におくためには犬養に来られては困るので、あくまで反対したのであろう。また犬養としては政友会より、むしろ感情的には憲政会の方が好きだったらしい。

ともかく、大正一〇年（一九二一）一一月四日に原敬が東京駅頭で殺されてから政友会は、舵を失ったように波間に漂いはじめた。政友会総裁は原のあと高橋是清となり、さらに、田中義一陸軍大将となったがこれは失敗だった。古島一雄の回想録によれば、古島が田中に対して、「政党の総裁として選挙が一番大役だ。政友会を率いて、選挙に勝つという見込がつきますか」と問うと、田中は「それはある。俺は在郷軍人三百万をもっているのでのう」と言った。これに対して古島は、政党首領として一番避けるべきところを最も頼みにしているとサジを投げ、犬養にも話したという。

革新倶楽部と政友会の合同

犬養が政界に進出した第一歩は、立憲改進党の成立とともに始まった。ときに明治一五年（一八八二）、二七歳であった。以来数十年、犬養は、進歩党を組織し（明治二九年・四一歳）、自由党と合同して憲政党を組織し（明治三一年・四三歳）、分裂して憲政本党に属し、立憲国民党を創立（明治四三年・五五歳）、これを解党して、革新倶楽部（大正一一年・六七歳）を組織するなど、党情はいくたびか変遷を重ねている。しかし、犬養は、二七歳にして結成に参画した立憲改進党の立党の精神を常に固守してゆるがなかった。

ここに至るまで犬養は、悪戦苦闘の連続だった。しかし、その間、節を曲げず、清節を守った。そうした犬養を世間では、「憲政史上の楠公《なんこう》」と言い、「護憲の守護神」と呼んだ。しかし、彼は、世間がその高風清節を讃えるごとに、「過褒《かほう》（ほめすぎ）当らず、吾輩は唯同志に対して、当初立党の精神を守持するの義務を感ずるのみ」と答えた。

しかし、七〇歳となった犬養が、大正一四年（一九二五）五月、革新倶楽部をひきいて政友会に合同すると、世間は、犬養が多年の主義を捨ててその晩節を汚すと非難した。いままでの賞讃は、逆に批判の言葉となって浴せられた。

尾崎行雄とともに「憲政の神様」と言われ、大正デモクラシーを代表する民衆政治家、反藩閥、清貧孤高、東洋的信義と輝かしいばかりの進歩性に彩られている犬養毅が、世人から腐敗した政党の典型と見られている政友会に入ったとき、当時の世上では、これを戦いに疲れ果てて敵の軍門に降伏したものとして、または晩節を汚した進退として、憐憫《れんびん》を込めた罵倒の声があがった。

しかし、その実体はどうであったか。革新倶楽部も成立後党勢は振るわず、衆議院での交渉団体成立要件の二五名すら割り込む危険水域に低迷していた。そのうえ、倶楽部内には憲政会と通謀して非政友合同への画策を試みんとする者も出てきた。資金はすでに底をつき、このままでは野たれ死するしかない瀬戸際に立っていた。また、犬養年来の宿願であった普選は実現したとはいえ、普選によって生まれた新しい有権者たちが、はたして革新倶楽部を支持するかどうか、何とも予期できない。犬養は、光明の見えないまま、七一歳の老軀《ろうく》に鞭《むち》うちながら、さらにきびしい悪戦苦闘の険しい道を登ってゆかねばならないのか。多年辛苦を共にしてきた政友一人ひとりの顔が浮んでは消えた。彼らをはたしてこの旅路の道連れにしてよいものかどうか。

信ずるところを行うにおいて世評を顧みる犬養ではなかった。たしかにこの合同は理においては、何ら倦むところはなかったが、情においてむしろ悲壮感がにじみ出ていた。多年辛苦を共にしてきた党員を「身売り」とまで酷評されて、人一倍、情の厚い彼にとっては身を切られるほどの思いがあったに違いない。このままで行けば、やがて路頭に迷う党員の行く先をきめておくのが首領の責任と感じたのである。

犬養の胸中を察した盟友古島一雄は、政友会の小泉策太郎と協議して、政友会としては、前述した犬養多年の持論たる経済的軍備や産業立国などの主張を綱領にとり入れて、革新倶楽部と政友会の合同、つまり政革合同を行うこととなった。これらの犬養年来の主張はすでに述べたので詳論は避けるが、経済的軍備とは、平時の兵力を減らし、いったん有事の際には強力な兵力をもちうるようにし、それにより軍事費の財政への圧迫を避けることである。

なぜ合同するかを訴える

大正一三年（一九二四）刊行の『高人犬養木堂』巻頭、犬養はこう記している。「予の生涯は苦戦の歴史なり出発点に於て根本思想の同じからざる人と事を共にし終に一生の苦痛を招きたる也青年の宜しく鑑むべき処也」。もって犬養の信条がいかに強かったかを知ることができる。

たしかに、大正一四年の政革合同は、犬養の政治生涯における数多い離合集散の中でもひときわ重大でかつ影響の深刻なものであった。国民党分裂も悲劇であったが、それ以来、犬養を中心とした結束は鉄の如く、忍苦の中で、善戦健闘よく政界革新の一翼を担ってきた。政府の権力も多数党の威圧も、いかなる強敵もおそれず、党員たちは犬養を親の如く師の如く思い、信頼と敬愛を捧げ尽してきたのである。それが、事もあろうに多年の政敵たる政友会と合同するとは聞く者すべて自らの耳を疑ったのも無理はない。

普選法も通り、いよいよこれから金力や権力を排して真正な政治上の戦い、道理上の戦いを戦う時機が到来し、政治上の経倫、抱負、政策を誰はばからず主張して利権党や偽党を倒し、国民の力で政策実現をはかるという信念をもっていた党員たちには青天の霹靂《へきれき》であり、全員が必ずしも賛成ではなかった。犬養は、政友会との合同について、革新倶楽部関係者にどう説明したか。

大正一四年五月一〇日、革新倶楽部の仮事務所で関係者を集めて連合協議会を開き、犬養は合同参加の理由について演説をした。「是《これ》に就《つい》て自分は、種々熟慮の末、堅き決心を以て茲《ここ》に至りしもので、普選に対する責任上止むを得ざる事と信じたのである」。「世界を大観すれば、恒久の平和の確保は未《いま》だし。列強は、武備をもってお互に対抗し、軍備制限の結果をみれば、強国はますます強く、弱国はますます弱く、一旦事変が起これば、その結果はどうなるか寒心に堪えない」（『犬養伝』中、六六八頁）。産業競争は、戦前より猛烈で、設備の整わない国は、実力で圧倒されて永久に起てないことになる。このような大勢の中で日本の現状をみれば農村は疲弊し、工業は大打撃をうけて、貿易、海運すべて衰退の極にある。経済は人口の上からも行きづまり状態である。国内の人心を見ても、詭激《きげき》の思想がはびこり、生活困難とあいまって思想の大動揺を来しつつあり、一致結合の力は減退したことは事実である。こういう際に、権力階級、とくに政治団体の堕落は、さらに悪化しつつ

政友会への合流（大正14年5月）（『木堂先生写真傳』より）

ある人心に対して一層の刺戟を与えたので、いったん動機の勃発にあえば、どんな紛擾《ふんじょう》が生ずるか、実に憂うべき実情である。このような内外多難のときにこれを救う第一着手は、国内の一致である。そのためには、国民全部が国政に参加して国難にあたることであると信じ、ここに普選の断行を促したい、と力説した。

そして犬養が強調したのは、今後の重大問題は普選法の運用である。普通選挙によって今後は無産階から続々と代表者が選出されていくであろうが、政界で新旧勢力の交代が行われるには時間がかかる。「旧勢力より新勢力に移りそれが完全に活動するまでには、少くとも七、八年乃至《ないし》十年は要するであろう」（同前、六七〇頁）。この過渡期の政治は旧勢力で運用される。われわれはその悪政を傍観せず、これを改善することが最も大切な問題である。改善に努力するのが国家に対する責務ではないか。われわれは多年政友会を攻撃してきたが、しかし、政友会党員に「非行」をさせないのは、首領（党首）の責任である。党首の統制よろしきをうれば、これを制止できる。田中義一現総裁も高橋前総裁と同様、「決して世の非難を受くるが如き行動に出でざるは自分の信ずる所である」（同前、六七一頁）。われわれは、多年逆境で鍛え上げた勇気をもって政友会の「改善」に力を尽したい。「改進党以来四十年の歴史より見て、常に政友会を敵視したる既往を顧み、今俄《にわ》かに合同を求むるは甚だ困難の注文であるが、大局より達観し、専ら国家本位の見地に立ち、毀誉褒貶《きよほうへん》を一切度外に置いて、猛然として大決断に出でたのである。」（同前、六七一頁）。こうした演説には、犬養の悲壮きわまる心情がほとばしり出ている。

元来、革新倶楽部は政党ではないから、倶楽部員を拘束すべき党則はなかった。犬養の演説後、会場は混乱したが、何とか無事散会した。

なお革新倶楽部のなかでも、政友会への合同に反対した、尾崎行雄、関直彦、清瀬一郎ら三〇名は、行動を別にして新生倶楽部を組織した。

政友会との合流

少数党で、多年貧乏しながら犬養と苦労を共にしてきた国民党以来の同志と袂《たもと》を分かったのであるから犬養としては感慨まことに深いものがあったにちがいない。政革合同は、犬養の本意ではなく策士に誤られて、その晩節をけがすものだなどとまことしやかに伝えられたりした。それほどこの合同は様々な臆測をよんだ。

この合同については、世評は犬養に酷であった。例えば次のような噂が立てられたが、犬養は一笑に付して一切弁明しなかった。

政友会への合流に関しては、政友会では小泉策太郎、犬養代表としては古島が話を進めた。後になって小泉は古島にいった。「世の中には怪しからん奴があるものだ。吾々は君子の交りの積りで、意気投合して合同したものだ。所で、此合同を種にして、裏へ廻って田中〔田中義一政友会総裁〕から大金を引出したものがある。つまり革新倶楽部を売込んだ形にしている。

こうして、犬養・古島の知らない所に醜い取引が行われた。そして犬養が身売りの悪名を蒙《こうむ》ったのである。

だから後に犬養が政友会総裁になったのは、余りに引き合わない立場に置かれた犬養に対して天が埋め合せをしたのだともいえる。原敬が犬養を評して聡明すぎるといったのは適評である。だが、犬養も政友会入りの時は聡明でなかった。裏に廻って金を取る男のあることを知らなかった位だ。しかし其聡明でなかったために、彼は今政友会総裁になった。

（馬場恒吾「犬養毅論」『現代人物評論』所収）

某が裏に廻って金を引き出したという相手の田中義一は、後に首相となったが、「オラが首相」といわれる東洋的なスケールの大きな人物だった。何んでも「オラが」ではじまり、「おらはその時困ってのう」とほんとうに困ったような顔をしてみせる。地方にいっても初対面の人に「しばらくじゃったのお、お父さんは元気かね」とニコニコ顔でいう。「父はもう亡くなりました」と言うと、「それはまことにお気の毒じゃったのう」というでたらめさもある、おおらかな愛すべき性格であった。

総理大臣時代の田中は一日に一万円二万円のポケットマネーが要ったといわれ、総選挙では八〇〇万円の金を使った。このような田中の鷹揚なところに目をつけて、政革合同をタネにして田中から大金をまき上げることを画策したのであろう。こんなときも田中は「よかよか」と言いなりの金を持たせたにちがいない。

田中外相がかねてから対中国積極政策をとったことはたしかだが、これを実質的に指導したのは、彼の下で外務政務次官だった森恪《もりつとむ》である。『森恪伝』によると、田中は最後のところでいつも決断を鈍らし、そのため森恪の積極政策は破綻したという。

田中は、のちに関東軍の河本大作《こうもとだいさく》大佐らが起こした張作霖爆殺をめぐり天皇に食言（＝前言を翻した）したかどで辞職した。当時、田中の考えていたことが戦後の「国際軍事裁判」で明らかになった。彼は腹心の久原房之助《くはらふさのすけ》を経済使節としてロシアに派遣し、スターリンに会わせて、バイカル以東のシベリア、満州、朝鮮を非武装自治区として、日中ソ三国の緩衝地帯とすべく提案していたという。この岡田忠彦の証言は、田中が張作霖の爆死を聞いたとき、「親の心子知らずぢゃ」と嘆息したことと符節を合するものがある。

彼が政界に入るとき、宇垣一成が、「ミイラとりがミイラにならぬように」と助言したが、結局三年後の田中は宇垣に「どうも君があの時、ミイラとりがミイラになるといったけれども、やはりミイラになったような気がするなあ」と述懐した。

対中政策の強硬論者の森恪は、田中の側近中の側近で、田中は森を非常に信頼していた。最初の山東出兵のときも、これを強硬に主張したのは森で、さすがの陸軍も容易に賛成せず、田中自身も同じ意見だった。それを森が押し切った。そのとき参謀本部作戦部長の荒木貞夫も、作戦課長の小畑敏四郎《おばたとしろう》などもいやいや出兵計画を練ったという。森は彼独特の政策デザインをもっていたのだろうが、その肝心の政策はそれから間もない森の死とともに永久に闇に消え、ただ、その強硬手段だけが、独り歩きして道を誤った。政策のない対中国強硬外交のみが独走した。

その森恪が、数年後、対中国和平政策の総本山犬養内閣の書記官長になることは、運命の皮肉といわざるをえない。犬養は強硬論者森恪に、田中のようにふりまわされることはなかったが、そのためにかえって殺された。森としては、万事におおらかな田中とは対蹠《たいしょ》的な鋭い智者犬養とは所詮袂を分かつ運命にあったのである。二人の訣別は犬養の死によって実現したが、森自身も、のちに述べるようにその半年後に死んだ。

犬養の言う「出発点に於て根本思想の同じからざる人と事を共にし終《つい》に一生の苦痛を招きたる也」とは、内閣発足時の書記官長森恪の存在であったろう。

この合同により犬養がさらに沈痛の度を深めたのは、革新倶楽部の党員、党外、果ては一般民衆からの怒濤の如き哀訴、嘆願である。小なりとはいえ革新の一翼を担ってきた政治団体が、世上、悪の総本山のような政友会と合同するのはどうしても納得できない、せめて政友会の名前を変えるべしというのや、多年政敵として闘い来りし政友会の軍門に下るを忍びずといい、悲憤の涙を揮《ふる》って犬養に訴える者ひきをきらず、自分はあくまで犬養に従っていきたいが、政友会を宿敵の如く思い込んでいるただ一人の老母が、何としても賛成してくれぬと泣き泣き訴える者もあった。

どんな政敵の攻撃もおそれず、世間の非難にも動じなかった犬養も、このような旧同志や党外同情者の言には耳を貸さざるを得ず、人一倍情の厚い彼は苦悩した。その後、機会あるごとに、情理両面から合同の事情を説き、当時、逓信大臣という官位にあるため、事前に諒解を得なかったことを釈明したが、苦しいことであった。

五月一四日、政友会は臨時大会を開いて政革中三派合同の式をあげた。犬養が政友会に入ったとき、時の総裁は田中義一だった。このとき犬養は世間の嘲笑を買った。しかし彼は腹の中では、世間が真相をとらえていないと冷笑していたのである。

2 議員辞職と政界引退

逓信大臣と議員を辞職

ごうごうたる世評のなかで政革合同を断行した犬養であるが、その二週間後の五月二八日に突如として逓信大臣を辞し、同時に議員を辞して「天空海濶《てんくうかいかつ》」の身となった。多年、犬養と進退をともにした盟友古島一雄も、政務次官と議員を辞して政界引退を表明した。古島としては、すでに古稀を過ぎた犬養にみじめな最期を遂げさせたくないと、かねてから政界引退の機会をさぐっていたのだ。大正一四年の議会で普通選挙法が通過したとき、その機会が到来したと考えたのであった。なお、田中義一以下の政友会の面々も呆然としたものの、同月犬養を政友会長老に推した。

犬養は、辞職の声明でこう述べている。「辞職したとて決して国事を抛棄《ほうき》したのではない。徹頭徹尾国家への御奉公は勉めるのである。只従来の如く団体といふ小さな範囲で働くか、又は小さな範囲を脱して広き範囲で働くかの別である」(『時事新報』夕刊、大正一四年五月二九日)。

また犬養の政界引退について、当時の新聞は次のように報じている。犬養に対する評価が如何なるものかを知ることができる。

「犬養氏は其予定の行動を此機会に行ひたるものに外ならないであろう。然れども犬養氏が少壮その身を政界に投じ、七十一歳の老齢に至るまで、四十余年間国事に奔走したるの功績に対しては、我輩は衷心より深甚の敬意を表するものである。犬養氏の政治的経歴は多く不遇にして四十余年の政界生活を民間政治家として過ぎ政府の局に当りて、実際に其志を実行するの機会を得たのは、僅に老齢後にして然も其時期は決して長くはない。〔中略〕恐らく日本第一の政界苦労人であろう。此苦労人の政界に於ける功業は、政権的には寧《むし》ろ失意であったけれども、政党の発達及び国民政治思想の進歩に著大なる貢献を為したるの一事は何人も争はざる所である。」（『時事新報』大正一四年五月二九日）

「政治家は功罪常に相半するといふも、犬養氏が何等藩閥の後援を有せず、何等大政党の庇護によらず、しかも常に政界の一勢力として、如何なる政府も政党も之を無視するを許さなかったことは偉とせねばならない。」（『東京朝日新聞』大正一四年五月二九日）

「生来の叛骨児であった犬養氏の政界五〇年は『衝突と不平と不満』の連続であった。理想と反抗とが楯の両面をつくる。多量の理想と稀《まれ》に見る骨力の持ち主である犬養氏が、藩閥の懐子とならず、既存勢力叩き壊しの役割にまわった事は、氏の性格の宿命的結論でもあったろう。

建設的政治家の偉大さは素よりこれを認めねばならぬが、然し一方破壊的政治家の勢力をも否認する訳には行かぬ。幾十年間既存勢力と血みどろになって悪戦苦闘した犬養氏の姿には、どことなしに一種の男性美が認められる。もし政治家としての犬養氏に功業があったとしたら、それは藩閥

に対する氏の奮闘に存する。」（『東京日日新聞』大正一四年五月二九日）

富士見の白林荘（『木堂先生写真傳』より）

高原の白林荘

犬養は、喧騒の東京を去って信州の高原白林荘《はくりんそう》に隠棲し、行雲流水の中で、過ぎし苦闘の歴史を回顧する。思えば長い長い道程だった。しかし、その理想実現への格闘とその熱中は、瞬時のようにも思えてくる。時間の長短とは無為の人間には長いが、有為の人間にはきわめて短いものだ。犬養の肉体的時間は長かったが、その充実した精神の時間は瞬時のように感じられた。

モンペをはいて腰に花鋏《はさみ》をさして白樺の林の間を縫いながら庭木の枝をつみ庭作りにふける一老人になりきった犬養が、そこにはいた。

しかし政争に疲れ果てた一老人とはいえ、その眼光は鋭く光り輝き、覇気は依然として全身から放散しているように見えた。訪れる者は、犬養健在を認めて帰っていった。

白林荘の入口に掲げられた犬養の詩は、彼の心情を余すところなく伝えていた。

柴門不設扉　柴門《さいもん》扉を設けず
只使清風至　只《ただ》清風をして至らしむのみ
箇裏一洞天　箇《こ》の裏《うち》洞の天
莫容塵世事　塵世《じんせい》の事を容《い》れしむ莫《な》かれ

（訓責小林）

しかしこの詩のとおり彼は、蟄居《ちっきょ》閉門してはいなかった。請われれば、時折、各地に講演に赴いては政治を論じた。昭和四年（一九二九）五月には、頭山満とともに中国にも行った。

政界引退にあたって発表した声明の中で、自分は議員を辞職したが、国事を放棄したわけではない、今後とても国家のために尽くしたいと言っていたように、老いたりとはいえ、「何の繫累《けいるい》もなく何の欲求もなき純粋の浪人」として「青年の相談相手」になりたいといった。これがまた臆測を呼んで、犬養は「青年党」を目論んだなどと宣伝されたが、これは全くの空論で、彼はそのような気はないと否定している。

さて、犬養の議員辞職を承知しない郷里岡山の選挙民は、同年七月二二日の補欠選挙で犬養を再選してしまった。こと志とはちがうと彼はしきりに辞退したが、郷里の選挙民の熱意についに屈して再び議席を得た。しかし彼は、政治の表舞台に立つことを極力控えていた。これよりまえ政友会は高橋是清とともに犬養を党の最高顧問に推薦し、彼らの多年の功に報いた。

田中義一の死去

ところで政友会は、田中義一のもとで政権に就いていたが、もともと田中は、山県に次ぐ陸軍のホープとして、軍の輿望を担って首相になり、陸軍の後輩たちの支持を受けながら、その陸軍の出先機関である関東軍が昭和三年（一九二八）に起こした張作霖爆殺事件を処理できず、野党立憲民政党からは批判され、昭和天皇からも叱責されたため、昭和四年七月二日に政権を投げ出した。そして心労もあって、その三カ月後の九月二九日に狭心症の再発で急死した。

陸軍の出先機関が、田中や陸軍中枢部の戦術を度外視して勝手に行動し、しかも事実と責任者の処分をいいかげんにごまかし、張本人の河本大作を満州国財界の重要ポストにおくような、誤った事件の甘い処置が、やがて日本を戦争へ導いた一つの原因となったのである。田中はその出身母体たる陸軍によって身を亡ぼしたといえるであろう。一罰百戒の教訓すら日本ではすでに死語となっていたのである。政友会内閣が不評のうちに退陣し、浜口、若槻の内閣になっていた。

さて、政局は田中義一の急死によって急転回した。悠々行雲流水の境地にあった犬養の知らぬところで、事態は進行しつつあった。

政友会総裁の後任を決めるため、政友会の長老会議が赤坂の高橋是清邸で開かれた。それより前、政友会幹部たちは犬養を総裁に推すことに大体きまっていた。しかし問題は、鈴木喜三郎、床次《とこなみ》竹二郎の二人が同意するかどうかであった。もっとも鈴木は犬養賛成であった。いま犬養を推しておけば次は自分に番がまわってくるという計算もあった。だから長老会議の席上で床次が、犬養を推すという口火を最初に切ってくれれば、全般の空気は決まる。しかし床次は黙っている。鈴木、久原などは犬養賛成と述べた。床次は最後まで黙っている様子だった。

空気が陰鬱になってきた。それを見兼ねた岡崎邦輔が床次を別室に呼んで、いまは大勢が犬養に決している、ここで一言賛成の意を表すべきだと耳打ちした。それで床次が最後に犬養推戴《すいたい》に賛成すると述べて、犬養説が決定を見た。

ここで床次にも言い分はある。彼は真っ先に犬養総裁を主張する立場にはなかった。彼は、大正一三年（一九二四）政友会の過半を率いて政友会を脱退している。政友会への帰り新参の自分が出しゃばる筋合ではない。昔から政友会にいる人たちの決定に従うべきだと考えたのである。彼は、外見は西郷南洲のようでいながら繊細な神経を内に蔵し、義理人情を重んじたのであった。

政友会総裁に就任

政友会総裁就任のための交渉役となった森恪は、まず犬養の盟友・古島一雄に協力を依頼したが、古島は即座に断った。せっかく高原の白林荘で静かな余生を送っている盟友を、魑魅魍魎《ちみもうりょう》どもの跋扈《ばっこ》する東京へ引き出すことに真っ向から反対したのである。

そこで森は、犬養の滞在する湯河原の天野屋を訪れて、ぜひ総裁に就任してくれるよう依頼した。これまでは政治よりも政策を優先した犬養だったが、この依頼を何の条件もつけずに無雑作に引き受けた。歴戦の闘将が簡単に受諾したので、森は少し興奮気味で「オヤジさん引き受けてくれた」と驚きながら部屋から出てきた（森は犬養のことをオヤジと言っていた）。

政友会は、図体は大きいが政策はない、だからこの党を政策で引きずりまわすのは容易と犬養は見たのである。彼は大政友会を以て、長年抱き続けてきた自身の抱負と経綸を縦横に実現しようとしたのである。こうして、犬養は思いがけず、政界引退表明から四年後の昭和四年一〇月に、白林荘の閑雅な行雲流水の生活から再び俗界に舞い下り、大政友会の総裁になった。

そもそも犬養は、大政党の総裁となり、組閣して内閣首班という役どころよりも、野党の党首として、一闘将として、議政壇上から痛烈極まる弾劾演説を展開して、政府与党を震撼《しんかん》させること、また、彼一流の洞察力と先見力を駆使して、政局を自在に動かすところが、天下一品であった。また犬養は、政策湧くがごとくだが、金には縁が薄い。小政党の党首にはいいが、大政党の党首としてははたしてどうかあやぶむ者があった。

政友会総裁となった犬養と，党の長老高橋是清（昭和４年10月）（『木堂先生寫真傳』より）

一人ひとりが千両役者のつもりの代議士の集合体が政界だから、政策を進めてゆけば、それぞれ自我の政策がぶつかり合って細胞分裂して、党は次第に小さくなって先細りしてしまうというのが宿命である。政党を大きくするには政策は二の次、三の次、むしろ無主義、無節操が一番いい。それでひたすら党を大きくすることだけを考えているのが一番いい。そうでなければ、党というものは決して大きくはならない。なまじっか政策を行おうとすれば、党は小さくなるばかりである。

とりわけ犬養は、正邪曲直を明らかにする念が強く、不義不正に対しては少しも仮借するところがなかった。党の拡大、党員の獲得には巨額の資金がいる。党首たるものは、党員中に政治資金を集めるために手段を選ばぬのを見ても、見て見ぬふりをしていなければならぬ。犬養の潔癖は、これらを決してゆるさなかった。だから、数十年も少数党の党首であり続けた。

そのため野党に座して高等政治批評家といわれ、原敬にも犬養は枢密院で高等批評をしているのがはまり役だなどと陰口をきかれた。西園寺、原の二人は、あきらかに犬養、尾崎、島田などを口舌《こうぜつ》の徒と見下していたようだ。これは長らく政局を担当していない政治家としてはやむを得ないところである。もちろん、犬養のような野党精神峻厳《しゅんげん》な在野主義は、民主政治には不可欠なもので、その意味では憲政に対する大きな貢献として讃えられてよい。

実際に、それより二〇年前、憲政本党が、改革派・非改革派の争いを起こした時、改革派の主張は、憲政本党の多年の悲境は主義主張に囚われすぎる、むしろ度量を大きくして門戸を開放すべしというにあった。しかし、その胸中には政権と妥協しようとする意志が見え隠れであった。これに対して犬養は、あくまでもこれに反対して孤塁を守る態度に出た。その壮烈な意気に世間は同情した。そのため彼の非改革派は次第に細って行った。日本の社会の特性かもしれないが、党は無主義のために肥大化し、一方主義主張に忠実のために細ってゆく。

ところが、これまでは党が小さくなっても、政策を行う方を選んでいた犬養は、今回は政友会という大政党の総裁就任を引き受けた。しかし、矛盾することだが、政策を行うことは政党の拡大につながらない。ここに日本式政治の特徴がある。犬養の抱懐する政策は見事なものであった。ところが、それを行わんとするときに二つの障害が立ちはだかった。その一つが、ここに言う日本式政治の特徴、つまり政策をうち出すと党は喧々囂々《けんけんごうごう》、四分五裂すること、いま一つは、強大な武装集団たる軍部である。彼はこの二つを自らの強大な自信でのみこもうとした。その意気たるや壮とすべきであった。

こうみると犬養は妙手秘策を使う無類の策士とみる人もあるが、それは違う。彼は、何事にも無造作で、人の評判を気にしない。ただ、非常に頭の回転が速く、即断即決、決裁は流れるごとくで、停滞ということがない。こういう人物に俗物が真正面からぶつかると、その眼光に底の底まで見すかされてしまうように感じてたじたじとなる。それだけではなく、犬養の先見の明を、あたかも策士としてしか受け取らず、帰ってきて、あれは策士だからかなわんと吹聴する。人の噂とはそういうものである。

犬養は、言わば大きなつり鐘であり、小さくたたけば小さく響き、大きくたたけば大きな音を出す。対する相手の器量次第で大きくもなり小さくも映る人物だった。毀誉褒貶は、政治家の宿命だが、犬養は器が大きいのか、人の風評をまったく気にかけない。

明治・大正・昭和を通じて軍閥・官僚は、一応「国家」の発展を考えるけれども内心で一般民衆を蔑視した。ところが、犬養らの政党政治家は、「民族」の解放に軸足をおいて、これを理想とするから、人間軽視の官僚政治家とは共に天を戴かず、ことごとに対立したのは当然であった。

それでも、明治中葉までの政治家たちは、漢学（儒学）で、哲学や史学の修学をしていたからまだよかった。人の上に立つ者は、孔子・孟子の学問を修学する義務を課されていたので、孔孟の学問は象牙の塔から街へ出て一般化されてもいた。維新の人材は儒学の素養を身に付けて、確固たる世界観と人生観を持っていた。だから、国家や民族に対してもその見方や考え方を調和していくことが可能だったのだ。

烏合の衆にすぎない大政友会に政策が入れば鬼に金棒である。田中義一の死後、犬養が政友会総裁を即座に引き受けたのは、自分がその金棒になると考えたからである。犬養には政策わくがごとしである。彼の抱負・経綸をもって、この巨艦を操艦すれば、初めて「政治」がこの国で行われると心の中で踏んだのである。「政友会総裁として、彼（犬養）の将来は刮目《かつもく》に値する」（馬場恒吾）と、犬養の登場は期待をもって迎えられた。

昭和四年（一九二九）一〇月一二日、犬養が政友会の総裁に推戴された大会での第一声は、行政の根本的整理、そして選挙法改正であった。選挙法改正については、政友会の選挙法改正委員会にわざわざ犬養が出席し、そのあいさつの中にも、比例代表制のような多年の懸案を解決しようとする用意をほのめかしていた。犬養の強固な信念はここにいかんなく発揮され、半世紀を経てもなお微動だにしなかった。

また、昭和六年（一九三一）の議会後の議員総会でもこう述べている。「六十年来の積弊を一掃して、新たに組織するの意気を以て中央地方の行政組織の立て直しをやらねばならない」。もともと産業政策の樹立とその実行とは、結局、財源の問題であり、資金の都合がつけば、それほどむずかしくはないと経済学者犬養は踏んでいた。しかし、行政の根本的整理となると、これは難中の難事で、今まで誰も手もつけていない。廃藩置県以来の大事件である。産業立国と地方分権は政友会の二枚看板であり、それが政策の根幹をなしている。地方分権の精神で行政整理をして、及んでは財政と税制の整理もするということも政友会としても調査はできている。

犬養が政友会総裁となったのも、このことを実行するためであった。彼が組閣した暁には、まずこれを実行して年来の主張を解決し、ここに政党内閣の意義を明らかにするのを使命としたのである。とくに昭和五、六年の間、犬養は山本条太郎を政友会の政務調査会長に起用し、政務調査に力を注いだ。

浜口内閣も若槻内閣も、絶対多数でありながら、この政策については空念仏で一向にこれを実行しようとする気配さえみせなかった。ところが犬養は違った。ひとたび政友会総裁

犬養総裁の獅子吼（『木堂先生寫真傳』より）

となるや、まず総裁就任の挨拶でこの実行を唱えた。そして第五八回帝国議会衆議院において開会劈頭、犬養政友会総裁は、浜口内閣の三大失政を糾弾した。とくに、「第一ハ軍縮会議ニ於ケル結末デアリマス。是ハ総理大臣ノ御演説並ニ外務大臣ノ御演説ヲ承リマシテモ、是デ一切国防上ノ危険ハナイト云フコトヲ断定的ニ申サレテイルノデアリマス」。ときり出して国防問題、国民負担の軽減、失業、産業合理化、綱紀粛正問題について縦横無尽に欠陥をつき余すところなかった。この犬養総裁の獅子吼は、軍部にも少なからぬ感銘を与え、陸海軍中央部にも多くの木堂信者を生んだのであった。荒木陸相もその一人であった。

第五九帝国議会後においても犬養年来の悲願は行政改革であった。内閣総理大臣として臨んだ第六〇回帝国議会衆議院において述べている。「ソレカラ行政ノ刷新、是ハ詰リ行政機構ヲ極メテ簡易単純ニスルト云フコトガ目的ナノデ、極メテ簡単ニ、極メテ簡捷ニナシテ行ク、サウシテ各部ノ官吏ヲシテ其統制ノ下ニ綱紀ヲ振粛シテ行ク、斯ウ云フ有様デ引締メテ参レバ、上長ノ命令ハ下僚ニマデズットー貫シテ行クト云フ有様ニナルノデアルカラ此大改革ヲ為シテ見ヨウ、此事ヲ簡捷ニスルト云フコトハ各官庁ト云フヨリカ、此官庁ニ接触スル所ノ国民ニ対シテ、多大ノ便宜ヲ与ヘルト云フコトヲ吾吾ハ信ジテ居ルノデアリマス」。

菊竹六鼓による予言

さて、犬養が政友会総裁に就任した時の菊竹六鼓（淳《すなお》）による『福岡日日新聞』（『西日本新聞』の前身）の主張「政友会党首問題解決」（一〇月九日）を見よう。

犬養毅という政治家を常々畏敬していた六鼓は、ただ犬養の七五歳という高齢を云々するが年齢は政治家の資格に関係はない。問題は年齢ではない。その智能、識見、意気、そして健康であると述べ、青年のような気魄《きはく》と、政党政治への純情を称賛した。

「総裁として大政友会を統率するものは犬養氏のほかなしとは、一部のためにするものを除きては、ほとんど党の内外を通じての与論であって、今回の決定はその与論の指示にしたがって、直往邁進《まいしん》したものというべく、各種各様の浮説、流言を伝えられたにもかかわらず、一糸みだれずこの結果をみたのは、さすがに政友会の伝統的精神を遺憾なく発揮したものと称すべきである。」（木村栄文編著『六鼓菊竹淳』一三二頁。以下『六鼓』と略）

「さいわいにして犬養氏は、そのいずれにおいても、少しも老衰の兆《きざし》を示さず、一党の総裁として政戦の巷を馳駆《ちく》するにも、はた一国の総理として国政燮理《しょうり》の大任にあたるにも、なお充分の余力を存する。」（『六鼓』一三三同前）

「明治二三年以来の一貫連綿の衆議院議員として、前後三回の国務大臣、多事多難の幾多の政党領袖、国民あげて熱狂させた憲政擁護の運動者、あるいは、普選の首唱者、として、軍縮の提案者、として、あるいは青年国民の政治的指導者として氏の政治家として、その過去の経歴は、実に悪戦苦闘の連続であると同時に、光彩陸離たる一幅の好画図である。」（『六鼓』一三三同前）

「大政党政友会を統率するにいたれるも因縁はなはだ奇なるに似て、実はしからず、氏が過去の憲政上の功労が、当然むくいられて、氏をこの地に導きたるものとみるべきである。氏に多とするところは、その一世に卓越する識見である。古今を絶するの気魄である。その識見において、気魄において、現代、氏に比肩すべき一人の政治家もない。その意味においてその政綱政策の更新を要求せらるる政友会が、氏を擁して総裁とするをえたるは、いわゆる受難期の政友会をして九鼎大呂《きゅうていたいりょ》〔非常に貴重なもの、重い地位〕の重きをなさしむるものである。」（『六鼓』一三三〜一三四同前）

「しかして氏に一貫するところは、実に火のごとき闘志である。烈々たる抗争の気である。この意味において、在野党として一大政戦を眼前にせる政友会が、氏を拉《らっ》しきたって党首とするをえたるは、真に政友会をして立党最初の精神に燃えしむるゆえんである。」（『六鼓』一三四同前）

優れたジャーナリスト六鼓は、犬養の最期を予言するかのごとき文章で、この論評を結んでいる。この文章は五・一五事件の予言ともいえる。

「犬養氏に対し、晩節をうんぬんしてその総裁たるを阻止せんとするものもある。けれども政治家としての晩節は、あくまでもその政治家として終始し、その使命に斃るるより完《まった》きはない。」（『六鼓』一三四同前）

「あるいはハルピン駅に、あるいは東京駅に、碧血《へっけつ》を流して、最後の一瞬まで、国事に奔走せる二大政治家の晩節ほど光輝にみちたものはない。朝《あした》に総裁となって夕《ゆうべ》に死すとも可なり。犬養氏たるものすでにひとたび総裁を受諾せる以上、内外膽の標的として、発憤努力、あくまでその晩節をまっとうせねばならぬ。その晩節をまっとうするとは、発程がありしごとく、犬養は犬養らしく戦うて戦いとおすことである。」（『六鼓』一三四同前）

犬養の晩節は、このとおりの最期を遂げた。であればこそ、犬養が凶弾に倒れたとき、他の大新聞が鳴りをひそめた中で、『福岡日日新聞』において六鼓は犬養のため、国のために、悪辣《あくらつ》無頼の軍部と堂々一戦を交えたのである。

なお、犬養政友会総裁が、鹿児島市で開かれる政友会九州大会に出席のため、福岡通過の折、六鼓は、大分大会以来初めてのことなので表敬のため久留米まで同車して、犬養と対談の機会を得た。そして車中の雑談を六鼓が整理したのだが、一ジャーナリストの質問にも真摯《しんし》に自己の所信を話しており、彼の高い見識を知ることができる。そのとき六鼓は、「私どもはいかに国民を指導すべきでしょうか」と質問した。これに対して犬養は、しばし黙してのち、次のように言った。

「日本の政治も経済も、明治維新以来久しい間、自然の発達に放任せられた。久しい間、自由に発達し来った。今日はその自由、自然に発達し来った政治なり経済なりの組織に対して、整理をほどこし政策をほどこすべき秋《とき》である。そこに産業の合理化もある。政治の刷新もある。それにはつねに目を大局に放って、大所高所からここぞという見据えをつけて、その大方針にしたがって政治をし、指導をせねばならぬ。」（『六鼓』四〇九頁手記）

「現内閣には（すべて内閣には）なんら大局の見識がない。高所に立っての打算がない。ただ、事務家ばかり、事務すなわち政治と心得ているから、そこに何か問題があればそれの手当をほどこす。ここにことが起こればそこに手当をする、というやり方である。それは事務であって政治ではない。ドイツがやはり日本のごとく、自然に発達した経済組織がはなはだ面白くゆかなかった。それでも平常時にはどうすることもできなかったが、戦後、ことに国家の危急存亡の秋《とき》に際会して、はじめて全国民一致協力して経済界の組織の立て直し、いわゆる産業の合理化を行った。

日本の現状が日一日悪化しつつあるのは真に憂うべきであるが、しかしそのためにちょうどドイツのごとく、全国民、力を合せて時局の救済に当たるならば、事かならずしも憂うるを要せぬ。」（『六鼓』四〇九頁手記）

犬養総裁をとりまく内外の情勢は、まことに容易ならぬ事態であった。六鼓は五月一〇日に「議会政治の信用と新聞」で述べて、「ファッショ運動説が近来公然たる報道としてしきりに伝えられる。もし、軍部を挙げて、それらの運動に狂奔すというならば、ファッショ運動なるものが、ファッショ運動らしい特異性をもって、相当に有力なる運動となることを想像しえられぬこともない」（『六鼓』一八五頁、「議会政治の信用と新聞」）。当時の情勢をかなり正しく把握していたことが分かる。

犬養内閣成立と同時に軍部およびこれを支持する勢力の既成政党排撃、政党政治否認の国家改造運動に関する風聞が出ていたことである。犬養内閣の無策を主張したものは実にこのあたりから出ていたのである。もうすでに犬養の倒閣運動がはじまっていたと見てよい。

六鼓は、軍人の政治関与に鋭いメスを入れた。「軍人は政治に携わるべからずとは、明治大帝の勅諭に背くがごときは、とうてい想像しえざるところである。事実において、軍人が政治に関与することは、それが国家の患害であるばかりでなく、ただちに国軍の混乱破滅に終ることは、掌《たなごころ》を指すよりも明白である。心ある日本帝国軍人が、かくのごとき愚をあえてすべしとは、われわれの断じて信ぜざるところである」（『六鼓』一八五頁、論説）。信じたくはなかったが、日本の歴史は六鼓の言葉どおりとなり、軍部が日本を破滅に導いた。

3　風貌、囲碁、書道

絶倫の風貌
——三人の評

犬養の印象は、なによりも目である。眼光炯炯《けいけい》として射るが如しとは、彼に会った人はみな言う。

慶應義塾時代の二十代からすでにこの目で人を射たものか。これはむしろ天からいただいた目であるのか。三浦観樹将軍は「犬養という男」という文章の中でいう。犬養の面《つら》を見ろ、怖い奴ぢゃないか。ところが此頃では、元からではあるが段々気品が高くなって来た、龍のやうな顔になってきた。

眼の着け処が大きくなってきた証拠だ。看板に偽りなしだ。毒舌を振廻さなくなったのも此処だよ」（『木堂傳』下、四八六頁）。

中里介山《なかざとかいざん》も「絶倫の風貌」という文章でいう。「実際犬養という人は、その面魂からして当代絶倫の超凡な英雄味を持ってゐる。精悍なれども迫らざる處があり、人を喰い尽していながら軽薄な所がない」（『木堂傳』下、五二二頁）。

人々にこういわせるのは犬養の眼の輝きである。総じて偉人と呼ばれた人に共通の風貌は、「威あつて猛からず」である。犬養もその一人と言ってよいであろう。こういう風貌は古今東西めったにあるものではない。

中江兆民は犬養を評して言う。この兆民の犬養評はまことに的を射ている。「犬養木堂、其状貌を相るに精悍の気盎然《おうぜん》外に溢る。是れ定めて胆気有る可し。其目光炯々《けいけい》たるを以てすれば、是れ定めて機智餘有る可し。然《しか》り而《しか》して其の自由党と相追遂する。動《やや》もすれば、先を制せられて、未だ大《おおい》に気を吐く有らず。惟《おも》ふに其人や、余りに東洋的に、餘りに三国志的にして、事を事とせず、寧《むし》ろ書眠以て三顧を待ち、蝨《しつ》を捫《もん》して＊主人を驚かすを喜びて、意地きたなく進取するを好まざる可し。然れども終《つい》に是れ得《え》易《やすか》らざる才なる可し」（中江兆民『一年有半』。＊蝨《しらみ》をひねって人の話を聞く、あたりかまわず無頓着なること）。

犬養の容貌は若いころから晩年になるほど次第に凄味を増してきているが、これは、その容貌を変えるというよりも、むしろこれを陶冶し改良してきたといえる。しかもそれは、彼の生来の素質に磨きをかけ、一層の光を加えたといえるものである。まさに精神の修練によるところが極めて大きい。しかも、彼の場合、その演説の身振り、その声、その切れ味鋭い言葉は、天下一品というべきものである。古今東西、比肩するものはないと言ってよい。この声、この言葉で政治を論ずれば、臥龍《がりょう》が雲に乗る概があった。犬養が獅子吼したのは、何といっても議会壇上においてであった。

犬養の棋風

犬養の風貌は天下を取る人の相であることは、彼の趣味たる碁の打ち方を見てもそれが分かる。『棋道』大正一三年一〇月号には、岩佐銈六段と対戦し、勝利した棋譜が掲載されている（次頁）。その詳細までは述べないが、着眼大局、着手小局という言葉がよくあてはまる棋風であり、トップダウンでまず大勢を考え、さらにボトムアップで細いことを極めていこうという姿勢である。

なお、古島一雄の碁は、犬養より強かったようであるが、犬養の棋風について言う。「政治家仲間に犬養より碁の強い政治家は何人もいるだろう。だけど彼ほど碁品がある碁を打つ人はいない」。形が極めてきれいで、とても姿が良く、筋がいいのである。碁の形の美しさは、幾何学的思考、図形的感覚が秀れていた証左である。カンとか漠然とした感覚は生得のもので、誰にでも備わっているとは限らない。犬養の碁の美しさは、それが単に碁だけではなく、彼の文章、彼の演説、彼の日常会話すべてに表れている特徴だからだ。彼の生涯を彩るのはこの形式美である。

また俗説であるけれど、碁打ちに肥満の人は少なく、痩せている人が多いという。犬養も痩せていた。名人も対局すると二、三キロ痩せるというが、犬養も伊豆長岡で一日三回温泉に入れと医者に言

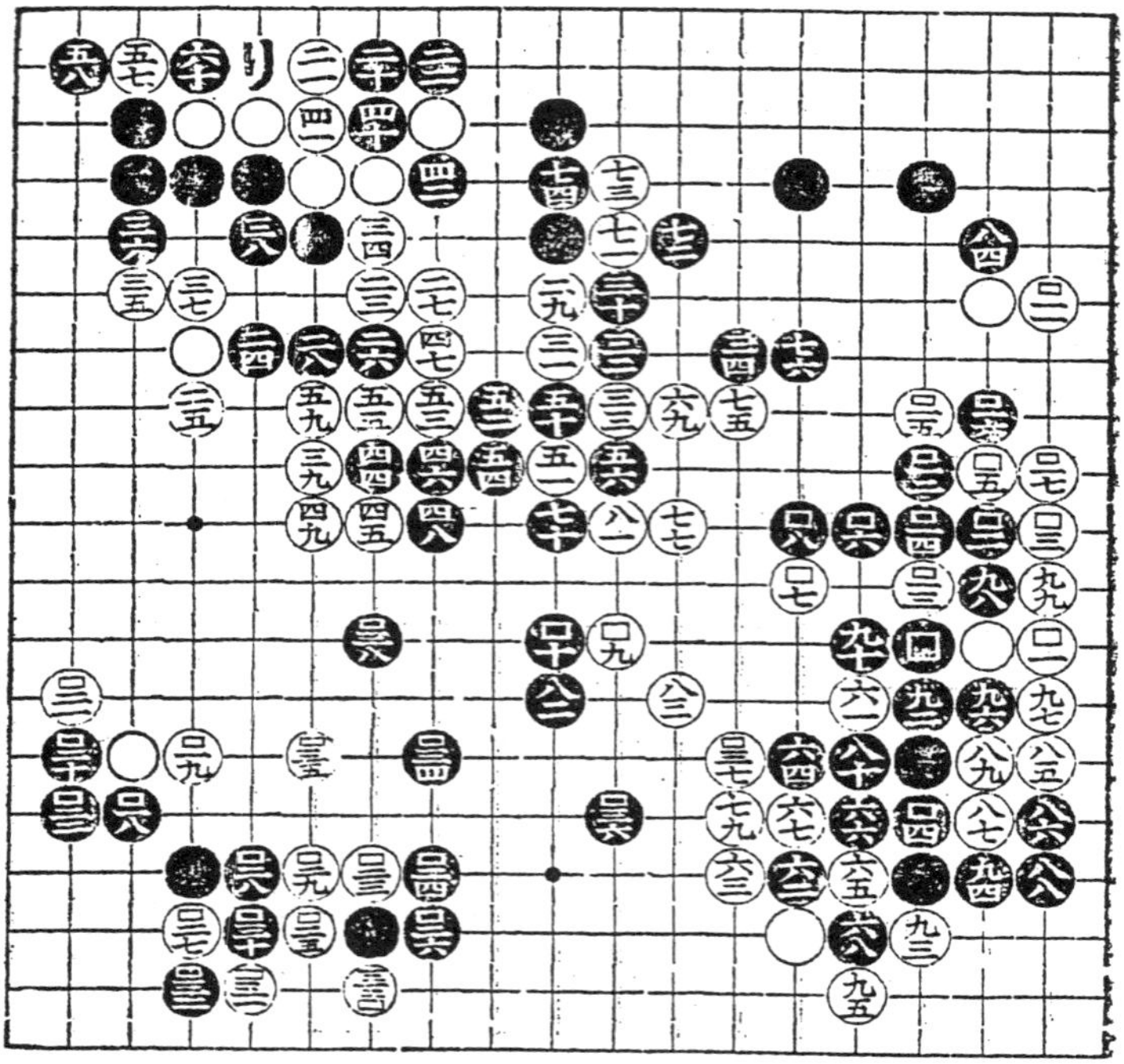

岩佐銈六段との対戦（『棋道』大正13年10月号，より）
四子：犬養木堂，白岩佐銈六段　138手完黒中押し勝ち

われていながら、温泉にも入らず朝から晩まで盟友の古島一雄と碁を打っていて、ドクターストップがかかり、夫人からひどく叱られたという。

伊豆長岡を訪れた際には、頼まれていた沢山の書債《しょさい》を片付けようと揮毫の筆を執ることはなかった。それよりも何よりも碁が三度の飯よりも好きだったからである。

木堂と蒼海の書風

さて、犬養の書もまた彼の人格をそのまま表象する高い書格を備えている。能書家として名の通っている政治家は、犬養毅（木堂）と副島種臣《そえじまたねおみ》（蒼海《そうかい》）の二人あるのみである。明治という時代を象徴する二人の政治家は、専門書家の習気《じっけ》を禅脱した風格を備えている。

ここで副島種臣を紹介しておこう。明治時代の政治家、佐賀藩士の家に生まれ、藩校の教授、維新後、明治政府の参議、外交界で活躍、宮中顧問官、枢密院議長、内務大臣、号を蒼海、一々学人といい、明治三八年（一九〇五）没。享年七八歳（一八二八〜一九〇五）。碩学であり、詩人、南洲翁と軒峙する元勲の一人である。彼の書の真価は永くうずもれて認められなかったが、昭和三〇年（一九五五）の『墨美』副島種臣特集号で世に広く知られるに至った。

これに対して犬養木堂は、副島より政治家として華々しい活動をしたので、その才筆も多く世に残った。二人は同じ七八歳で世を去ったが、明治という日本の興隆期を生きた蒼海と、昭和という日本の激動と衰退期を生きた木堂は、まさに政治家として対蹠的な立場に立っていた。

犬養は、政治家として大きな功績を残したが、一介の政治家ではなく儒学に深く、英書を読み、書

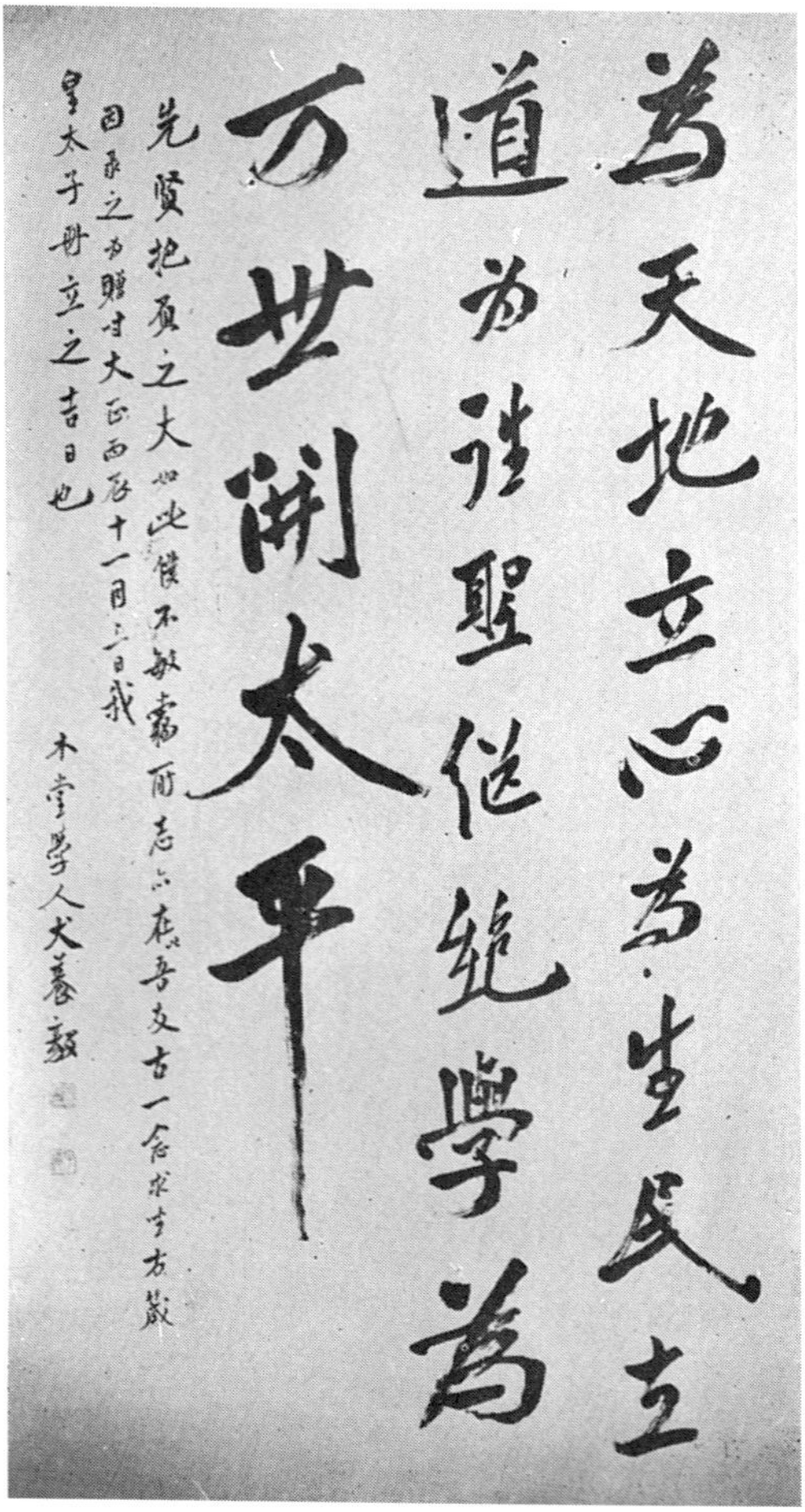

犬養の書（堀江知彦『書の美しさ』より）

この書は、大正五年（一九一六）昭和天皇が皇太子に冊立される日に、六二歳の犬養が知己古島一雄の求めに応じて贈った彼の座右銘の軸である。完成された彼の書風と見ることができる。中国（宋）の道学者張横渠《ちょうおうきょ》の語である。

「天地の為に心を立て　　生民の為に命を立て
往聖の為に絶学を継ぎ　　万世の為に太平を開く」（訓責小林）

なお、落款の添書に、「先賢の抱負の大は此の如し、不敏我が志す所此に在り」とあり、犬養の平生の心願もまたここにあったことを知ることができる。

にも堪能で、文人としても大成した人であった。

書は犬養にとっては余技であったが、仔細に見ると技巧もある才筆で、蒼海とは対蹠的で、一点一画が書を形成する合理性に立っている。その点、蒼海より理解しやすく、口あたりもよい。その点彼は専門書家に近いが、習気がみじんもなく、峻険極りないその筆力と痩鉄のような姿態がかもし出す異常な緊張と清澄な美しさがそこにはある。稜々たる気骨、侵しがたい品格をかね備えていて非凡である。

前人には類のない鋭利な感覚である。強いて求めれば、張廉卿や宮島詠士というところであるが、彼らに傾斜した形跡はない。彼は「常師なし」と言っていた。木堂は、特に顔真卿を避けたというのもよく分かる。晩年には黄山谷に張興を加味した風がある。そして米芾《べいふつ》と趙子昂《ちょうしこう》を好んでいた。木堂は、万巻の漢籍に親しみ、筆硯紙墨の文房具にいたるまで精密な鑑賞を怠らず、それらの深い学問と高い見識は『木堂翰墨談』四巻に凝縮している。

書道の極致について犬養はいう。この文章に犬養の学書の本意を見ることができよう。

> 書の巧拙は、技術に属し、品格の高卑は天分に属するのである。運筆が如何に巧でも技巧が如何に妙でも品性の卑き人には品格の崇高なる文字は出来ぬ。之に反して、如何に品性が高尚でも、技術を学ばねば品性を写出することが出来ぬ。
>
> 書道の極致は、心霊の問題である。一点悟入の処がなくては、只筆墨の技術に終り、何の妙味も

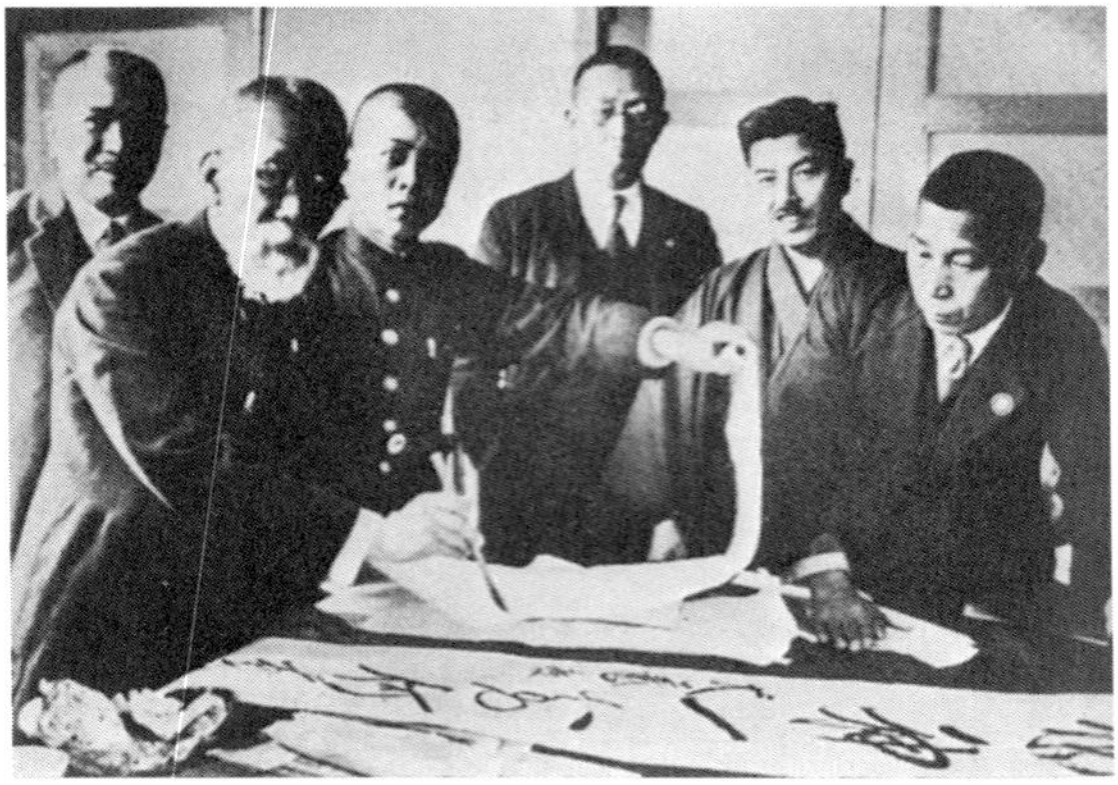

揮毫中の犬養（昭和５年１月）（『木堂先生写真傳』より）

無い、道学の大家や高僧知識の書に一種の気韻があるのはこゝである。

　弘法大師の飛白や、漢字に梵字の筆法を交へたるなどは技巧に属するが、更に技術の範囲を出でたる気韻は其本領の表現で、常人には出来ぬ。伝教大師の書は、平々坦々の間に崇高偉大の気象があって、真に其人を睹《み》るが如き感がある、書道の極処は此である。

（「木堂翰墨談」巻一、書談、一二二頁）


　議会開会中の彼は、新聞記者に取り囲まれて談論風発しているか、揮毫《きごう》をさせられていたかのいずれかだった。登院中の犬養は、求めに応じて書いたので、多くの書があちこちに残された。出来のいいものも、そうでないものもあるであろうが、彼は『墨場必携』などを見ながら書いたのではない。すべて頭の中にある漢詩や、五言律詩をたちどころに書いた。次から次へ差し出される半折に、尽きることなく違う文句を書いた。彼の脳の引き出しから、あたかも物を無雑作に取り出すように臨機適格な文句がするすると引き出されてきて止まるところがない。特別強い頭脳と、長い間の漢学の修業がものをいったのであろう。まさに偉観としか言いようがない。集った大勢の人たちの注文に、会議の合間をぬって短時間に仕上げる芸当に、人々は目を見張ったのである。

第七章　犬養内閣の成立

1　真の普選を目指して

さて、不完全とはいえ大正一四年（一九二五）五月、衆議院議員普通選挙法公布となったが、次に登場するのは選挙制度の問題である。昭和四年（一九二九）の田中義一没後に犬養が立憲政友会総裁をあっさりと引き受けた背景に、犬養が政治と金という永遠のテーマに勇敢に立ち向かったことがある。

金のかからない選挙制度とは

犬養は、日本初の生命表を作成した東京帝国大学教授の数学者藤澤利喜太郎《ふじさわりきたろう》とは昵懇《じっこん》の間柄であった。藤澤は、数学者でありながら大正一四年（一九二五）に「通貨の価値の変動及び長期賃借の決済について」という経済政策に関する論文があり、昭和三年（一九二八）には『総選挙読本』を出し、昭和七年（一九三二）には『選挙法の改正と比例代表』をまとめ、比例代表制について一家言をもっている幅広い学者であった。

藤澤が犬養と知り合いになったのは、明治二一〜二二年（一八八八〜八九）頃に朝鮮の亡命者金玉均《きんぎょくきん》の仮寓においてであったという。「犬養氏と余の長い間の交際は主として碁敵とか、漢籍上の示教とか、犬養氏得意の硯に関する知識の開陳といふやうな極めて清楚閑雅のものであった」（『藤澤博士遺文集』上巻、四五〇頁）。いわば二人は清遊の間柄といってよかった。しかし晩年、犬養が政友会総裁となってから、二人の間柄は、俄然、現実政治の渦中に投入されるようになった。比例代表制がその機縁である。

遊説途中，汽車の車窓から見送りと話す（『木堂先生寫眞傳』より）

犬養は政治に金がかかることは百も承知していたが、この悪弊を何とか根絶したいと常に考えていた。清廉潔白で一九回の連続当選を果してきた犬養にしてみれば、選挙に金がかかりすぎることに何とか歯止めをかけたいと胸中深く期するところがあった。経済学者犬養は、経済原則どおりに政治が動かないことにいらだちを感じていた。合理主義の鉄則から言えば、政治と金ほどこの鉄則を無視しているものはなかった。経済を動かすものは政治である。

政治は法をつくる。その法は、経済の上部構造であって、経済は、あくまでも法の下部構造である。

法の究極にあるものは政治であることを知りつくしていた犬養は、まず、選挙に金のかからない方法を模索した。その中から浮かんだのが大選挙区比例代表制である。

常に少数党を率いてきた犬養が、少数代表の一方式たる大選挙区制に賛成であることは当然であった。また少数代表の趣旨で比例代表を主張するならば、これも異とするに足らない。

さて、藤澤利喜太郎に宛てた昭和四年（一九二九）の犬養の書簡を見よう。

拝啓　山荘にて負傷以来南洲庵の例会にも闕席の為め久しく拝晤《はいご》を得ず御承知の通り党中の事情不得已隠遯の老人を引出され終に還俗致候に付ては年来の愚見をも党の主張と致度其の中最も必要な選挙法の改正に着手致度と存居候

右に付老台の教を請ひ度近日御面会致度候　小生目下負傷後の保養中に候得共二十五六日頃迄には帰京の筈に候間御含置被下度候　近来政界の腐敗は種々の原因あれど選挙に関する弊風は其原因の一要目に付先づ之に着手致度と苦心中に候書余拝晤を待つ　不宣

犬養　毅

藤澤博士　梧下

十月二十三日相州湯河原天のやにて

一〇月二三日の書簡で、「近来政界の腐敗に種々の原因あれど選挙に関する弊風は其原因の一要目」

であり、これを打破する方策に苦心していたのである（『木堂傳』下、六二七頁）。
犬養からの書状を受けとった藤澤は、前年（昭和三年）末に出版した『総選挙読本』を早速、犬養の東京宅へ送った。帰京してこれを披見した犬養はただちに次の手紙を藤澤に出している。

拝啓
今日湯河原より帰来御恵寄の総選挙読本落手致候　読了の上更に高説承り度政友会には原敬以来小選挙区論にて固め来りしものに付　之を纏るには幾多の努力を要すべく　小生は是非とも其の迷夢を摧破致度苦心中に候
民政党も同様のものに候得共只党略上政友会の挙動次第にて之に反対の主張を為さんとするに過ぎず
普選には元来が両党ともに絶対に反対し来りたるも大勢に圧せられて渋々に普選法を提出したるものにて真の普選の精神には尚ほ反対のものに候、因て小生は真の普選に漕ぎ付ける決心に候間是に付ての高見を承り度き意味に候其の他にも理想的愚見あり出来る丈け遂行したき決心に候御諒察可被下候
実は匕《さじ》を投げて隠遯して居たる身に候得共右の決意を以て還俗したる次第書余拝晤に可委候　不宣

犬養　毅

藤澤賢台
十月二十七日夜

犬養が政界引退を表明して隠棲していた信州白林荘を出て湯河原の天野屋に投宿静養中、森恪に説得されて政友会総裁就任を快諾したことが、彼のいう所謂「還俗」である。犬養が政界に復帰したそもそもの動機は、選挙に金がかからないようにしたいという一念であった。もしそれが実現したならば、わが国の憲政発達のために生涯を捧げてきた犬養にとって、まさに晩年を飾るにふさわしい、宿願と言えるものであった。

昭和の日本は激動と転換の坩堝《るつぼ》に投げ込まれた。深刻化する経済恐慌、破滅的な農村の状態、中産階級の没落、知識階級の失業、膨大な産業予備軍の発生など数え上げればきりがないが、その中でも犬養の言う政界の腐敗と堕落が極点に達していた。

とくに数ある疑獄事件の中で最も破廉恥で大掛りな五私鉄疑獄事件の被告は、政友会の副総裁をもって任じた鉄道大臣で、かつて司法大臣を務めたこともある人物であった。

選挙に買収はつきもので、総選挙ごとに千数百人もの選挙運動員が起訴されたが、それでも大物には手も触れられず、当選してしまえば、多くの代議士は利権漁りに憂き身をやつし、政党は党利党略の前には国家を顧みず、ただ政争を事とする状態であった。当時の新聞は、野次と蛮勇の修羅場となった議場の姿を華々しく報道した。議会と政党に対する国民の信頼は大きく失われたのであった。

二大政党制を唱える

ここで日本近代史にみられる二大政党を目指す動きを振り返ると、まず福澤諭吉が説いた二大政党制が挙げられる。福澤諭吉は、明治一二年（一八七九）八月出版の『民情一新』において、イギリスに見られる二大政党制を入れて秩序と改革を両立させる必要を、また『福翁自傳』においては、西南戦争後の平穏の時代に国民の弛緩を引き締めるためという福澤独特の発想として二大政党による「政権交代論」を展開していた。

福澤門下の犬養は、師の衣鉢を継いで、革新倶楽部を率いて「政権交代論」の先駆けとなって獅子奮迅の活躍を開始したのである。

たしかに国民の弛緩を打破するには政権交代にしくはない。福澤が自ら「思付」と告白している一片の論説が、よく天下の人心を動かすのに与《あずか》って力があったのである。はたして『報知新聞』の社説に掲載された文章は、多少の字句を修正して福澤の文章のクセをわざわざ消したものだ。そして連続して出したこの社説の反響は大きく、ついには地方の有志者が国会開設請願といって上京してくる有様となってきた。これは明治一二年（一八七九）七月二九日から八月一〇日頃までの論説だったが、この新聞の論説が「今の帝国議会を開く為めの加勢になったかと思へば自分でも可笑しい」（『福翁自傳』同前、二四八頁）。

要するに二大政党となれば、国民の目を政治に向けて、決して退屈させないことにあった。そのためには、政治当路者の新陳交代をして、「頓に失路の人を見るは、恰も人民の為に落馬落車雪に倒るるの一興を催ふものにして〔中略〕其政府に直接間接の関係ある者以下の衆庶は、大抵皆これを悦ばざる者なし。是亦政府の永続を妨げて其改革に故障を減ずる一種の事情なり」（「民情一新」同前、第五巻、五〇頁）と言っている。民衆というものは当路者の微小なる欠陥をもことごとく自己の享楽の小杯に盛る。これはむしろ人情の然らしむるところと福澤は言う。政権交代自体が一つの大きな変化である。無聊《ぶりょう》に苦しむ民衆は、右に行くか左に行くか、その進路選択への一つの指標として、普通選挙制は焦眉の急であった。

中野正剛がかつて犬養邸に出入りしていた頃、犬養は新聞記者に対して、「イギリスの政党は政策で争ふから、政策が一致すれば、提携も出来るが、日本の政党は、政権争奪のための団体であるから、それを一緒にしようなどといふことは無理だ」と語ったことがある。

犬養には二大政党制のもとでの政党政治という理想があったが、この理想は死ぬまで見守り見失わなかった。

二大政党時代を夢みた犬養に一つの実例がある。明治二九年（一八九六）、松隈内閣の成立時、大隈重信と松方正義を結んで、薩摩と進歩党を提携させた人物は犬養だった。表舞台に立たず脚本を書いて演出をして舞台廻しをやったのは犬養である。ここに二大政党制を狙った犬養の理想が背景にあった。つまり大隈と松方を結びつけて長州と自由党を向うに廻して、政界を真二つに割れば、実質的には二大政党の対立と近い構図にもちこめると踏んだのだ。

それにもう一つ彼の心性の根本には藩閥打破があった。もし政党が自由党とか進歩党とか内輪もめをしていたのでは、結局、藩閥にえさを与えて彼らをふとらせるだけだ。そこで、自由党が伊藤内閣を援助して長州と握手する。そして一方の進歩党は薩摩をたすけて大隈と松方を結びつける。つまり薩・長という藩閥と戦う戦略だったのである。

藩閥を打破しない限り、政党も議会政治も発達しない。そもそも議会政治は、イギリスのように、二大政党が政策をかかげて丁々発止の政策論争をやって、交互に政権を担当してゆくものである。福澤諭吉も晩年唱えていた理想を犬養は実践に移そうとしたのである。

何の方針も、政策もなしに顔ぶれだけの足し算だったらやめた方がよい。犬養はそう考えたから、自分が組閣するときは、一部の陰謀政治家の様々な策動を排して、急速に単独内閣を作ってしまった。これは世上には清涼な印象を与えて好評で迎えられた。

さて、犬養の藤澤に送った昭和四年一〇月二七日付書簡には「真の普選」という言葉が見られるが、これを実現する方法として彼の胸中に浮んだのが、大選挙区比例代表制であった。

大選挙区比例代表制

昭和六年（一九三一）一二月一三日に犬養内閣が成立したときに、犬養は時を移さず大選挙区比例代表制を目標とする選挙法の改正を企図した。選挙に金がかからないようにするため比例代表制を採用しようとしたのである（『木堂傳』下、六三〇頁）。

そもそも、選挙制度改正の一つの眼目は、「政党本位」の選挙を実現することにある。中選挙区制が、個人後援会中心の選挙となるのに比べ、個人の候補者にではなく政党そのものに投票する方式がとれる比例代表制は、「政党本位」の実現に最も有効な制度である。「民意の正確な反映」という点からも世論の政党支持率を議席の多寡として映しだす点で、これ以上の制度はない。さらに、犬養の最大の狙いである金がかからない選挙を目指す上でも、また、地域への利益誘導や個人後援会の組織化を必要としないという点で、この制度は有効である。一方、政党の地方組織、地域活動を活発化させるという効用もある。政党の活動や選挙運動の費用を公費で負担する選挙公営を徹底させる方法もとりやすい。*

* こう見てくると、何から何までいいことずくめのようであるが、そうばかりとはいえない。政権交代できるような野党勢力がはたして育ちやすいか。小党分立が加速されて政局が不安になることがまず考えられる。また、小選挙区制の最大の特徴は、政党や政治家に対する有権者の審判が、厳しい形で表れることである。一選挙区制の定数は一であり、イギリス、アメリカ下院、カナダなどで採用されている。一方、中選挙区制は、選挙区の定数が原則として三〜五の選挙制度で、日本では大正一四年に導入され、昭和二〇年の戦後第一回総選挙で大選挙区制が採用されたのを除いて近年まで四三年間にわたって続いていた日本独特の制度である。この制度の欠点は、金がかかりすぎること、党内派閥発生の原因になること、政策本位の選挙になりにくいこと、政権交代勢力が育ちにくいことである。同一選挙区に党内から複数の候補者が立つので、政策より個人の後援会組織の争いが中心となり日常活動に膨大な金と利益誘導がからんでくる。当然それは派閥を助長させる。一方、野党は同一選挙区に同一野党が複数候補者を立てるのが難しいため、政権交代はそれだけ困難となる。かといって小選挙区制なら金はかからないかというと決してそうではない。明治二二年からの一一年間と、大正八年からの六年間の総選挙が、犬養の言うようにいずれも金権選挙だった。小選挙区制にしたからといって候補者の後援会組織の争いも派閥間の争いも、すぐになくなるわけでもない。

犬養は昭和七年（一九三二）一月二一日に第六〇議会を解散し、二月二〇日の総選挙犬養の政友会はで大量得票を果たし、三〇四人当選という大勝を果たした。このとき議員定数四六六名、中選挙区制で三人区五三区、四人区三八区、五人区三一区、単記・秘密投票であった。しかし、その後の中選挙区制は、政策そっちのけの泥仕合、金のかかる選挙になりがちだと極めて評判が悪かった。

話を犬養に戻すと、彼が普選に踏み切ったのは、原敬が小選挙区制を成立させたときからである（公布日一九一九年三月二六日）。炯眼な犬養は「小選挙区ではこれから先、十年は原の天下であることを覚悟しなければならぬ」と言った。しかし、それから間もない大正一〇年（一九二一）一〇月四日、原は東京駅頭で凶刃に倒れ、再び中選挙区制へと戻ったのである。

ところで、犬養の政界浄化の夢は、なかなか実現しない。原が小選挙区制成立の翌大正九年（一九二〇）に第四二議会を解散したが、このときの普選三派の案を見ると、犬養の国民党案が他の党派の案よりも進歩的で徹底したものだった。憲政会は、加藤高明の官僚意識から脱していなかった。

犬養の国民党案は次のようであった。

・選挙権……年齢満二十歳以上とす。納税資格規定は全部削除。
・被選挙権…年齢満二十歳以上とす。
・選挙区制…改正現行法（小選挙区制）の別表通り（略）

しかし、この選挙で国民党は三三人から二九人に減ってしまった。交渉団体二五人の定数まであと四人にまで落ち込んだ。そこで、新政治団体結成への呼び掛けに応じて、大正一一年（一九二二）九月一日に国民党を解党して、革新倶楽部を結成した（一一月）。所属議員四五人。院外からの参加者もあり、名は倶楽部であったが、犬養は隠然たる総裁と目されることになった。

その後、大正一二年九月第二次山本内閣の逓信大臣（兼文部大臣）、さらに大正一三年六月加藤内閣の逓信大臣を歴任して、大正一四年五月逓信大臣と衆議院議員を辞任した。犬養が多年宿願としてきた普選も成立し、護憲の旗幟だった貴族院改革も、曲りなりにも片がついたからである。

犬養内閣が大勝した一九三二年（昭和七）二月の普選第三回の結果は、政友会が三〇四議席（得票数五二七万二六一〇票）、民政党が一四七議席（同三三七万八九二九票）である（『東京朝日新聞』昭和七年二月二三日）。第一回普選（昭和三年二月）のときは、両党の得票数と議席数が接近していた。民政党は得票数で二万票多かったが、議席数は二つ少なかった。第二回普選（昭和五年二月）のときは、得票数に案分すると民政党は一一、一二減らし、それだけ政友会が増すこととなった。多少の不均衡はあるが、我慢できた。ところが前記のような第三回（昭和七年二月）のときの不均衡は誰の目にもはっきりしていた。ここに比例代表制の採用を要求する意味があった。

比例代表は、読んで字のとおり、党派別得票数と党派別選出議員数とが比例するということである。言い換えれば、選挙人の全体に着眼して、代表分布の公正を期するものである。しかし、総選挙の党派別得票数のようなものは、総選挙当日の天候などの原因で増減はまぬがれない。もともと数ほどうそをつくものはないので、目の前の数字に拘泥しやすいのが人間の弱点である。

藤澤利喜太郎は次のように述べる。「党派別得票数と党派別選出議員数との間に、大体において概

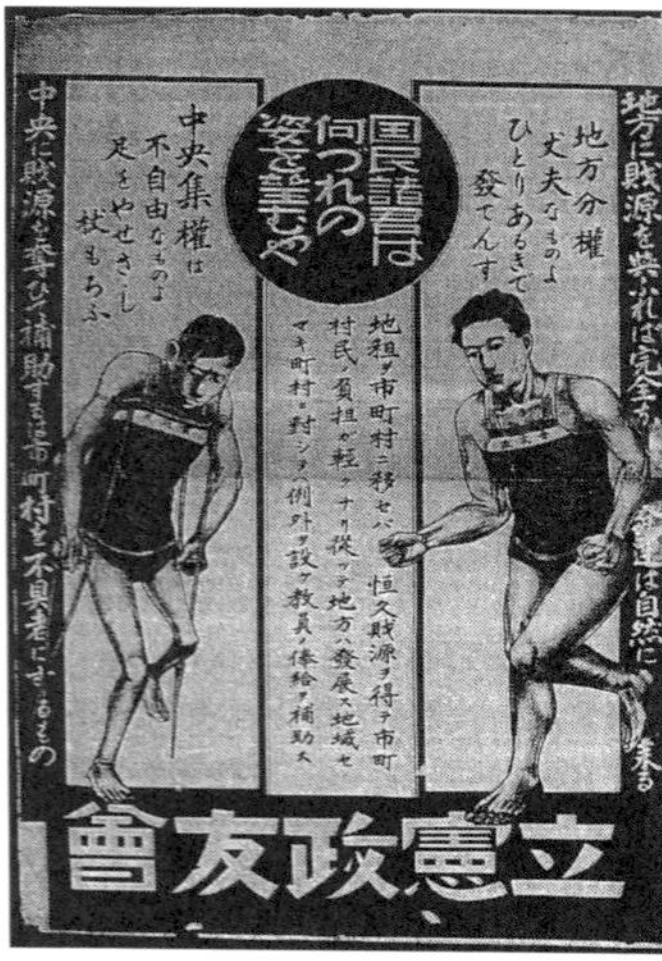

第１回普通選挙で使用された政友会のポスター

括的に案分が成立していればよいのである。結局そこに大なる不権衡が無いことを以て満足しなければならない。否、満足するというよりも、それがむしろ正当である。」（「比例代表」五九五頁）

たしかに、大選挙区制時代（明治三五年～大正六年）では、代表分布上の均衡はよくとれていた。それから、原、清浦の小選挙区時代になってからも、不均衡はなかった。清浦のときは、制限選挙の最終の総選挙であったが、憲政会が少しばかり割りがよくて、そのぶん無所属の割りが悪く、そのほかはすべて均衡がとれていた。

藤澤に言わせると、「実際憲政会の選出議員数を一六人ばかり減らし、それだけ無所属を増したならば、この総選挙の結果は代表分布の見地から見てほとんど理想的であったといってもよい」（同前、五九八頁）というのである。

それから普選の総選挙になり、その第一回から第三回までを見てくると、不均衡が目立つようになり、一方で思想問題がうるさくなり議会政治否認の暴論まで飛び出してきて、これらを緩和する必要があった。そこに議会の安全弁として、少数代表を眼目とした比例代表制が欧米諸国から輸入されて、新聞、雑誌に華々しく登場した。それが大衆から迎合を受けて、当時かなり広がっていたのである。犬養自身もこの風潮に多少影響を受け、藤澤にその真偽につき相談をもちかけていたのである。

勘のよさでは抜群の犬養も藤澤の心境が痛いほど分かる。ただ藤沢はこのとき病中でありったため、その経過を人を介して何回も尋ねている。この二人は阿吽《あうん》の呼吸で、比例代表の話をしてみたいと感じ合っていた。

昭和七年（一九三二）五月一〇日、帝国学士院授賞式の式場で二人は顔を合わせた。これがこの世で会う最後になろうとは神ならぬ身の知る由もなかった。なお、授賞者の顔ぶれは、恩賜賞第四三号「アイヌ叙事詩ユーカラの研究」の金田一京助、同第四四号「深処に発生せる地震に関する研究」の和達清夫《わだちきよお》、他に学士院賞第四七号「本邦乳児に於て屢々見らるる脳膜炎様病症の原因に就て」の平井毓太郎《いくたろう》など、合計七名の授賞者であった。

このときは、現在とは違って天皇陛下の臨席はなかったが、総理大臣犬養毅が主賓の地位にあった。藤澤は、その折に、ゆっくり会談の時日の打ち合わせをしようと思ったが、せっかく忙しい首相と約束して、万一病後の自分の健康状態のために約を果たすことができないようなことがあっては申し訳がないと気付いて差し控えた。両人は目礼程度で別れざるを得なかった。

たとえ約束したとしても、その約束は果たせなかった。この日は、この二人にとって最後の面会の日となった。その五日後に、犬養は凶弾に倒れてしまい、選挙制度をめぐる二人の熱心な討議は永遠に行われないこととなってしまったからである。日本の選挙制度の上でも貴重な時を失った。

2 組閣

運命の曲がり角

犬養が政友会総裁に就任した昭和四年（一九二九）一〇月から若槻内閣が瓦解した昭和六年までの二年二カ月は、日本史の上で、まさに「運命の曲がり角」のスタート地点であった。

経済を見れば、昭和五年（一九三〇）に浜口雄幸内閣の井上準之助蔵相によって行われた金解禁が、これと同時に始まった世界的不況とぶつかって不発に終わり、解禁実行に伴う施策としてとられたデフレ政策の薬が効きすぎて予期以上の物価低落を招き、深刻な不況となって国内には井上財政反対の声がうずまいた。

さらに、昭和六年（一九三一）九月一八日に勃発した満州事変は、陸軍の大陸強硬策に油をそそぎ、ロンドン条約以来くすぶっていた軍部と右翼合体の反保守体制の動きはいっそう活発となり、革新の声高らかに既成政党・資本家的勢力打破の主張が強くなってきた。危機到来に対処するためには、従来の政治体制ではいけない。新体制樹立が必要だという論があちこちで吹き荒れたのであった。

昭和六年という年は、次々とクーデター計画が発覚した。これらは、旧来の秩序を粉砕しようとするものであった。「三月事件」「十月事件」のクーデターは、いずれも武装集団グループの謀議で未発に終わった。政界も「協力内閣」「連立内閣」論が浮上しはじめた。同年一二月一三日に若槻内閣は、組閣以来わずか八カ月にして閣内不一致で瓦解した。

このあとを誰にするかで西園寺は悩みに悩んだが結局、慎重な協議の末、七六歳の犬養毅を昭和天皇に奏請《そうせい》した。

波瀾含みの出発

国民は犬養組閣を好感をもって迎えた。犬養は連立や迎合を排除して、素早く政友会単独内閣を組閣した。七八歳という老軀であったが、福澤諭吉ゆずりの痩せ我慢の精神が組閣後の犬養を支えた。

まず犬養は書記官長に森恪を決めた。これは逆手でうるさいから側においておこうというわけだった。ただ、森恪が呼ばれたのは組閣がほぼ完了するころである。これが森には気に入らない。書記官長たるもの組閣本部の中心であって組織参謀長たるべきなのに、と考えた森には不満であった。犬養内閣は、その成立の当初から波瀾《はらん》含みで出発することになった。これがこの内閣を殺すことになる癌の胚芽《はいが》であった。

大命降下を受けた犬養と西園寺公望
（『木堂先生寫真傳』より）

しかし、この癌細胞を些事《さじ》として意に介さないのみか、犬養は、すこぶる意気軒昂で、自分の内閣で満州事変を解決し、

犬養内閣の閣僚（『木堂先生寫真傳』より）

首相就任を喜ぶ家族たち（『木堂先生寫真傳』より）

さらに対中国問題を処理することこそ最後の御奉公としようと堅い覚悟であった。満州事変に対して犬養には腹案があった。それは、この事変を地方問題として、宗主権には触れないで解決し、国際連盟との協調も維持するというものだった。

満州事変以来、政界は物の怪につかれたように戦々兢々としてただ不安であった。議会政治の危機、ファッショの攻勢、という不気味な黒雲が日本政界の上に重くのしかかっていた。

犬養の意気込みは、あちこちに出た。犬養は四谷の自邸で組閣にかかった。国務大臣の人選については、若槻内閣の閣僚更迭のとき、天皇から「これは刑余の人ではなかったか」という御下問があったことを西園寺は犬養に伝え、とくに閣僚の人選には慎重を期すよう注意をうながした。

中橋徳五郎の内相、大蔵に高橋是清、その介添役として三井忠造の逓信、問題の鈴木は司法、床次は鉄道、山本悌次郎の農林と、それぞれの専門部署につけた。そのほか新人として拓務の秦豊助、文部の鳩山一郎、商工の前田米蔵《まえだよねぞう》、陸軍の荒木貞夫、海軍の大角岑生《おおすみみねお》。外相は一時総理が兼任し、やがて芳澤謙吉を据えた。荒木を陸相に入れたのは、陸軍の意向に押し切られたからである。

書記官長の森はこの組閣の顔ぶれにも不満だった。とくに前田米蔵の商相は不満で、森としては中橋を蔵相、鈴木は内務としたかったようだ。中橋と森とは深い関係にあったという（有竹修二『昭和の宰相』）。この内閣の陣容に不満だったもう一人の人物は久原房之助であった。

陸軍との一戦を覚悟

昭和六年一二月に犬養が組閣したとき、犬養はまず陸軍との一戦を覚悟した。それには、組閣を命ずる前に、天皇が元老、西園寺公望を介して、「軍部の不統制と横暴は深憂にたえない。これを是正するのが急務だ」との趣旨を、犬養に伝達させたことが背景にあった。

犬養はかつて国民党時代に師団半減を唱えた軍縮の先達である。陸軍が快く思っているわけがない。陸軍の中でも宇垣一成は別格で、彼も陸相時代、大幅な師団削減をやり、それが軍部のうらみをかい、のちに宇垣内閣は流産した。犬養と宇垣は大正一四年（一九二五）の第一次加藤高明内閣で閣僚として肩を並べていたし、なにより二人は同郷人で気心の知れた親しい間柄である。犬養にとって陸軍の知己はこの宇垣と、もう一人既述の上原勇作元帥の二人しかいない。

しかし二人ともにあまりに偉すぎ、しかもすでに予備役で、軍への影響力はない。政界とは異なり、軍人は現役を去れば、その政治力はほとんどないに等しいのである。時代は変わり、陸軍の中枢を動かしているのは陸軍幼年学校出身の佐官クラスで、その下剋上は目に余るものがあった。

それが若い将校を増長させ、国民を威嚇する存在となっていった。もともと日本の武装集団には国民に親しみ深く、その気持を代弁する何ものもなかった。この国民との遊離性は、彼らの独善ぶりをますます助長することになった。また、最初のうちは隔離された軍隊、いわばシャーレの中で純粋培養された若い軍人に固有の純粋性と潔癖性とスマートさに国民は、あこがれ、ひかれてついていった。

軍の隔離教育の功罪

犬養内閣の大蔵大臣で、のちに首相となった高橋是清は、エリート軍人の教育について急所をついた卓見を述べている。この発言が二・二六事件の遠因となった。

今要求されている地方幼年学校の増設なんかも、全く無意味と思う。およそどこの職場に働く者でも、その必要とするいわゆる常識は、中等学校で涵養《かんよう》されるべきものだ。現に、陸軍より遙かに特殊な知識技術を必要とする海軍では、中学校から兵学校に進んだ者で、結構用の足りる立派な海軍士官が養成されているじゃないか。

陸軍だけが、普通人の常職涵養所たる中等教育を受けさせず、小学校から直ちに地方幼年学校へ入れ〔地方幼年学校は小学校高等科卒も資格あり〕、社会と隔離した特殊の教育をするということは、不具者をつくることだ。陸軍ではこの教育を受けた者が、嫡流とされ、幹部となるのだから、常識を欠くことは当然で、その常識を欠いた幹部が政治にまでくちばしを入れるというのは言語同断、国家の災いというべきである。（藤村欣市朗『高橋是清と国際金融』下巻、一八四頁）

財界人も、同じ趣旨の発言をしている。平生釟三郎《ひらおはちさぶろう》（東京海上専務・文部大臣）は、陸軍幼年学校の存在を否定し、海軍と同様に中学校卒業生に限り、士官学校に入学させることが必要と語り、これを陸相寺内寿一にも進言した（『平生釟三郎追憶記』九一頁）。常識に富み、狭量でない、一般教養の高い教育の上に立つのでなければ、立派な職業人となることはできない。そのために、幼少の時から狭い専門的領域の中に閉じ込めることはいけないという信念をもっていた。

東京海上社長の各務鎌吉《かがみけんきち》も、次のように述べている。「イギリスでもアメリカでも人物が多い。これに反して日本には人物が実に少ない。比較にならぬうえに英米の人はいざとなれば軍人にでも政治家にでもなれる人が、会社の役員や技師に何ぼでもあり、戦さがすめば、その軍人政治家は再び前垂掛けの商人になれる。わが国のように融通のきかぬ専門軍人や役人上がりの政治家ではいざという時は間に合わぬ。戦争などしても人物が少ないから大仕掛の総大戦になれば必ずまける。また、こんな連中の多いわが国では戦さを起こしやすく、実に危険千万である」（『松永安左エ門著作集』第三巻、五五頁。傍点筆者）。各務鎌吉は、世相の険しくなりつつあった、昭和一四年（一九三九）に死んだが、もし生きていたら、わしの言ったとおりになったと嘆いたに違いない。

のちノモンハン事件が起こった昭和一四年（一九三九）当時、ある日本陸軍の将軍が、「日本軍は敗けないだろう。日本の兵隊さんは強いそうだから」と言って周囲をあきれさせたというが、この将軍も、幼少のころから隔離教育を受けたために、頭の中だけにつめこまれた「神国日本」の兵隊さんのお話しか耳に入らず、このような言葉を口ずさんでしまったのであろう。

従来と異なった政党を目指す

組閣後の昭和六年（一九三一）一二月二四日、犬養は交詢社*の「犬養内閣誕生祝賀晩餐会」で挨拶し、内閣の方針をかなり鮮明に語っている。それが議会壇上ではなく、心おきない交詢社という場所柄が、彼に真率の心情を吐露させたと見るべきである。

犬養は、明治一三年（一八八〇）一月五日に初号を発行した『交詢雑誌』の編集をしていた往時を追想したのちに、次のように語った。

今後の政府の方針に就ては、追々と世間の世評を受けたいと思いますが、夫は交詢社に出て来る事が一番いい方法だと思います。〔中略〕只今の閣僚の内、海陸両相を除く外、皆社員であります故、是等の閣僚が交詢社へ参つたなら、遠慮なくその政策等に就て批評して頂きたいと思います。今日迄の政党が世間から兎角の批評を受けておりますが、是は今迄の政党が唯空念仏に過ぎなかった為であります。私は徒《いたずら》に空念仏を称へず、一つでも二つでも実行を第一とするものでありまして、其点に於て従来の政党と異った政党でありたいと決心して居ります。其意味に於て是非諸君の御後援と云ふよりもむしろ忌憚《きたん》なき批評を希望するものであります。（『交詢月報』第八巻一月号）

＊　交詢社は、明治一三年（一八八〇）一月二五日、福澤諭吉の主唱のもとに、知識を交換し、世務を諮詢《しじゅん》することを目的として結成された日本最古の社交クラブである。明治一四年（一八八一）二月二六日現在の社員名簿に「東京芝区三田四国町五番地大崎幸平方英学者犬養毅」とある。

国家を暗黒より光明に導くこと

犬養が総理になって、昭和七年の正月を迎えたのを祝して、山名次郎は自家栽培の見事な盆栽（犬養も盆栽会員であった）を春の卓上の飾りとして持参し、寸時面会して進呈しすぐ帰宅した。その翌日正月二日に次のような手紙が総理官邸から山名のもとにとどいた。穹蒼老兄とは山名次郎の雅号である。

拝啓

御恵贈の盆栽を雅致のみ鑑賞したる際、今年の新年御題を承り（日夕多忙にて新聞を診《み》ず御題《ぎょだい》も心《ここ》付《ろう》かざりき）老兄の意匠始めて了解し得て欣喜に堪へず、今年は何とかして国家を暗黒より光明に導くこと猶ほ天の岩戸《いわと》の開かれし如く致したき理想に候

盆栽の景は此の意を寓されしならん敬服致候　不宣《ふせん》

一月二日　　　毅《き》

穹蒼《きゅうそう》老兄〔山名次郎〕

この中で天の岩戸の故事を引き、昭和七年こそ清く朗らかな政治を行わんとした理想を述べたが、それから半年も経たずして偏狭なる青年将校の凶弾に斃れたのは惜しみても余りある。

犬養が西南戦争従軍記を書いて以来その文章力をかっていた福澤は、彼を書記役に使った。この頃の犬養を評して、福澤はこう述べている。「藤田や箕浦は私の言うことをそのままその通り書いてくれたが、犬養の云うことはピリッとして辛辣《しんらつ》で、丸でトンガラシの入っている様なことを書く男だった」。（山名次郎『偉人秘話』二九五頁）政界における彼の辛辣な議論は、すでにこのときからあったので、これがまた一服の清涼剤となった。

また、犬養は漢学に深く、剛直で人情に厚い正しい人で、三〇名の革新党の面倒も良く見た、と福澤門下の山名次郎は言う（『偉人秘話』二九八頁）。

根本的行政改革の必要

犬養が行政改革について繰り返し強調したのは、もしこれを万難を排して断行しなければ、真の政党政治の実を挙げられず、その上いまのこの不徹底な

政治状勢では、いたずらに政弊を助長するだけだということである。

現代の百の弊害の根源は、ここに胚胎《はいたい》し、どんなに立派な産業政策を立てても、いまの組織の下では、十分な効果をあげることはできない。国民生活の充実と安定を期するため、この行政の根本的整理をしなければならないとしたのである。

昭和六年（一九三一）の政務調査総会で十大政綱が発表されたが、その第一に「産業五カ年計画」を掲げ、その第一〇に「国政一新を基調としたる制度法規並行政機構の根本的改革」をもってしたのは、首尾一貫してこれを遂行しようとした、犬養の用意周到さを表すものであった。

3　昭和の新政断行

うららかな正月を迎えて、外交に内政に抱負を実行すべく準備をしていた犬養内閣に、思いもよらぬ不祥事件が突発した。

桜田門事件

昭和七年（一九三二）一月八日、新年の陸軍観兵式から戻る昭和天皇の車列が、桜田門に差しかかった時、爆弾を投じた者があったのである。爆弾は宮内大臣の馬車付近に落ちたが、負傷者はなかった。宮内大臣の馬車を天皇のものと誤認したのである。この犯人は直ちに捕らえられ、同年九月三〇日に死刑判決を経て一〇月一〇日処刑された。いわゆる天皇暗殺未遂事件であった。

犬養内閣は即日総辞職を決め、直ちに辞表を奉呈して、勅使は興津にいた西園寺にさし向けられ、西園寺の奉答を待った。

犬養に留任の御沙汰が下った。時局重大の折、留任して政務に当るようにとの優錠《ゆうじょう》を賜り、全閣僚の辞表は戻された。犬養も、全閣僚に優錠の次第を報告し、これを受けたいと述べ、各閣僚も同意して、留任することに決定した。これにより、政局もようやく安定するとなった。

しかし、反対党によれば、この不祥事件は犬養内閣を総辞職に追い込む格好の攻撃材料である。当然ながら、貴族院で柳澤保恵が質問した。すなわち、虎ノ門事件の際には山本内閣が優錠を拝したのに、これを固辞して総辞職を強く主張したのは、当時の犬養逓信大臣であった。しかるに今回の桜田門事件では留任している。その心情の解釈に苦しむ、と迫ったのである。

これに対する犬養の答弁は簡明であった。彼は、山本内閣の時と今日との進退の相違を説くに、「修練による心境の変化」を以てした。当時この「心境の変化」が巷間に広まった。

三〇四名の大政党誕生

衆議院において、民政党は、首相弾劾により気勢をあげようとしていたが、犬養内閣は高橋大蔵大臣の財政演説を終えるや、直ちに第六〇議会を解散してしまった。そして日比谷公会堂での犬養の大獅子吼などもあって、二月二一日の総選挙の結果、絶対多数の三〇四議席を獲得した。最全盛を謳われた原敬時代の政友会を大きく上回る成績が出るとまでは、人々も思わなかったであろう。これは犬養にとっても、わずか三〇名足らずの小会派で苦杯をなめていた昔を思えば、まさに隔世の感があった。犬養に対する国民的信望と、もう一つは満州事変の無軌道な事件拡大に不安をもった国民が、多年の主張どおり犬養が、軍を抑えて災禍を最小にしてくれることを期待したのである。

内閣が多少落ち着いたかと思うと、上海事変がおこり、出兵問題でもめ、高橋蔵相は荒木陸相の出兵要求を蹴ったので、荒木は苦境に立った。森と荒木は高橋の自邸まで行って説得したが、高橋は耳を貸さず、「上海になぜ兵を出すのか、一体上海に何人の日本人がいるのか。どうしても工合が悪いというのならば、皆引き揚げて来ればいいではないか」と言って、森が間に立ってやっと予算をとった。高橋は森を子供扱いにし、はては野蛮人呼ばわりした。これが後に高橋に対する軍の恨みを増幅させ、二・二六事件での高橋惨殺の背景となった。

総選挙大勝を聞く犬養内閣（『木堂先生寫真傳』より）

犬養が殺されたのも高橋と同様、軍の逆恨みであった。犬養の場合は、それに右翼が加わって軍の反撃はいっそう強くなった。記者団との雑談で、「右翼、右翼といって、動いているのがいるが、毎夜のように、白足袋をはいて待合へ行っているではないか。俺達の若い時分には、草鞋《わらじ》ばきで活躍したものだ」と語り、老宰相の意気壮《さか》んなのに首相官邸づめの記者たちは感心した。

陸軍と右翼勢力の反内閣運動に共鳴し、これと相通じていた書記官長の森は、革新政治の必要を老首相に説いたが一向に相手にされない。森の昂奮、激昂、「東亜建設」の気焔《きえん》のあげくの辞表提出、これらに対して、不撓不屈の犬養は動ぜず、「何を興奮しているのか」と冷やかに笑った。森はますます歯ぎしりした。

この点は、若い頃から鍛え上げた老政客の面魂は敬服すべきだった。しかし当時の政局を支配しようとしていた右翼傾向のテンポと軍の暴走に対して、犬養往年の大芝居はやや大時代の歌舞伎調で、時代錯誤の観なきにしもあらずで、万事が間に合わなかった。

しかし、なお今日われわれは、犬養暗殺の原因について腑《ふ》に落ちないところがある。それはもし、犬養内閣が続いていたならばどんな政治をしていたか。事実、経済の方面では、金輸出再禁止後の日本経済は、解禁による財界のあく洗いと、再禁後のリフレーション政策によって、しばらくは順調な推移をたどったのである。

これは、高橋蔵相の老練な技巧の賜《たまもの》であった。高橋は金解禁の政策を一変したが、それによる急激な変動は極力避けて、万事慎重に通貨政策を進めた。経済は、高橋の巧妙な通貨政策で、通貨の補充、金融の緩和、低金利誘致に力を注ぎ、いずれも産業への助力を狙ったものだった。一方では通貨の発行を放漫にして目前の効果を急ぐことを戒めるという老練にして見事な施策を打った。経済の方は復興したから、あとは政治の最後の旗手犬養の手腕によるほかはない。

第六一議会後、第六二議会前（四～五月）、政界の一部で犬養内閣の無力が伝えられ出した。三〇四名の与党政友会なのに何も出来ぬ、何事もやらぬ、第六二議会後七、八月には引退するだろうという説を流してやがて政党政治否認の前提としようとした。はたして犬養内閣は無力で何もやれない内閣か。この誤った宣伝はどこから流れたのかを詮議するよりも、事実を検討することである。

犬養内閣は、第六二議会後、引退するどころか、むしろ陣容を一新してその経綸を行う準備に着手しようとした。来るべき通常国会をまってこれの実現を期し、政党政治の真意義を発揮しようとする凛乎《りんこ》たる意気と厳然とした決意とをもっていた。

犬養の経綸と施策

犬養内閣成立当時の国情は、内外いずれも行きづまりのどん底であった。浜口内閣以来の党利党略本位の政治をやったために、政党に対する国民の信頼は地に落ちた。したがって浜口内閣以来の失政の後始末に大わらわであった。

犬養のやったことを見てみよう。まず、単独内閣で政党内閣に千鈞《せんきん》の重きを加えたこと。組閣即日、前述のように金の輸出再禁止の断行、議会解散によって天下に信を問うたこと、総選挙直後、議会を召集して満州事件費の協賛要求、いずれも難局に対する応急処置として迅速に行動したものである。これらは、財界の救済をはかり、国民生活の極度の圧迫と不安をとりのぞく応急策であり、とりあえず洪水を防ぎ、大火を消したのである（『木堂傳』下、六六九頁）。これらの実行は、何もやらず、何事も出来ぬという風評を吹きとばした。産業立国と地方分権とは政友会の主張の根幹であり、二枚看板である。産業立国は、そもそも犬養年来の主張で、これを政革合同の際に政友会が政綱に取り入れたものである。

犬養のあとの斎藤実内閣による第六四議会の無為緩怠の有様と比較してみると、その相違は明らかであろう。斎藤内閣は、その首相の性格を反映して、万事鈍重な感じを与え「スローモーション」内閣の批評をうけたが、たしかに五・一五事件で激昂した人心を鎮静させる効果はあった。人心は常態に復したとはいえ、犬養以来の右翼主義進展、大陸経略主義推進という大勢に対しては全く無力であった。

国策審議会の構想

前述したように犬養は、寺内内閣の外交調査会の起案者である。経済学者犬養の炯眼は、かつて高橋を蔵相に据えて彼の巧妙な通貨政策で経済を復興させたように、人をみる目は確かである。とくに経済通をしきりに捜し求めていた。人を発見するのにはむしろ貪欲であった。

犬養は組閣の際、無任所大臣として、高橋是清、宇垣一成、山本条太郎の三人を最初に構想していた。とりわけ山本は、政友会の領袖の一人であり、産業方面に対する識見の遠大で、かつ経験が豊富で胆力もあることに犬養は注目し、至難の行政整理を断行するには適任者と見ていた。この仕事は、官僚的な固陋《ころう》と僻見《へきけん》とを以てしては、不可能である。だが、大正三年（一九一四）に発覚したシーメンス事件の古傷のために閣僚には使えない。

そこで犬養は、組閣早々一方では不景気挽回の緊急措置をとり、他面、大諮問機関として国策審議会を活用しようと準備万端整えた。山本を主宰者として、その能力を存分に発揮させようとし、大口喜六その他によって組織する腹案ほぼ成り、水野練太郎によってその法制上の草案はすでにできた。

国策審議会の骨組みも出来、人選もほぼ決まり、いよいよ官制を発布して第六二議会を一区画として、国策審議会の妙用を発揮してその所信を断行し、多年の懸案を解決して政治の完成を見、積弊の根源を断ち、昭和新政を切り拓かんとした。ただ、その実現の目前に、五・一五事件で挫折した。山本の天才的な識見を発揮させることはついに出来なかったのは惜しまれる。

犬養は、かつて第二次山本内閣、加藤高明内閣の逓信大臣で、放送事業の基礎を確立した。大正一四年（一九二五）三月二二日は、わが国の初放送の日であった。当時の新聞は、「犬養逓相、家族と放送を聴く」と写真入りで報じた。

犬養のラジオ放送

さて、それから七年後の昭和七年（一九三二）五月一日午後七時、ラジオ契約百万突破記念でJOAK（現在のNHK東京第一放送局）のラジオのマイクの前に立った。「我輩の理想としては、すべての国民が国家の恵沢に潤うものでなくてはならぬ。今の政治は、裏長屋の隅にまでは及んでおらぬ」。なかなかの熱弁であった。この「裏長屋の隅にまで……」が日本人の耳朶《じだ》の底に消えない印象を残した。そこには清澄な書を書いた、気どりや習気《じっけ》や芝居気の全くない真個の人間の表白が民衆の心をとらえたのである。彼の人気の秘密もそこにあった。

かつての歴代の内閣首班にしてこのような庶民の心の琴線に触れる言葉を吐いた者はいなかった。だいたいが官僚か、軍人か、華族だから、思いもよらぬ「裏長屋」の発想が出るはずはない。いかにも犬養らしい言い方だし、彼でなければ言えなかった言葉であった。

この五月一日は、木堂の斃れるちょうど二週間前の日曜日であった。中央放送局では、犬養に請うて麹町区永田町の首相官邸から、その講演を放送した。犬養は首相としてラジオで、国民に呼び掛け

ラジオ放送に立つ（昭和７年５月１日）
（『木堂先生寫真傳』より）

た。第一に産業・経済問題、第二に思想問題、第三に外交問題について熱弁をふるった。そして終わりに、産業立国は侵略主義ではないと説いたのであった。

この放送は五十数年、常に民衆に呼び掛けてきた、親しみのある声が一般民衆の耳に入った最後であった。犬養は冒頭で、「当時、放送事業は株式会社にする計画もあったが、結局、日本放送協会の設立を許可することとなり、日本内地はもとより満州、朝鮮、台湾、支那その他に通ずるようになった。今後も、いよいよ発展するであろうが、この公共機関は、国家国民のため有効に利用されなくてはならぬ」と述べたのである。

このときの記念に、犬養は一聯の書を残した。

三観深信天台聖師
一語普通大千世界
昭和七年五月一日
吾初試放送戯書一聯為記念

三観深く信ず天台聖師
一語普く通ず大千世界
吾れ初めて放送を試み戯れに一聯を書して記念と為す

この一聯の中の「天台聖師」とは、天台宗の開祖、智者大師のことである。智者大師は「法を説くの座は厳かで、気高いところであり、座下には多くの人々が法を聴いており、自分は仏の正しい教えを大衆のためにするもので、この座下だけでなく、広く十方世界の者に対して法を説くのだ」と、心で法を説いたのであった。禅問答で「十方世界」と問を掛ければ、五本の指を見せて「五戒に止まる」という。「天地の間は」と問えば、両手で大きい環をつくって「大海の如し」と答える。これがまさに禅機というものである。禅機と言えば、木堂は人一倍この禅機を身に付けていた人であった。したがって、彼が智者大師の心境を身に体していたとしても不思議ではない。

しかも、彼の場合、十方世界にあらず、さらに広い大千世界に通じる一語を、放送を通じて発しているという自恃があった。ここでわれわれが最も知りたいのは、犬養の多年にわたり培った政治理念とその理想である。

4　満州事変の解決に尽力

犬養内閣の使命

犬養内閣の使命の一つは、若槻内閣の時にふってわいた満州事変の解決であった。孫文との長年の交友以来の関係からいっても、そしてかねてから唱えていた憲政確立と東亜問題解決からいっても、犬養はこれを自分の最後の〝御奉公〟と考えていたらしい。それにはまずあばれ馬の軍（陸軍）を抑える必要がある。若槻内閣もこのあばれ馬の勝手な行動を抑えるために、内閣の方針として事変の不拡大を決めたが、こんなことにはびくともせず満州事変は拡大する一方であった。

そこで犬養は二つのことを試みた。一つは青年将校に人気のあった荒木貞夫を陸相に据えた。もう一つは盟友の上原勇作元帥に手紙を出したことである。

荒木貞夫を陸相に

まず荒木貞夫だが、彼は前述のように「皇道派」の主魁《しゅかい》と目されている人物であった。彼が少壮不平の若手将校に期待されたのは、彼の皇道主義を行うことにあったが、最後まで徹底せず、もともと抱負も経綸もない凡将だった。また前述のように十月事件の際には優柔不断な処理しかできなかった人物である。

荒木の業績と言えば、第一に、宇垣系の一切の人物を中央から追い出して、腹心の荒木一派をその後に据えた感情人事である。これが皇道派という新たな派閥を形成した。第二に、荒木は陸相となるやその日本主義と神権思想から「朕ハ軍人ヲ股肱ト頼ミ」というのを不当に拡大・強調して「天皇の軍隊」なりとし、「国軍」を「皇軍」に改めた。以後、この「皇軍」という文字が新聞紙面に乱舞することになった。第三には、それまでの陸軍将校の「サーベル」をやめて「軍刀」へと戻したことである。そのため将校はその重量に悩んだ。近代戦の時代に時代錯誤も甚だしい。

荒木は博弁宏辞で、あちこちで演説をやり、地方に出張すれば土地の連隊の青年将校を集めて談論風発し、自己宣伝をやり、側近もまたその尻馬にのって荒木風を吹かせた。

正月になると荒木宅には青年将校が「荒木、荒木」と叫んで、ドヤドヤ入ってきて上りこみ、「荒木飲め」などと杯を差し出す若い将校に、荒木はやに下がり「若い者は元気でいいのお」などと言っているのを見た人は、これが陸軍部内の現状をそのままうつしたものかと眉をひそめた。

渡辺茂雄は荒木陸相について次のように書いている。

もともと犬養は、かつて国民党時代に師団半減を唱えた先達であり、同郷の友人の宇垣一成とは大正一四（一九二五）年の軍縮時代に〔加藤高明内閣の〕閣僚として席をならべていた。犬養はこの宇垣に言ったことがある。

「俺が内閣をつくる時は、陸軍大臣を推薦してくれよ」

「その時は適任者を推薦する」

こんな関係から、犬養に組閣の大命が降下すると、朝鮮総督の宇垣一成は、朝鮮から電報を打って意中の候補者として阿部信行を推薦してきた。阿部は有能な事務屋で、誠意もあり、あの鋭角の犬養にとってはいい女房役となる人物だった、そこを宇垣は見ていたのだ。

ところが開けてびっくり、荒木が陸相となっている。宇垣は「これはとんだことになった」と思った。

翌年一月、虎の門事件で朝鮮から上京した宇垣は犬養に、「せっかく自分が候補者を推薦したのに、どうして荒木を大臣にしたのか」と詰問した。

どうやら上原勇作と森恪あたりに押しつけられたらしい。

犬養は言った。

「荒木は若いものに人気があるし、荒木でないとおさまらぬということだから……」

宇垣は言下に、「若いものに人気があるという、その事がいけない。それは若いものの御機嫌とりということだ」

犬養「ではどうしたらよかろう」

宇垣は犬養に対荒木対策を伝受した。

「荒木にはびしびしと強くあたることだ。何を言い出しても、総理の権限で圧えつければよい、そして荒木は口こそ達者だが肚のない男だから側面から面目の立つように考えてやったらよい」

犬養「では、そうやってみる」

宇垣は、五・一五事件の後、犬養の女婿で外相の芳澤謙吉に会った時この話をすると、芳澤は小膝をたたいて、「それで分かった。どうも一月ごろから、おやじがばかに強く荒木にあたると思った。それでよく分かった」。

（『宇垣一成の歩んだ道』五六〜五七頁）

朝鮮総督宇垣一成が京城から陸相に阿部信行を推薦したときに、皇道派にかつがれている荒木貞夫と真崎甚三郎だけは絶対にダメだとはっきり名指しで書かなかったのが宇垣の一生の不覚だったと悔やんだという。

明治の軍閥は、憲法と軍律と議会の枠の中で仕事をしたが、昭和の軍閥は陸軍大臣の他に、「青年将校」という公認された政治団体を持つことになった。しかもそれは直接行動の団体であり、さらに恐ろしいのは武装集団だったことである。彼らは満州事変を起こし、これをテコとして国政を自由気ままに蹂躙《じゅうりん》しはじめたのである。

さきにも述べたように、犬養は組閣して、まず陸軍との一戦を覚悟した。それには昭和天皇が、元老の西園寺公望を介して彼に伝えた次の言葉が背景にある。すなわち天皇は組閣を命ずる前に、「軍部の不統制と横暴は深憂に堪えない。これを是正するのが急務だ」との趣旨を、犬養に伝達させた。

ただ、荒木陸相によって毒をもって毒を制するという犬養の読みは見事にはずれた。犬養内閣は荒木によってさんざんな目にあわされた。なお荒木は、終戦後の極東軍事裁判で、A級戦犯として終身禁固刑となったが、恩赦でほどなく放免され、出所後は、じっとしていられない性質《たち》らしくかつての崇拝者たちにとりまかれて、「万歳」は禁句だったご時勢から、その代わりに「弥栄弥栄《いやさか》」と叫んでいたが間もなく死んだ。

元帥上原勇作に陸軍暴走阻止を頼む

犬養は、陸軍の暴走を抑えるためのもう一つの方法として、かねてから懇意の元帥上原勇作に力を貸してもらおうとした。

上原勇作は、日向国（現・宮崎県）都城生まれ。日清・日露両戦争に参加して後、大正元年（一九一二）、第二次西園寺内閣の陸相に就任、二個師団増設問題で西園寺と対立。単独辞職して倒閣、大正政変のきっかけをつくった。その後、教育総監・参謀総長を歴任し、陸軍内では長州閥や宇垣一成に対抗し、皇道派につながる勢力を育てていた。

かつての上原には、単独帷幄上奏《いあくじょうそう》などで話題をまいた〝覇気〟ある将軍との評価があった。犬養は、上原に軍の象徴としての存在を見ていたのであった。犬養は、荒木を問題にせず、単なる口舌の徒としか見ていない。犬養は、陸軍の大御所といわれる上原が動いてくれれば万事おさまると思っていた。政党なら大御所の一喝で事はすんなりゆくことが多い。犬養は政界と同じように工作したのである。

だが、退役後の上原にはかつての勢威も勇気も力もなくなっていた。なにより、軍隊は階級社会だから、いくら大御所といわれても、すでに予備役では、現役陸相を差しおいて、あれこれ指示することはできない。陸軍暴走の「止め男」として頼みとした上原に、もはやその力はなかった。

昭和七年（一九三二）二月八日、犬養は永田町の官舎から千葉県一宮の別荘にいた上原勇作にあて次の手紙を出している。

敬啓　近来御健康如何折角御自重可被成来十一日の紀元節にも御缺席と被存候得共若し同日御上京被成候はゞ儀式後に尊邸に参趨致し種々御意見も承りたき事あり御面会の機会を与へられ候はゞ幸甚に奉存候小生此度老軀を以て大任を汚したる、内政革正の外は日支両国の関係を定め多年の紛争を一掃したき微意に付軍事関係の方面に就て高見を承りたき意味に候御含置可被下候、不宣

〔昭和七年〕二月八日

犬養　毅

上原元帥閣下

だが上原は、荒木陸相を飛び越して自分が出るのは具合が悪いと逃げていた。上原は、すでに現役の連中と意を通じていて、政治にはまだ未練がある。その出身母体たる陸軍といまさら事をかまえるのは不利と踏んで、犬養からの再三の面会申込や手紙を無視したのである。

それとは知らぬ犬養は上原勇作にさらに長文の手紙をしたためた。この書簡は、当時の犬養の苦衷とその真情を余すところなく伝えているので、少し長いが全文を披露したい。なお封筒の表書きは、「千葉県一宮別荘　上原元帥閣下　必親展」、裏面「東京永田町官舎　犬養毅」とある。

敬啓過日副官御差遣はし被下御近状承り春暖に至れば御帰京可被成との事をも承り大に安心致候折角御自重奉禱候

実ハ拝晤を得度主意ハ、陸軍近来の情勢に関し憂慮に堪へざるハ、上官の意志下僚ニ徹底せず、一例を挙ぐれば満州ニ於ける行動の如き、佐官級の連合勢力が上官をして自然ニ黙従せしめたるが如き有様にて、世間も亦斯く見て窃ニ憂慮を懐き居候

甚しき風説ニ至りてハ、直接ニ隊ニ属し居らぬ将校を称して無腰（無刀の謂）と為し、隊を率ひたるものニ非れハ無力として之を軽んずる如き傾向あり、何事も直接に軍隊を率る者が連結して事

を起しさへすれハ上官ハ終に事後承諾を与ふるものと信して、一意進行するが如き習風を成し、軍の統制紀律の上ニ一大変化を生する虞あり、全体より視れハ、今猶一部ニ過きす　云ハヾ萌芽を発したる際なるが故ニ其未た拡大蔓衍せざる今日ニ於て、軍の元老ニ於て救治の方法を講せられんことを冀ふ一事に外ならず右の根抵より発生したる前閣時代の所謂クーデター事件も其一現象ニ過きす、但壮年血気の人々をして、斯く迄に憤激せしめたる世相の堕落腐敗の事実ハ老生も同感にて、両党要路の人にて収賄の問題続々起り、政界の腐敗と同しく実業界も同様の弊風ニ陥り、其他全社会を挙けて長歎大息すへき状態ニ付、純真なる人々より之を視れハ、一挙して之を撲滅せんと企るも情に於てハ之を恕すへき所なきにあらさるも、心術の如何ハ別問題にして、暴挙ハ暴挙として適当の所置なかる可らすと信するものニ候、政事界腐敗の如きハ、小生も本より其責任を辞せず、党総裁就任以来鋭意之が匡正を計り居候ニ付、必す其効果を挙るものと信し居候

老生が残党を政友会ニ合併し、其一小部ハ民政党ニ入りし機会を以て政界を退隠したるハ、政界の弊風と戦ひ力尽きて不得已多年共に籠城したる将卒の安住地として政友会ニ合したるに外ならす、全部の残党が片付きて、小生の責任も自ら解除せられしか故に退隠したる訳ニ候

右の如く革正ハ容易の業ニハあらざれど僅ニ三十人を以て戦ひし時とハ違ひ、過半数を得たる大党を率ひて此目的ニ向へハ、必ず多少の効果を挙る確信ありて奮励致候次第、御諒察可被下候

満蒙事変の終局も近ツきたれど、現在の趨勢を以て、独立国家の形式ニ進めハ必ず九国条約の正面衝突を喚起すへく故ニ、形式ハ政権の分立たるに止め、事実の上で我目的を達したく、専ら苦心

致居候、小生の目的としてハ、成るへく早く此事変を終息し、此機会を以て支那との関係を改善したき理想ニ候、理想とハ申すもの丶、小生は南北諸派の要人ニ旧交ありて、普通役人の交渉よりも都合よき関係もあり、之を一の目的として進むにハ、満州ハ大事の前の小事と視て取扱居候、此関係を早く改善せざるニ於てハ、露の五ケ年計画も完成し、真ニ国力が充実すれハ、彼ハ決して現在の如く久しく黙忍するものにあらず、此方ニ対する準備として、成るべく早く支那本部との関係を改善致したく愚見ニ候

実ハ参趨可致かとも考へ候へど、護衛の巡査など引つれ参候ては世間の耳目を驚し面白からすと存し、偶然に御面晤の機会もあらハと考候て過日鄙簡を呈したる二候

不　具

〔昭和七年〕二月十五日

犬養　毅

上原元帥閣下

犬養の手紙は、彼の軍部に対する見方や満州問題を一刻も早く解決したいという決意や、それ以上に中国と戦争をしてはいけないという固い決意が文面に満ちていて読むと自然に納得するものがある。

このころ、陸軍は満州建国に夢中になっており、犬養は絶対反対である。満州には新政権を作ってやらせるというのが犬養の考えで、あくまで中国の主権を尊重している。中国の社稷を危うくしても

日本には何の利益もないと確信していた。そこで犬養は組閣して外相を兼任するとすぐに萱野長知を南京に派遣した。もちろん陸軍には内緒でやった。

そのころ、犬養は「南（次郎）が来たから、満州国のことをやったら承知せんと言ってやったよ」と言っていたが、陸軍の暴走はとまらない。それどころか、ますますいきり立つ。犬養が上原に会って話したかったのはこういうことだ。つまり、「支那問題は俺はいささか経験がある。だからこれは俺にまかせてくれ、若い軍人がいろいろなことをやっておるが、君はそれを抑えてくれ」ということなのだ。

「軍の横暴を指摘し、詳しい話は紀元節の拝賀に行くから、その時宮中でよく打合せをしたい」と書いて送った。それが二月八日の手紙である。しかし上原は、紀元節の拝賀に欠席したので、その時に話すはずの内容をさらに二月一五日付で長文の手紙にしたためた。

この長い手紙（前掲）は千葉県一ノ宮の別荘にいた上原のもとへ届いたが、ちょうどそのとき運悪く、皇道派の荒木貞夫が来ていた。上原は犬養の手紙を無雑作に荒木に見せたからたまらない。「犬養は怪しからん、満州事変をやめようとしている」といきり立った。

これが、そもそも五・一五事件の遠因となった。もうこのころ上原元帥は病気で、紀元節の拝賀にも参内できないほど気力も衰えていた。すでに政治能力もなくなっていた当時七六歳の上原は、翌年の昭和八年（一九三三）に死去した。犬養の望みはどだい無理だったのである。

前掲の上原あての長文の手紙は、犬養の当時の軍部観や満州問題について彼の真率な気持が、その名文の行間ににじみ出ている。*

受け取った上原には、犬養の血を吐くような情熱を受けとるだけの気力も体力も残されていなかった。しかも「必親展」とある封書をこともあろうに犬養の敵たる荒木に見せてしまう。その判断力さえすでに失われてしまっていたのであった。駿馬も老いては駑馬に劣るとはこのことであろう。

* 犬養の死後昭和一四年（一九三九）、東洋経済新報社は『犬養木堂傳』全三巻の大冊を編み、もちろんその中に、上原宛の前掲の書簡を入れた。しかし当時の内務省が干渉して、その頁を削った。出版直前だったから組変えも出来ず、その頁は破棄され、『犬養木堂傳』中巻は九四二頁から九四五頁に飛んでいて、その箇所に事故により削除という編集者の無念の紙片が挿入されている。これも言論弾圧の一典型の見本である。

密使・萱野長知を送る

犬養は、中国問題の解決に腐心し、中国政府への交渉を模索していた。一触即発の危機にあった中国との友好を保つ方策を堅持し、そのため多くの中国の旧友との接触を通じて、独自の外交路線を開発した。

ここで登場するのが萱野長知《かやのながとも》である。元記者であった萱野は、革命以前からの孫文の同志で、東京で機関紙『民報』を胡漢民や汪精衛と執筆し、孫科行政院長とは二代目の親交があった。総理就任（昭和六年一二月一三日）の四日後の一二月一七日の萱野の日誌には次のようにある。「一昨日（一二月一五日）犬養先生から、君一つ御苦労だが、中国今日の内情を究め、当面極悪時局打開の方途を見出してくれぬかとの懇談をうけ、つひにいよいよ渡華と決定す」。犬養は組閣成立の二日後に早くも腹心の密使を中国へ送る決断をしたのである。

萱野は当時、中国政府の巨頭、要人たちと兄弟のように往来しており、彼らからも「アジアに破兆がある、なんとかせねば」、「萱野先生のお力で何とか」などの交渉は、すでに満州事変発生当初からあった。そこで、このことを犬養に話したところ、犬養もまた、「日華は骨肉、決して戦ふべからず」と大いに賛同していた。それが一二月に犬養内閣が成立したので、機を失せず萱野を呼んで、和平工作を命じたのであった。萱野もまた犬養内閣成立が、「満華問題解決の絶好の機会」「国家の至幸」と日誌に書いた。

犬養の密使、萱野長知の日誌によると萱野と中国要路の人物との交渉は順調に進み、日中相互の提携繁栄に邁進しようとの意見が一致し、蔣介石一派の直系の面々も初めて日本の民意を知り、今日までの愚をくり返していたのを悔いた。「まったく今日まで、日本の意志を一人の来たり教へるものなく、交際も断絶、ために事件を益々深処に陥らしめたのです。萱野先生の御意見と共に、日本犬養内閣の性格を何とかして今少し早く蔣介石氏に聞かせてやりたかった」。

民間の要人たちが、いかに痛切に、日本の同志と会い、語りたがっていたかが十分にわかり、今後の渡華が民国の意志と待望にぴたりと一致していたことを萱野自身も知った。

萱野の南京滞在の六日間に巷の対日空気がとみに好転し、皆が日華直接交渉によって招来される和平に熱心な希望を向けるようになってきた。新聞記者たちも口を揃えて萱野に感謝したことは、何と言っても千里に使して君命を辱かしめざるもの、大いに愉快だったと記したのであった。

しかし、その状況を改正した暗号電報で一二電まで報告し、指示を仰いでも東京からは何の返事もなかった。

何となく不安が萱野たちの脳裡をかすめる。そのころ帰国命令がきた。ともかく東京へ急いで帰り、いっさいを犬養首相に報告し、確乎とした方針の指令をうけて乗り出そうと決心した。排日の空気は、上海でも漸減し、日本日和の感じがしてきた。有難く嬉しいことだ。と昭和七年一月五日の日誌に記している。この日本日和も、東京のけわしい空気によってかき消されてしまう運命にあった。犬養と重藤参謀本部支那課長の会見でひとまず萱野帰国に決したのであった。

それはともかく、犬養は組閣するや、機を失せずに萱野長知を上海に送りこんだ。内閣書記官長の森恪には内密だった。森は陸軍と結んでおり、情報がすぐに洩れてしまうからだ。

萱野は南京に行って行政院長の孫科と会い、犬養の新政権案を示して懇談した。孫科は沈思黙考の末、犬養と革命党との長い因縁を思ってしぶしぶ納得した。犬養の新政権案というのは、中国の宗主権を認めて、その上で、経済的に日中合併の新政権を満州につくるというものである。しかし実際問題として中国から誰が現地に行くか、誰も行き手がない。売国奴になるからだ。そのとき国民党の長老で当時司法院長の居正が「私が行きましょう。売国奴になってもかまわない。両国百年のために、あえていとわない」と言った。

居正は「そのあとはこれだ」と自ら首を刎《は》ねる恰好をしてみせた。これには萱野も孫も大いに感激して、萱野は、日本側の諒解をうるため早速電報を打ったが、東京から何の反応もない。東京にはこれを阻止する伏兵がいたのだ。

内閣書記官長森恪の野望

その伏兵とは、内閣書記官長森恪である。彼は、慶應の幼稚舎から商工中学出身で、犬養の後輩にあたるが、年齢では祖父と孫ぐらいの差がある。森は大学に行かず、実業界に出て三井物産の山本条太郎にかわいがられた。日露開戦のとき海外にいて、バルチック艦隊の東上をいち早く発見して通報するという機敏さで名を馳せた。その後政治に投じたが、持前の政治的嗅覚と覇気で頭角を現し、若くして政友会の幹事長となり、昭和七年の総選挙では三〇四名という空前の大勝を収めた。

森は、先輩である犬養を尊敬していたが、犬養からは子供扱いされていた。もともとこの二人は馬が合わなかったようだ。そのうちに森は東亜新秩序建設という思想に惹かれ、これを実現するために、手近な方法として軍部と手を結んだ。こうなると犬養との距離は次第に離れてゆく。森の提言に対して犬養はことごとく反対した。

森はあくまで三井物産出身の生粋の商社マンであった。政治そのものを商取引と同様に考えており、最後までこの根本思想は変わらなかった。そうした考えの上にアジアモンロー主義の鎧兜《よろいかぶと》を身に着けて邁進したところに彼の悲劇が生じた。優れた資質をもちながら、当時全盛だった軍部の力を利用して権勢を一手に握り、東亜新秩序を樹立しようとした野心家であった。

ついに森は、辞表を古島一雄のところへ持ってきた。面と向かって犬養には言えないので古島に頼んできたのだ。後の書記官長は古島にやってくれというので古島は即座に断った。その後、森は健のところか、あるいは犬養自身のところへ辞表を持って行ったらしい。老獪《ろうかい》な犬養は「そんな馬鹿なことをいうナ、あれは俺が預って置く」と健に渡してそのまま黙殺された。総理大臣にひやかされるような案配で子供扱いされた森はますます面白くない。その後、森はその辞表を取り戻しにいったという話があるが、犬養は渡さなかったらしい。

森恪という男について古島一雄は語っている。内閣の大番頭たる書記官が、思想的にも傾向的にも犬養と正反対に動いていたのが最大の不幸だったと。そして森はなかなかの野心家で最終的には外務大臣を狙っていた。森は軍務局長の小磯国昭と二人で一芝居打ちたかったのだと古島は打ち明ける。要するに芳澤の外務大臣に反対しながら本心は外相と陸相を占めてしまえば、満州問題は片付くと踏んだようだ。森恪は、当時、東亜新体制の先駆者などと言われ、軍部と通じてその実現を夢見ていた男だが古島は彼の人物をよく描写している。

萱野からの電報届かず

こうした東京の状態などを知らない萱野は、電報を打ち続けた。上海に出て打ち直してもみたが、それでも返事が来ない。

このとき犬養は、息子の健《たける》秘書官を連れて伊勢神宮に参拝しており、東京を留守にしていたため、電報はすべて留守番役たる森恪の手に渡った。自分が蚊帳の外に置かれていたことを知り、森は憤激して、かねて内通していた軍部にこの一件を暴露してしまったのである。

萱野は、出発前に参謀本部の重藤《しげとう》千秋《ちあき》支那班長と話し合ったこともあるが、もうこうなると手はつけられない。萱野には、健秘書官から、事情があるから一度帰国されたしとの電報がきた。何か重大なことが起こったと萱野は直感した。帰ってみると軍の中は蜂の巣を突いた騒ぎとなっていた。

せっかく萱野・孫間の了解がとれたのにもかかわらず、両国間の和平への道は完全に消し飛んだ。そればかりか、「国賊呼ばわり」された萱野は、軍から追い回されるはめとなった。

手違いということもあろうが、東京を留守にするときの細心の注意が、犬養の強大な自信と持ち前の無造作の前に消されており、それがこのような始末となった。

張学良との交友

犬養を語るときどうしてもはずしてならない人物の一人に張学良が挙げられる。

関東軍によって爆殺された張作霖を父にもつ彼は、一九〇一年（明治三四）生まれ。後に蔣介石を監禁して国共合作を迫った西安《シーアン》事件の主人公である。その事件以来、自由を奪われ半世紀を超える幽閉生活を強いられ、二〇〇一年に没している。

そもそも、日本軍閥が満州事変を起こしたとき、張学良は一切の財産と国土を日本軍に奪われ、東北三省（満州）を放棄して蔣介石のもとに走ったのである。このとき、張学良が日本の政治家の中でもっとも信頼していたのが、中国との深い関係をもっていた犬養であった。

張学良と犬養については、息子の健が、どこにも発表したことがないと断ったうえで次のようなエピソードを記している。

それは東京の内閣総理大臣官邸宛に、この騒ぎの最中に、満州を一夜で追われた事実上の帝王である、張学良元帥から私の父宛てに親簡がとどいた事である。この手紙のなかには、「満州事変については目下国際連盟に提訴中であるが、それとは別個に自分の私有財産は返して貰いたい。閣下の中国への理解に信倚して、敢てお願いする」というような主旨であった。用いた封筒もヤング・マーシャルと云われるだけにハイカラなものであって、純白良質の西洋封筒に、緑いろで張という字の印刷の部分がくっきり浮き出ているものである。もともと父は満州は中国へ返そういう気持であったし、奉天の離宮に宝蔵してある四庫全書が兵火の難に遭ったのではないかと案じて外務省に問い合せを命じたりしていたような心境であった。

それで父は「張学良の私有財産はすぐ返してやれ」と現地の総領事館に公電を発したりしていた。しかし現地の血なまぐさい雰囲気はそんな事を受け付ける情勢ではなかった。そこで父は所謂安定方策の最初のあらわれとして萱野長知翁を先づ極秘裏に首都南京へ渡航させた。

（犬養健「山本條太郎と犬養毅・森恪」『新文明』昭和三五年七月号、所収）

これについてさらに健の長女、犬養道子は『ある歴史の娘』で次のことを明らかにしている。犬養内閣成立（一九三一年一二月）まもないころ、犬養は一通の密書を受取った。差出人は、張学良だった。「閣下の中国理解の深さに信を置き、ここに私信を送って、敢てお願いしたきことあり」と始まるその手紙は、西洋風の純白の紙に緑で「張」の一文字を浮き上らせた書簡箋であった。中味は私有財産に関するもので、満州で関東軍に押さえられた財産一切、すなわち書物、古美術、書、拓本の類を何とか手元に返るよう御尽力願えまいか、という内容である。張学良にすれば、「信を置く」唯一人の日本人犬養が総理になったのを知って喜びを満面に浮かべ、上等なレターペーパーに、若き日の張学良の気持ちを直にぶつけたにちがいない。犬養の眼には、張学良は孫のような好青年に写っていたと思われる。

張学良からの手紙の原本はすでに失われているが、犬養健の遺稿メモの中に、この手紙にまつわる一文を孫の道子が発見した。それには大意、次のように書かれていた。

父木堂は、関東軍の掠奪を悲しみ、中国人の財産すべて——ことに貴重な、民族的文化遺産である書物拓本の類——は直ちに中国のものとして返されるべきであると考えた。同時に、愛する孫娘から少々厄介な頼みごとをされたときのような顔もしてみせた。厄介とは、はたしてこの時期——すなわち関東軍天下のいま、——この自分——すなわち関東軍ににらまれる自分に、この頼みごとを叶えてやれる力があるかわからぬと言う意味であった。愛する孫の頼みのように……そう、父は、張に信を置かれて嬉しかったのである。

いったい、どのようなルートで、この密書が届いたのか今となっては分からないが、張学良が犬養に密書を届けたことは事実である。それに信義を重んじ、相手に負担をかけまいという配慮から封の奥深くに若干の金子《きんす》、小切手をしのばせていた。中国人の律義さ、義理固さである。人に物を頼むとき空手《からて》で行うことはありえず、金銭出納に几帳面な中国人らしく覚えを必ず残したと思われる。

金子まで添えて頼まれた唯一人の日本人犬養はどうしたか。これまた情に厚く人を助ける義俠心の強い犬養は決心した。

張学良の願いを叶えることは、ただちにほんのわずかなりとも、大陸での対日感情を変えることに役立つかもしれぬ。満州をかっさらい、もろもろの私財をかすめ奪ってゆくだけの日本人でもないことを。「おお、よかった、返って来たぞ、日本が返してくれたぞ」と喜ぶ将軍を眺め見た配下の兵たちの、口から口に伝えられてひろまってゆくかもしれぬと思って……

犬養は張学良に受け取りを送るとともに折り返し、総理公用至急電報を、日本領事館に宛てて送った。総理命令である。以上は、犬養道子の推測であると断ってあるが、総理の心境については孫娘はよく知っていた。しかし、それが実現できる状況にはなかった。いかに総理といえども、相手が関東軍ではいかんともしがたい。

ところが、歴史は皮肉である。張学良が九〇歳になった平成二年（一九九〇）一二月、NHKスペシャル「張学良がいま語る――日中戦争への道」が放映された。それによれば、関東軍司令官本庄繁は、関東軍の謀略を知らず、事変を収拾できなかったことについて、ひそかに張学良に自分の真意を伝えていた。九・一八事件（鉄道爆破）の後、本庄は奉天に残された張学良の財産を二両の貨車の特別列車に詰め込んで、北京の張学良のもとへ送った。本庄の誠意がここにあった。本庄の親書をもってきた使いの者に対して張学良は言った。「この荷物は受け取れません。本庄さんと私は親友でしたが、今は敵同士になってしまいました。こんなふうにしてもらうのは、侮辱されているようなものです」。さらに張学良は、アメリカのワシントンの故事を思い出して言った。「この荷物は持って帰って、私の家に元通りにしておきなさい。さもなければ、荷物はすべて焼き捨てます。しかしそうすれば、今度は本庄さんを侮辱することになります。そういうわけですから、どうぞお持ち帰り下さい」。まさに武人、張学良の矜持《きょうじ》を語って余りある。しかし、送り返したという貨物は、戦乱のどさくさの中で行方不明となってしまった。

張学良の犬養への頼みと、本庄繁への対応とは著しくかけ離れているようにみえるが、実はそうではない。張学良の心理的変化はあったとしても、この二つの態度に共通しているのは、義理固さと礼を重んずる武人の矜持である。当時の状況では、犬養からの返書は来るはずもなく、一方、張学良の手紙すら再び見ることはできない。

リットン調査団と犬養

犬養内閣には満州問題が立ちはだかっていた。満州事変調査のため国際連盟が派遣したリットン調査団が昭和七年（一九三二）二月二九日に来日したが、このとき犬養首相は何のわだかまりもなく、どうぞ自由に調査してくれと調査団を現地に送り出す余裕を見せた。

現地を実見したリットン調査団は、「日本軍の行動派自衛行為とは認められず、満州国も純粋かつ自発的な独立運動によって出現したものではない」とする報告書をまとめて、翌昭和八年一〇月一日に日本に通達した。しかし日本は、既成事実化をねらってその直前の九月一五日に満州国を承認してしまっていた。

ところが、日本国内の情勢は排外主義に傾き、犬養の目指す万世の為に太平を開く方向とは正反対に動きはじめていた。これを推進したのが軍部、特に下剋上に汚染された少佐、中佐クラスの中堅将校の一群であった。

調査団の報告書は、日本を一方的に非難したものではなかった。その提案は、満州に広範な自治政権をつくることであった。岡崎久彦によれば、「もし、犬養が暗殺されず、自己の信ずる政策を実行できたとすればリットン報告書を基礎として妥協案をつくる可能性は大いにあった」（『重光・東郷とその時代』四八頁）。当時の現実的な妥協案は、中国に名目上の主権を与えて、実際は日本の影響下に満州をおくことだと誰もが考えており、また、これが犬養の考案でもあったからである。

しかし、犬養暗殺後に成立した斎藤実内閣では、留任した荒木貞夫陸相が「報告書は単なる旅行日誌に過ぎぬ」と罵倒したり、他の閣僚もこぞってこれに同調した。日本の民衆もこれに同調し、リットン卿をもじって「スットン狂」という唄まで巷間に満ちる有様であった。衆議院は六月に満州国承認決議案を全会一致で可決した。しかし、皇道派将校の信望はようやく荒木を去り、斎藤内閣の退陣より半年早く、荒木は閣外へと消えた。こうして犬養の「満州のことに手を出したら承知せん」といっていた決意は、葬り去られたのであった。犬養の理想は、軍部という巨大な鉄の壁の前では木っ端みじんに吹き飛んでしまった。やせた一人の老人の力では、この鉄壁を突き破ることはできなかった。

古島一雄は、五・一五事件後のこのような政界の激変、軍人の横暴、政党の堕落、支那事変の勃発、翼賛政治団体の結成、議会政治の終焉を見て次のように述懐した。「偉大な一人の政治家によって、時代がいかに変転するか、ということを熟々感ぜしめらる。木堂翁が健在であったら、支那事変は起らなかったであろう。従って軍人政治出現の機会も生じなかったであろう。そして我が立憲政治も順調に進歩を遂げ、明治憲法が廃棄されるような事態も生れなかったであろう」（古一念会編『古島一雄全』四頁）。

犬養毅と高橋是清

犬養内閣には土性骨《どしょうぼね》の据わった老人が二人いた。犬養毅首相と高橋是清蔵相である。閣議で威勢のよい発言をする荒木陸相が一躍大軍を中国に派遣すべしと言うのに対し、高橋は、「君はまだ若いのだ、これを海にたとえれば、君は沖から波が一つ来たと云って『大変だ』と云う。わたしはそうは思わない。年の功というのか、わたしは、その後ろの波、またそのうしろの波を見透している。その上で対策を練っている。君は膺懲《ようちょう》々々と云うが、向こうの身になって見れば、満州をひと晩のうちにカッサラワれて、しかも今も猶、華北のどこまで日本が出て来るのか、見当も付かない。これでは戦争が起こらぬ方が不思議だ。先づこの根本の差し障りを取り除かなければならんよ。シナ問題はこゝに居られる犬養総理の縄張りだが、わしはそう思っておる」と言った。この正論には、荒木も歯が立たない。荒木は、陸軍省に戻って不満を洩らす。それを聞いた若手将校たちは「高橋怪しからん」となって、これが二・二六事件の遠因となった。

犬養と森恪との関係も、これとよく似ている。ある閣議の席上、書記官長の森が、シナ問題について荒木ばりの激越な議論をぶっていると、犬養は、「シナの問題は俺の方が知っている」とたしなめた。ところが、森がなおも話を続けようとした途端、犬養は部屋中に響く大声で、「シナの事なら俺が知っている」と押さえつけた。一座はこの首相の大音声に白けわたった。この後で森は、犬養の子息である犬養健に、「あのオヤジのお守は到底出来ない。しかし、あんなことを云っているとしまいには兵隊に殺されるぞ」と憤懣をぶちまけて警告したと、健は書いている。

犬養にしろ、高橋にしろ、兵隊に殺されるだけの土性骨を持っていたのだと、健は言うが確かであろう。もう一つの例がある。松岡洋右の長口舌《ちょうこうぜつ》の後、山本条太郎翁は、「そんな馬鹿な事があるものか」と一言いったきりだった。松岡もこれで沈黙した。総じて、当時の老人には人をたしなめる気骨があった。それでいて、山本にしろ犬養にしろ、人に対する熱い人情の裏打ちがしっかりついていた。当時の若い青年将校を支配したのは視野狭少と、理性よりもただ本能だけで動く短絡的な性格であった。この性癖が、昭和軍閥の悲劇を招いたのである。

第八章　五・一五事件の顚末

1　犬養暗殺の前奏曲

襲撃計画を傍観した陸軍

犬養毅が凶弾に倒れることの前奏曲は、すでにその組閣時の陸軍の態度にあった。満州で関東軍が成功した後の陸軍は、すっかり逆上して正気でなくなっていた。犬養は、陸軍の統制を回復しようと懸命の努力を続けていた。古稀《こき》を超えたこの老人の姿には憲政に生きた信念をかけたすさまじいまでの気迫が感じられた。犬養は、荒木などをつかまえて無造作にまるで立ち話でもするように、「満州のことをやったら承知せん。満州国の承認は難しい」などとやるから、陸軍では荒木以下がそろって、「犬養はけしからん、満州事変を止めさせようとしている」といきり立っている。

閣内のもう一人の老人、高橋是清蔵相も、荒木に向かって、「一体上海に何人の日本人がいるのか、皆引き揚げてくればいいではないか」と言ったり、「それでは君は一体何を言いたいんだね」と軽くあしらって口舌《くぜつ》の徒の荒木の口を封じたりする。この二人の老政客は荒木や森のもっとも苦手とするところであった。こうしたことが度重なっていた。

そして、犬養襲撃計画が事前に漏れたとき、陸軍上層部は拱手《きょうしゅ》傍観して、テロを未然に防ごうとしなかった。これは軍閥の発展途上で「犬養は邪魔だ、邪魔者は消せ」という発想しか持ち合わせていない軍上層部の短絡的判断が、彼らの底流を支配していたからである。

また、三月に病気で退任した中橋徳五郎に代わった内相の鈴木喜三郎が、親軍の策士森恪とつながっており、彼もまた、陸軍上層部と同じレベルで傍観者的態度だったことも、犬養暗殺を実現させる上の一つの布石となったことは不幸であった。まさに陸軍は犬養を見殺しにしたのであった。

犬養の女婿で外相の芳澤謙吉が五月初め、義父の犬養に会ったとき、犬養はこう言ったという。

「この度、満州事変のような大事変が起きて、国家の重大事変にまで発展したのは、これは要するに陸軍の青年将校連が、いわゆる処士横議をやって、陸軍の統制が乱れているためである。自分はこれを直すため三十人ぐらいの青年将校を免官したいと思う。それには閑院宮参謀総長に謁見《えっけん》して、その承認を得た上、陛下に奏上したいと思う」（芳澤謙吉『外交六十年』一四四頁）。犬養首相が、そこまで思いつめたとはいえ、そのすさまじい気概と迫力に芳澤はたじろいだ。

しかしいくら首相の言葉であっても、「人事の任免は陸軍大臣の管轄ですから、総理の意見を実行するには、荒木陸相に交渉されるより仕方がありませんが、それはムダでしょう」と芳澤は答えると、犬養は「そうか」と肩を落した（同じ話は古島も聞いている）。
陸軍の統制を回復するには、犬養の言うとおり、まず統制を乱す革新将校連を切らねばならない。しかし、情勢はもはや首相や陸相をもってしても、三〇人の将校の首を切ることなど不可能になっていた。この一年前に宇垣一成陸軍大臣が、「なあに、一部の青年将校や、ヤセ浪人が、バタバタ騒いだ位で、なにを気にすることがある。青年将校などはクビにすれば、それで済む。ヤセ浪人などは弾圧で事が足りる」と豪語したことがあった。たしかに、当時の宇垣であればできたであろうが、いまの荒木にはそれは望めない。

遭難一週間前の演説　犬養暗殺のちょうど一週間前の昭和七年（一九三二）五月八日、政友会関東大会で、犬養は次の演説をした。「近来、一部階級の間で議会否認論の行はるる傾向があるが、これは政治の実際に迂遠にして、到底、改善は出来ぬと速断したものであるが、われわれはあくまで議会政治の妙用を信じ、十分改善の可能なることを信ずるものである」。やはり彼は「話せばわかる」と、なお信じていたのである。
その翌日（五月九日）に、慶應義塾の創立七十五年記念式典が天皇御名代秩父宮の来臨の下に三田山上において、盛大に挙行された。犬養は内閣総理大臣として式典に参列し、次の祝辞を述べた。

明治維新の大業は独り政治上の大変革のみならず、即ち学術上の大革新である。
是より先き数十年間諸先覚の新学の為に荆棘《けいきょく》を開きたるもの少なからずと雖も之を大成したる

は維新前後に属し当時碩学諸大家の学塾ありしと雖も嶄然《ざんぜん》一頭地を抜きたるは、先師福澤先生の慶應義塾にして実に新文化の先導たり。其国家に貢献したる偉功は百世不朽なるべし。

先師安政五年を以て家塾を鉄砲洲に開き更に新銭座に移転し初めて慶應義塾と名づく。後四年を経て三田の丘上に移り創立以来茲に七五年、年と共に益々盛大を致したるは実に先師竝《ならびに》門下諸賢の賜なり。

不肖毅、社中の末班に居り此盛儀に臨み俯仰《ふぎょう》の感に堪へず。一言祝辞を述べ先師の偉業の益々光輝を発揚せんことを禱《いの》る。

昭和七年五月九日

犬養　毅

この式典の六日後に、犬養は五・一五事件の凶弾に倒れた。『三田評論』第四一八号（昭和七年六月号）には、右の祝辞とともに彼の訃報が掲載されている。

2　運命の日曜日

「話せばわかる」と「問答無用」

犬養が、いつかやられるだろうという空気は、当時すでに横溢《おういつ》していたし、それをわざわざ犬養に知らせた者もいた。右翼の大物、頭山満は、犬養とは旧知の間柄で、あからさまには言えないので、それとなく注意した。しかし、それを聞いても犬養は悠然として黙殺した。来るか来ないかわからない刺客に注意しろと言われても犬養としては放っておくより仕方なく、七八歳という年齢を考えれば、すでに諦念していたと見てよいであろう。

運命の五月一五日、暴漢が乱入したので、護衛の警官から「暴漢が乱入しました。閣下お逃げください」と必死に懇願するのを、「いや、わしは逃げない。そいつたちに会おう」と答えた（この話をあとで聞いた息子の健は、いかにもオヤジらしいと嘆いた）。

その後の事件の模様は、実行犯三上卓が詳しく述べている。

「食堂で犬養と出くわして引金を引こうとしたが、首相は両手をあげて制するが如き姿勢をとり乍《なが》ら、

「まあ待て話すれば判るだろう、まあ待て」

と申しまして自分自ら私の方に近寄って参りました。近寄り乍ら、

「話をすれば判る」と云ふことを、一、二回申して、

「向ふへ行かう、あっちへ行かう」

と云ふ風に云ってその室外に出ようと致しました。〔中略〕

その後首相自ら私の方に近寄ってからは誠に落付いた悠々たる態度で、私共に対して却って多少の親しみさへ覚えるが如き言動を以て、何事かを語らんと欲するものの如く、自ら立ち去って別室

に私を誘はうとしたのであります。〔中略〕例の白髪と共に何物にも脅《おび》えざるが如く迫らない態度で歩いて参りましたのに対して、私は苟《いやしく》も一国の首相が死に際して言ひ残すべき何事かを心中より聞いて置くことは武夫《もののふ》の情である。首相そのものに個人に対する恨みは毫頭《もうとう》持って居ない私に取っては、当時の気持は一種悲壮のものがありました。但し、私として固く決心して居たことは如何《いか》にも首相の態度は立派である。しかし、首相個人を憎むものではない。改革運動の犠牲者として射つのであるといふところの首相暗殺の意思は私として動揺しません。首相は食堂の入口から廊下に出るや自ら先に立って案内しました。〔中略〕その食堂から客間に行く途中で首相は落着いた口調で、

「さう無理をせんでも好く判る、話せば判る」

ということを、二、三回いったやうに記憶しています。

そして、もう一人の実行犯山岸宏の陳述によれば、

私〔山岸〕は官邸の日本間に入ったところ、首相が三上、黒岩等に取巻かれ右手をあげて何か云はんとして居た。首相は靴でも脱げと云ひ三上は首相と応対しようと云ふ気配が見えたので、これではいけぬと思ひ「問答無用射てッ」と叫びました。その声に応じて三上が「よし」と答へた瞬間、黒岩の一弾が先づ放たれて、次いで三上の弾丸が発射されたのであります。

ただ、至近距離で発射した銃弾七発のうち、命中したのはわずか二発、それも急所を外れていた。落ち着き払っている犬養に接し、その胆力を目の当たりにした実行犯たちは、神経の平衡を失い、震えて手もとがくるったためであろう。狼狽《ろうばい》していたのは闖入者たちの方であった。

神はこの老人を即死させず、駆けつけた倢に対して犬養は、「あんな近いところから打って、たった二発しか当らんとは、兵隊の訓練もなっとらんな」と一代の警句を吐いた。

とにかく犬養としては民主主義の大原則たる「話せばわかる」の名文句を残し、大舞台で見事な死に方をした。一方の凶徒の「問答無用」の軍国主義の狂句と対照されて、日本の歴史上に民主主義対軍国主義を示す大きな記念碑を残した。「話せばわかる」という言葉は、あたかもキャッチフレーズのように宣伝され、一人歩きをはじめた。犬養の「話せばわかる」は民主主義の本質を物語るものとして、片や侵入者の発した「問答無用射て！」といった言葉は軍国主義、独裁主義、ファシズムを表徴するものとして、しばしば引例されるようになり、いまや犬養は、小・中学生もが知る歴史上の人物となっている。ただ、犬養の多年錬磨の抱負と経綸を実行できなかったことは無念だったに違いない。

武士道廃れる

当時の政治家という職業は、軍人に比べて、きわめて割が合わなかった。当時の政治家の多くは憂国の至情に燃え、私財を投じて活動し、「井戸塀」と呼ばれた。死んでみたら井戸と塀しか残っていなかったという意味だ。もちろん、賄賂《わいろ》や汚職をやる者、軍部のお先棒をかついで私財を肥やす者、権力にあたりかまわずへばりついて私腹を肥やす者はいた。しかし、総じて当時の政治家の念頭に常にあったのは、国民、国家であった。

党利党略と政権争奪に明けくれた時代には、国民が政党や政治家に愛想をつかして、彼らを落選させた。ただ、この国を腐敗させたのは政治家だけではなく、官僚、軍人という、国家が身分を保証している者たちによる横暴もあった。軍人で大佐以上になれば、終身身分が保証されて、たとえ戦争になっても少将以上では、その生命がおおむね保証されている。生命の保証があるから、長くその地位に居すわって自分の考えを実行できる。昭和七年（一九三二）の段階において、軍人は、政治家に比べて格段に有利で、運がよかった。せっかく総理大臣になっても、多年培ってきた経綸と抱負を、いざ実行に移さんとするときに、あえなき最期を遂げさせられる。

日曜日の団欒《だんらん》中の平和な家庭に闖入《ちんにゅう》して女・子どもを驚かし、家人の眼の前で拳銃の引き金をひいたが、これは不発であった。ここで弾丸が発射していたら、犬養の最期の名言も歴史上に残らなかった。犬養は、家人に配慮して、凶徒を客間に悠然と案内した。ここにも家庭と使用人を愛した彼の面目が躍如としている。

家人に一切目もくれぬ凶徒のやり口は、武士道の風上にもおけない。しかも、身に寸鉄を帯びない小さな老爺をとりかこんで七挺のピストルを一斉発射して倒すなど人間として下等だったと言わざるを得ない。さすがの国民感情もこのむごたらしい殺人劇を見て軍への評価を変えたのではないか。

一方、官邸警護の田中五郎巡査は三上によって腹を狙い射ちされ、ただちに赤坂見附の前田外科病院に運ばれたが、絶命した。田中巡査の死は、世間の同情をかい数百万円におよぶ多額の弔慰金が集まった、と当時の新聞は報じているが、この事実は、民衆が当時闖入者の暴挙を全面的に支持していなかったことの証明にもなる。これも犬養老人を射殺した暴徒に対する民衆の怒りの裏返しとして記憶されていることである。この頃の憂うべき世相の中の一つの光明として当時の新聞は、これを片隅で報じた。

重臣も未然防止できず

五・一五事件に対して重臣はどう反応したのか。事件の起こる予感は、当時の重臣たちにも全くなく、他人事のようでのんびりしていた。

たとえば牧野伸顕は、五月一五日は日曜ということもあって、来客と将棋の対局中だったが、凶報が届いてもこれを真に受けず差し手を止めなかった。そんなことが起こるはずがない、何かの間違いだろうと考えていたのである。吉田茂の言うように、牧野はとにかく「食えない爺さん」だから、来客に対するポーズもあったかもしれないが、当時の重臣といってもその情報量は知れたものであった。

牧野の日記には、犬養が組閣したときの人選については記しているが、五月一五日の日記はいかにも事務的である。牧野も、この事件が、日本の将来を決定してしまう導火線になるとは気づかなかった。そして四年後の二・二六事件では牧野自身が標的となり、湯河原の旅館の裏山に避難して一命を拾うことになる。

3 事件の真相

何を話したかったのか

さて、五・一五事件のとき、乱入した兵隊に対して犬養が「話せばわかる」と言ったのは、いったい何を話せば分かると言ったのであろうか。犬養はもともとノーイクスキューズ、つまり事に当たって言い訳は一切しないという性格である。その彼が、倒れてなお話してきかせたかったのは何だろうか。

この四年前である昭和三年（一九二八）一二月、床次《とこなみ》竹二郎が張学良と面会した際、五〇万元の政治資金を張学良からもらったという疑惑がもち上がり、帝国議会で追及された。床次はもし自分が首相になったら、ぜひ日中間の懸案の問題を解決したい、そのためには政友会の総裁選に出馬しなければならないが、資金がない、張学良の申し出に手伝っていただけるとしたら有難いと言って五〇万元を借りたのである。しかし床次は落選したためそれっきりとなった。その後、満州事変が起きたとき、日本軍が張学良の金庫から五〇万元の領収書を押収した。それが反対党の格好の攻撃材料にされた。

この事件の後、犬養が殺されたのは張学良から金二〇万円をもらった。その受取証が張学良の倉庫から出て来て、それが原因で殺されたというまことしやかな噂が流れた。犬養を襲った兵隊たちは、床次同様に犬養も張学良から金を借りたと思い込み、犬養に向かって金をもらった一件について問い詰めた。兵隊たちの頭の中は、当時の農村の疲弊、政党の腐敗を背景に政党領袖たちの金銭授受で占領されていて、そのホコ先が、これとは縁もゆかりもない時の総理に集中した。「その話なら話せばわかるからこっちに来い」と言った、その話とは、張学良が密書とともに送ってきた財産処理のための金子のことであったのか。銃弾を浴びてもなお、「いまの若いモンを呼んで来い」と言っていたのは、若い者に事の真相を満州事変の初発の段階から、彼がいかに事変の拡大阻止に努力していたかを含めて語り聞かせたかった何よりの証拠だ、というのである（原田熊雄の『西園寺公と政局』では、その仮説を踏襲している）。

受取証があるなしの問題ではない。ことに金銭にかかる問題は、すぐに他人が信ずるから否応でも言い訳をしたくなるものだ。張学良からの金銭もらい受けの一件も、犬養の死後に出た風説であるが、犬養にすればとるにたらぬ根も葉もないこととして、平然としていたことであろう。

犬養と張学良の関係を知らない世間は、様々な臆測に右往左往した。たしかに当時の政界上層部には、床次竹二郎のような金銭授受問題から、こうした噂がまことしやかに流れていたのであろう。そうした噂を流すことで、青年将校の行為の正当性を側面から支える意図も垣間見える。

だが、いやしくも犬養ともあろう者が張学良から二〇万円もらって受取証を書くなど考えられないと「木堂先生を語る」（『木堂傳』下、六八頁）の中で伊藤仁太郎（痴遊）も述べている。何より、犬養を撃った中村、三上、黒岩、山岸各中尉と村山少尉ら実行犯の陳述を見ても、こうした話は流説にすぎないことが分かる。なぜ犬養を殺したのかは判然としない。なかでもっとも不思議に耐えないのは、張学良のことが一言半句も出てこないことである。まして彼からの金銭の授受があったことなどについて何の証言も得られていない。ただ、彼らが一様に言うのは政党の腐敗、疑獄事件、国家百年の大計を考えている政治家が一人もいない、刻下の重要問題について政友会も民政党も重大政策は何も掲げていない。それは、とりもなおさず政党のその日暮しを立証するもので政党打倒の意思表示を決意したと述べている。

犬養は、何を話そうとしていたのか。実はここで、一つの推論をしようと思う。

犬養は、三上を日本間に案内してゆく途中しきりに「話せばわかる」とくりかえしていた。それは昭和七年（一九三二）五月一三日に記者会見を報ずる、「ファッショ運動者にもいかものがある。首相時局談を一席」という見出しの記事が『東京朝日新聞』をはじめ、各新聞に一斉に載った。

兵隊たちが血相かえて土足で闖入《ちんにゅう》してきて犬養にピストルをつきつけたとき、犬養の頭にとっさにひらめいたのは、ファッショ罵倒の記事に憤慨してやってきたと思ったのであろう。その釈明のために「話せばわかる」と何回も言い続けたのではないか。また犬養は、この少し前に政友会大会でも議会政治の擁護を強調し、最近の議会否認の傾向を痛烈に批判している事実から見て、最後の瞬間まで彼の脳裡にあったもの、そして若い将校たちに「話せばわかる」と説得しようと考えたのも、そのことではなかったのか。彼は終生議会主義の権化といわれた筋金入りの政治家だったから、最後まで議会政治が念頭にあった老政治家犬養の心事は、悲壮極まるもので察するに余りある。

前述のように、事件当日に護衛の警官が「暴漢が乱入しました。閣下お逃げ下さい」と必死に懇願するのを、犬養は「いや、わしは逃げない。そいつたちに会おう」と悠然としていた。そして「話せ

ファッショ運動者にも いかものがある

首相時局談を一席

犬養首相は十二日新聞記者團との會見においてファッショ運動、選擧法改正、滿洲問題、對露關係、國家經濟政策問題その他時局談を試みたが、右のうちファッショ運動と對議會關係に關しては大要左の如く語つた

近頃議會政治否認いはゆるファッショ運動の聲が世間にあるやうだが、あれはほんの日本國中の僅かな部分だ、議員が議會で下品な野次を飛ばしたりなぐりあひをやつたりすることはもとより慎むべきだが、平生は立派な人でも興奮すると群衆心理で妙に亂暴するものもあるやうだ それに議會で亂暴する者を却つて選擧區で歡迎するといふ現狀であるから余計にその弊を助長する、國民すべてが善良なら其中から選ばれる議員のみ獨り惡いといふ道理はない、學界の有様はどうか宗教家はどうか、みんな御同樣ぢやないか

て資本家を威嚇してゐる、合同問題の前途多難と見て社民黨も大衆黨もそれぐ\幹部が地方遊説に乗だし乗出して「下からの合同カンパ」をあふりはじめた、合同反

得るか、また統一的な政策を保持し得るか、お代は見てのお歸りにといふところ

◇…大衆黨の「戰略的な合同運動」が果して「みいら取り」の例にならずに

ファッショ運動批判の記事（『東京朝日新聞』昭和７年５月13日朝刊２面）

ばわかる」と三上に対してくりかえしたのは、張学良の一件のような俗事ではなく、もっと国家国民の指導者としての矜持《きょうじ》を持していた老政治家の最後の言葉として後世に残すに足る中身の重い話であったのであろう。

ところが当時、流言に妄動した一般民衆や乱入した狂信者は、国家を思う犬養の心とは完全にすれ違ってしまっていたのは、まことに不幸の極みであった。

五・一五事件の裁判

五・一五事件が起きたとき、下手人をどう裁くかが問題となった。まず日本の指導者層の考えとして、東大教授になった竹山道雄とその伯父の枢密顧問官岡田良平との一問一答を見てみよう。

竹山「青年将校たちは、死刑になるべきでしょう」
岡田「わしらも情としては忍びない気もしないではないが、あれはどうしても死刑にしなくてはならぬ」
竹山「しかし、もしそうと決まったら、仲間が機関銃をもち出して助けにくるから、死刑にはできないだろうといいますが」
岡田は、
「そうかも知れぬ」
とうなずいて、しばらく黙った。そして、顔を上げて身を乗り出して、目に悔しそうな光をうかべて語気荒く言った。

「もし、そんなことになったら、日本は亡びる」

竹山は亡びるとは大げさだと思ったが、後になって空襲のころによくこれを思い出し、「やっぱり大げさではなかった」と思ったという。

（竹山道雄『昭和の精神史』）

五・一五の軍事裁判は、横須賀の軍事法廷で行われた。事件の被告に対する求刑は、死刑の大方の予想を裏切って、大半が無期であった。しかも審理が進むうちに、減刑嘆願にことよせて軽くなり、ついに軍人で死刑はもちろん無期刑でさえ一人もなく、禁固一五年が最高刑であった。一方民間人は求刑どおり無期となった。

軍人に極めて甘く、民間人に重いこの量刑の不公平は当然のことながら国民の批判を招いた。とくに、代議士斎藤隆夫は憤慨し、軍部内の犯人と軍部外の犯人とに対する刑の量定に大きな隔りがある、これでは軍人が、いかなる非合法を犯してもすべて寛大に扱われる。同一の犯罪でありながら、身分が違うため、片方は軽く、片方は重い。しかも規律がもっとも正しく、訓練の厳正の軍人を寛大に扱うということは軍隊そのものを冒瀆《ぼうとく》するものだと斎藤は論断した。

この不当に甘い裁判により軍部は自らを正す機会を失い、懼《おそ》れを忘れ、次の二・二六事件へと結びついてゆく。同じ事件が、今度はいっそう大規模に、かつ組織的に行われることになった。

海軍の現役将校一味が、制服をまとい白昼堂々と土足で首相官邸に乱入し、犬養総理を問答無用で射殺するという行為は、全く言語同断、弁明の余地のないもので、当然極刑に値するものであった。当時の海軍大臣は大角岑生（六年一二月一三日～七年五月二六日、九年七月八日～一一年三月九日）、岡田啓介（七年五月二七日～九年七月八日）であるが、彼らは、断固として処断する勇に欠け、病根を摘出することができず、将来に大きな禍根を残した。

当時、海軍部内にも、犯人たちを愛国者、憂国の士と言う者がかなりいた。また、新聞や民間人の中に彼らに同情する者も多かった。こうした世論が、厳正、公正なるべき裁判に相当影響した。日本の伝統として古くからある悪い温情主義と世論の圧力で、軍法会議は、検察官の公正な求刑を斥け、非常識きわまる軽罪ですましたのである。このことが大きな禍根を残し、軍人は何をやっても罰せられないという妄信を流布することになった。以来、軍部の横暴の度合いはいっそう激しくなり、ついに四年後には軍隊までも動員した二・二六事件を引き起こすにいたった。この事件こそは、五・一五事件の甘い裁判の結果が、その原因となったことは間違いないのである。

事件の全貌は、昭和八年（一九三三）五月一七日午後五時、陸・海・司法三省連名で公表された。一体、起訴された者は海軍側一〇名、陸軍側一一名、常人関係者二〇名（ほか一名死亡）であった。五・一五事件の被告は、海軍将校、陸軍士官候補生、民間とわかれ、裁判権が三つに分立している。そこで陸、海、司法三省の調和をはかるため、海軍省主権で、三省の検察官会議を開き、歩調をそろえてゆくことになった。しかし、陸海軍側と民間被告側とでは訴訟手続きが異なり、ことに起訴と予審との関係は全く逆となっている。

海軍軍法会議（裁判長海軍大佐高須四郎）は横須賀鎮守府で、山本検察官が公訴状を朗読、高法務官の事実審理で始まった（『五・一五事件公判記録』）。「首相その人を殺す心算もあったか」に対し、訊問をうけた古賀清志は、「無論あったが、個人としての怨はなかった」と答えている。最後には、「私は軍人として軍規を冒《おか》し、国民として国法を冒したものである、これは国法に照して秋霜烈日の如き断々乎たる御処断を願いたいものと思う」と述べた。

実行犯の心情

海軍軍法会議において、首相の死に対していかなる感想を抱いているかとの法務官の質問に対して、主犯の古賀清志は、「個人的に首相にうらみはなく、立派な人と尊敬していた。あの時の態度は実に立派であった」と答えた。

また山岸宏中尉も同様に、「犬養総理は立派な方で、尊敬しておりました。あのときの落ち着いた堂々たる行動に畏敬の念をもちました。私どもは総理がにくくてやったことではありませぬ。社会の悪を正すためにやりました」と述べている。

また、村山少尉は次のように答えている。「大津の刑務所に来てからは毎日のやうに犬養首相並に遭難者の冥福を祈ってゐます、犬養首相の尊い死に依って日本国民が亡国の形骸から救はれ、新日本の維持が確立されんことを衷心から切望します」。さらに法務官が、巡査平山八十松に拳銃で貫通銃創を負わせたことをどう考えるかと尋ねたのに対し、村山は「後から考えてみると乱暴なことをした可哀さうなことをしたと思って居ります」と答えている。この平山巡査は勇敢にも木剣を振って侵入者に立ち向かって傷ついたのである。

さて、陸軍軍法会議に眼を転じよう。こちらは、青山第一師団司令部軍法会議所で行われ、裁判長、砲兵中佐西村琢磨であった。それに四人の判事、法務官、検察官ほか弁護人がいた。検察官の公訴事実の陳述のあと、島田法務官の取り調べに入った。

もともと陸軍は候補生であって、海軍の現役将校に使嗾《しそう》されて計画に参加したと言われていたので、海軍法廷とは若干趣を異にしていた。

海軍側公判（昭和８年７月24日）
（毎日新聞社提供）

陸軍側公判（昭和８年７月）
（毎日新聞社提供）

篠原市之助候補生は次のように陳述した。「吾々は政治家を恨むものではなく、それを左右する制度を恨む。吾々は犬養閣下に何のうらみもない。寧ろ清廉潔白なる大政治家として尊敬してゐた。犬養閣下は首相として制度の上にあつた為に倒れたのです。吾々は心から閣下の冥福を祈ると共に、政党者は犬養閣下の死によつて覚醒すべきであると思ふ。犬養閣下には誠にお気の毒でした」。自首の考えは初めからあったか、との質問に、「ありません。私達は死ぬ考へでした。首相官邸で自刃するつもりでした。事件以来一年有余の沈思瞑想により益々信念を固くしました。然し国法を犯し宸襟を悩まし奉りたる罪は万死に価します。一同打揃って自刃し得なかつたのは残念であります。極刑に処して頂きたくあります」と首筋を紅潮させて大声でこれを反覆した。

また、八木春雄候補生は次のように陳述している。「犬養閣下の態度は実に堂々たる立派なものでありました。私は犬養閣下が話をすれば判るといわれたので聞きたいと云ふ気持が動きましたが、その途端に山岸中尉殿が、「射て、射て」と叫び、首相は顔をテーブルに伏せ静かに倒れ一語も発しませんでした」と犬養首相の最期を敬虔な口調で称揚した。現在の心境を問われて、彼は、「七度生れて皇道の為に尽さん決心であります。さり乍ら犯した罪に対しては峻厳なる刑を持って臨んで戴きたいと思います」と眉を聳《そび》やかして言い放ったと公判記録にある。

金清豊候補生もその心境について、「国法を犯し、軍規を紊《みだ》し、校規に反き宸襟《しんきん》をなやまし奉った点につきましては申訳ありません。然し建国の精神発揚のためには生き代り死に代りこれを実行せずには已みません。行動を省れば物足らぬ点が多いのです。どうか厳罰に処して下さい」と甚しく無気

橘　孝三郎	愛郷塾頭	41	爆発物取締罰則違反・殺人・殺人未遂	無期懲役	無期懲役
後藤圀彦	愛郷塾副塾頭	32	同	懲役15年	懲役15年
林　正三	愛郷塾教師	41	同	懲役12年	懲役12年
矢吹正吾	愛郷塾生	22	同	懲役10年	懲役7年
横須賀喜久雄	同	22	同	同	同
塙　五百枝	同	22	同	懲役8年	同
大貫明幹	同	24	同	懲役10年	同
小室力也	同	22	同	懲役7年	懲役5年
春田信義	同	27	同	同	懲役3年6月
奥田秀夫	明治大学学生	24	同	懲役15年	懲役12年
池松武志	陸軍士官学校中退	24	同	同	懲役15年
高根沢与一	無職	23	爆発物取締罰則違反・殺人	懲役7年	懲役3年6月
杉浦　孝	愛郷塾生	25	爆発物取締罰則違反・殺人幇助	同	同
堀川秀雄	本米崎小学校訓導	28	爆発物取締罰則違反・殺人未遂教唆	懲役12年	懲役8年
照沼　操	同	24	同	懲役10年	懲役5年
黒沢金吉	農業	26	同	同	同
川崎長光	同	23	爆発物取締罰則違反・殺人未遂	無期懲役	懲役12年
大川周明	神武会長・法学博士	48	爆発物取締罰則違反・殺人幇助	懲役15年	懲役15年
頭山秀三	天行会長	27	同	懲役10年	懲役8年
本間憲一郎	紫山塾頭	44	同	同	懲役10年

（『国史大辞典』第五巻，吉川弘文館）

五・一五事件受刑者一覧

被告名	地位	年齢	罪名	求刑	判決
古賀清志	海軍中尉	26	反乱罪	死刑	禁錮15年
三上卓	同	28	同	同	同
黒岩勇	海軍少尉	27	同	同	禁錮13年
中村義雄	海軍中尉	26	同	無期禁錮	禁錮10年
山岸宏	同	26	同	同	同
村山格之	海軍少尉	26	同	同	同
伊東亀城	同	26	反乱予備罪	禁錮６年	禁錮２年 (執行猶予５年)
大庭春雄	同	25	同	同	同
林正義	海軍中尉	28	同	同	同
塚野道雄	海軍大尉	35	同	禁錮３年	禁錮１年 (執行猶予２年)
後藤映範	陸軍士官候補生	25	反乱罪	禁錮８年	禁錮４年
中島忠秋	同	25	同	同	同
篠原市之助	同	24	同	同	同
八木春雄	同	24	同	同	同
石関栄	同	24	同	同	同
金清豊	同	24	同	同	同
野村三郎	同	23	同	同	同
西川武敏	同	23	同	同	同
菅勤	同	23	同	同	同
吉原政巳	同	23	同	同	同
坂元兼一	同	23	同	同	同

味な圧力の籠った調子で心の底を打ちあけたとある。

候補生たちは、国法を犯し、軍規を紊乱《びんらん》し校規に反き宸襟をなやましたことには申訳ないと言っており、いずれも最後に極刑に処してもらいたいと繰り返している。国法に背き、自刃の機を失して申し訳なしと西川候補生も言う。

陸軍側の候補生の陳述は、若いだけに真情あふれ、篠原候補生などは、飛行連隊の専門知識をもって日本空軍の貧弱を斬りまくり、満廷を傾聴させる場面まであった。さらに「吾々は犬養閣下には誠にお気の毒でした」と声をふるわせた。関係被告は海軍側一〇名、陸軍側一一名、常人二〇名の合計四一名であった。

受刑者たちの処罰

前頁の表にみるように、陸軍側の求刑には、かなりの情状がみとめられる。一方、海軍側の量刑は、求刑に対して、判決は常識よりもきわめて軽かった。これは、当時、国民の間に起こった減刑運動に裁判が左右されるところがあったためであり、その後に大きな問題を残した。

この事件の結果を見ると、犬養首相と田中巡査を殺し、平山巡査に重傷を負わせ、牧野内府邸では、橋井巡査を負傷させ、手榴弾を投じ、邸内を損傷させ、警視庁襲撃では、長坂書記、高橋記者に傷を負わせている。政友会本部なども同様であった。彼らの実行は、まことに首尾一貫していなかったのである。

犬養内閣を葬ったのは海軍も同罪

五・一五事件の実行犯に海軍将校がいたことは、世間を驚かせた。三月事件、十月事件といった、陸軍将校を中心にして起こった事件にも海軍は少なくとも表面的には加担していなかった。

もともと海軍は、陸軍に比べ国際的視野をもち、外国情勢にも明るい教育をしていたからであった。二度の軍縮会議も経験している。すなわち一つは、大正一〇年から一一年（一九二一〜二二）にかけて開かれたワシントン会議であり、いま一つは、昭和五年（一九三〇）のロンドン会議であった。この二つは明暗の両極端の結果を招来した。ワシントン会議は日本を財政破綻から救ったが、ロンドン会議は政治の混迷を招き、そのうえ海軍部内に対立抗争の種をまいた。

満州事変（昭和六年九月）、上海事変（昭和七年一月）がたて続けに起こり、上海に利権をもつ米英は、この一連の事件を重大視し、日本を威圧する態度に出た。アメリカ海軍は、総合大演習と称して、大艦隊をハワイ周辺に集結、示威運動を展開した。「日米戦近し」が巷間の噂となり、そのような本が次々と出版された。この世相に憂慮した海軍の良識派の正論は、艦隊派の強硬な態度に消されがちであった。このとき、海軍少壮士官を首謀者とする五・一五事件が起こったのである。陸軍だけが悪者ではなく、海軍も、こうしたきな臭い世界情勢に左右されていたのである。

陸軍と海軍では勤務形態がまるで異なる。いうまでもなく陸軍は陸上に勤務し、政治の中枢にあって、相互にいつでも連絡がとれる。そのため、国家改造の時期などもやや長期にわたる展望の中で選択できる。一方、艦隊勤務を基本とする海軍は、一致した行動をとる機会は少ない。したがって行動の時期を選択できる機会も限られる。海軍は、今回のような事件を起こすのにも鉄が熱したと見たときに、時を移さず行動に出なければならないと思っていた。しかも、犬養襲撃の準備段階で、陸軍はあまり乗り気でなく、これを阻止しないまでも、拱手傍観《きょうしゅ》の態度に終始したことが証言されている。時機尚早と見た陸軍に対し、海軍の猪突猛進ぶりが、識者のもっとも意外とするところであった。

森恪による手引説

犬養を殺したのは、荒木貞夫と森恪だという風聞もかなり行われた。それは、犬養の通夜の席で神田錦町の松本亭の女将松本フミが「犬養先生をこのような姿にしたのは荒木さんと森恪さんです」と涙ながらに絶叫した（『人物往来』）というのが伝わったらしい。もちろん森も荒木もこれについては一言も発していない。

五・一五事件で当日午後五時半に犬養首相が官邸にいるという確実性と官邸内の状況について内報した者がいるはずだという説も一部にかなり行われた。そしてそれは多分、書記官長の森恪だという説である。近いうちに陸海軍の青年将校たちが何かやるのではないか、という風評が、軍部関係や政界や右翼方面に流れていたことは確かである。西田税《みつぎ》や彼に近い陸軍側青年将校たちがもっていた程度の情報は小畑敏四郎少将など陸軍上層にも届いていたことは想像できる。

しかし陸軍側の参加なしに海軍側と血盟団の残党だけでは決行に踏み切れないだろうと気休め的な観測もしていた。ところが陸軍の士官候補生たちが、陸軍を出し抜いて海軍側将校と行動を共にするとは予想もしていなかった。こちらも不意をつかれた格好だった。そして軍部、特に陸軍との接触に努めていた森恪が、この程度の情報をつかんでいたことも十分考えられるところである。

森恪手引説を大胆に推理したのが、松本清張の『昭和史発掘』（一九六六年）である。これによれば、このクーデターのプランを立てたのは大川周明であり、大川へ犬養在宅の情報と官邸内の見取図を渡したのが、内閣書記官長森恪ではないか、そして、その機会を利用して戒厳令を施行し、軍の監視下に強力内閣をつくる。しかし、これはインナーキャビネット的な性格で、やがては森恪に引き渡す、という内容であった。

これは推理としては面白いが、大川周明は「政党政治打倒」を掲げた国家改造運動の指導者であり、元来政党人とか代議士とかを毛嫌いしていた。したがって政界きっての策士、森恪とも交際はなかったと断定する人もいる（中谷武世）。なにより、中心人物の古賀清志（古賀不二人と改名）がこれをはっきり否定している。

また森は、参謀本部の支那系統の軍人とは、「東方会議」以来親しくしていたことは事実だが、海軍、特にその青年将校とは何のつながりも持っていなかった。青年将校との関係と言えば、むしろ西田税につながる陸軍の青年将校である。この事件の後、小畑敏四郎少将は、「実は、政友会の森恪（内閣書記官長）と暗々裡に国家革新の話を進めていたのに、これではすべてが終わりだ」と残念そうにつぶやき、その顔は悲痛にゆがんでいたという（『中谷武世回顧録』四三一頁）。

4　国家主義の横行

日本の軍国主義

政治的、社会的に見ても、昭和六年（一九三一）一二月一三日から翌年五月一五日に至る犬養内閣ほど、激動する荒波に翻弄されたものはない。対外的には満州事変、上海事変、「満州国」建国、リットン卿の国際連盟調査団などがあった。また国内的には一月八日の虎ノ門事件があり、その責任を負って辞表を提出したが、優諚を拝して留任、一月二一日衆議院を解散、二月九日前蔵相井上準之助の暗殺、二月二〇日総選挙での政友会未曾有の大勝、三月五日に三井合名理事長団琢磨の暗殺、そしてに五・一五事件で終止符を打った。

この期間が、これから始まる暗黒時代の幕開けとなった。転落への道の第一歩を何とか防ごうとしたのが、痩軀鶴の如き老宰相犬養だったのだ。犬養が軍国主義の片棒を担ぎ、犬養内閣をもって軍国体制の基礎成るという左翼の評論家の説も一部に行われたが、これほど本末転倒の議論はない。左翼には右翼と言われ、右翼には左翼と言われ、そして右翼の青年将校により暗殺されたのである。それほど、当時の日本という国は右も左も分からずに唯々迷走の極にあったのである。右と言えば右、左と言えば左と、そのときどきの川の流れに従って右往左往していた日本国民は気の毒であった。それを操っていたのは次の二つである。一つは、日本の軍国主義であり、あたかも癌細胞のように成長し増殖していき、「現状維持」派の旧勢力によって政治の軍国主義への転化が徐々に行われた。もう一つは、それを内面指導した右翼であり、平和的右翼は「昭和維新」を唱え、暴力的右翼は「維新革命」を唱えた。こうした右翼思想もブレーキをかけられて一応は弾圧されたが、それも一時的なものにすぎなかった。

襲撃へと駆り立てた思想家

犬養内閣成立の前日（昭和六年一二月一二日）に、西田税と井上日召グループは、陸軍の菅波三郎中尉、大蔵栄一中尉、栗原安秀中尉、海軍の古賀清志中尉、中村義雄中尉などと忘年会を開いた。権藤成卿（善太郎）も来ていた。しかし、このときを境に陸軍が離れていった。権藤成卿は、井上日召、橘孝三郎と並んで「現状破壊派」のファシスト三羽烏の一人であった。彼は、昭和七年（一九三二）の血盟団事件、五・一五事件の「黒幕」としてクローズ・アップされ、世間の注目を集めた。

五・一五事件の背後の思想には様々なものがあるが、いずれも若い事件当事者たちの公判中の言動からは、北一輝、権藤成卿、橘孝三郎、大川周明が浮び上がってくる。彼らは、多かれ少なかれ当時の世相に強い影響を与え、それが一つの社会思想を形成し、日本固有の文化精神として青年将校の昭和維新への叫びにつながるものとなっている。青年将校たちは限られた環境で、与えられた限られた思想書によって国家主義へと傾斜していった。

右記の人々のうち橘孝三郎と大川周明は、五・一五事件における背後の人ではなく、当事者そのものである。前者は事件の行動者であるだけでなく、参加した農民たちの思想を指導し、これを実行させた先覚者である。後者は、行動の人ではなくて、思想の人である。公判で陳述したなかに、大川の著書を数冊あげる者もあった。五・一五事件は大川の思想のみによって起こされたものとはいえないとしても、その背後に大川の思想が一つの重要な役割をもっていた。公判廷での数人の供述に出てくる日本精神、皇室中心主義という言葉は彼の著書に由来する。

大川周明と北一輝のコンビは、わずか数年で敗れたが、この二人に共通した点は大陸政策と国内革新を結びつけたこと、それに、さらに重要なのは、右翼革命の行動的エネルギーを軍部のエリートに求めたことである。しかし、これは、北においても、大川においても軍部に裏切られてしまう。前にも述べたように少壮軍人たちが国体論に毒されていたことに北たちは気づくのが遅れた。彼らは、彼らの手によるテロとクーデターへの道を勝手に歩き出してしまったからである。ここで北たちの思惑は全くはずれてしまった。ともあれ、もしこの二人の軍部への働きかけがなかったならば、三月事件十月事件、五・一五事件は起こらず、その後の軍部独裁の傾向に拍車はかからなかったであろう。とくに大川は、昭和六年の三月事件で指導的役割を果たしていた。これが、その後の軍部のテロやクーデターの原型となり、その起動力となったことは間違いない。

海軍青年将校を犬養襲撃に駆り立てたものは、大川周明らの思想であった。海軍は、粗暴で頑迷の風のある陸軍に比べてよい意味でも悪い意味でも知識とか哲学とかを尊敬する風土があった。しかし悪く言えば、頭でっかちの性癖が若い者たちを支配していた。しかも艦隊勤務という閉鎖社会でごく限られた思想書を精読する時間の多い彼らの勤務形態が、彼らの思想をラディカルにしていったことは争えない。こうした思想書に洗脳された若い将校の頭に次々とわき起こってきた「昭和維新」というお題目が全身を覆いつくすようになる。

中立厳正なるべき軍律も、彼らの思想の前には、何の障害にもならなかった。もともと、人を殺傷するのが軍隊教育であるから、間違った思想に支配された武装集団ほど恐ろしいものはない。陸軍に遅れまじとする海軍の短絡した思想はついに中立公正な正論をつぶして、大勢を支配するに至った。

大川周明と北一輝

右翼の論理には二つある。一つはナチスのような全体主義にいくもの、もう一つは天皇親政の国家社会主義である。

前者の代表が大川周明であり、これが陸軍の統制派と結んで、大東亜共栄圏構想となり、ついには日本を奈落の底につき落した。後者の代表は北一輝である。彼らは、国体明徴と重臣財閥打倒を叫び、陸軍の皇道派の理論付けをなし、二・二六事件を引きおこした。両者、いずれも論理的な体系もなく、霊感とか、神の啓示とか、神がかり的であった。こうした日本を覆っていた黒い思想が、当時の独善的日本思想の原形質となって、侵略と暗殺を生み出す母体となった。大川周明は、『日本精神研究』など多くの著書があるが、いずれもロマンチックな自己陶酔に満ちていて科学的体系的な省察はないが、人を陶酔させる美文錦粋に培われた名文である。

一方の天才とうたわれた北一輝は、『日本政造法案大綱』（一九二三年）を著して中国から帰国し、大川とともに猶存社《ゆうぞんしゃ》を組織した。北のこの著書は、軍部ファシストたちの経典となり、皇道派青年将校の信奉を得た。行動をともにしていた大川とは、大正一二年に袂を分かち、最後は犬猿の仲となった。両人ともロマンチックな空想的革命家だった点が共通している。後の少壮軍人の手によるテロとクーデターは、北の志向するところとは相容れず、彼らは国体論に汚染されていた。であるのに北が、彼らエリート軍人に頼らざるを得なかったのは悲劇であった。北は二・二六事件には直接の関わりがなかったが、昭和一二年（一九三七）に首謀者として処刑された。北が銃殺に処される直前、天皇陛下万歳三唱を提案した同志に対して「それには及ぶまい、私はやめる」と答えた一言のうちに、彼のたどってきた運命の悲劇が集約されている。

こうした二人の革命家が、軍部や一般民衆を自在に操ってきたところに日本の思想界の底の浅さがあり、民衆や軍部の腰の軽さが見られる。「付和雷同」という言葉が、犬養内閣の頭上を覆い尽した大きな黒雲であった。内閣倒壊でこの黒雲は消えたかに見えたが、その雲間にしばし浮かんだ白雲は軍部独走への表徴であった。「付和雷同」は、今度は「挙国一致」という旗印に集約されて、以後、登場する内閣の生殺与奪の権は軍部（陸軍）の掌握するところとなった。林銑十郎内閣などはその典型で、軍部がかつぎ出しておきながら、意にそわなくなった途端に引きずり下ろす。こういうことは、あらゆる部門で白昼堂々と行われた。宇垣内閣を流産させたのも軍部だったことは周知のとおりである。いまや大命降下すら軍部の力の前では無力であった。

こうした空気に支配されるようになった日本で、政治が独自性を発揮することは不可能である。政治は、軍部の意のままに動く操り人形芝居と化した。天皇さえもこれを抑えることはできなかった。犬養積年の賜たる政党政治は、彼自身の内閣でついにその幕を下ろした。その後は大政翼賛会の名の下に政治が進み、戦争への道をひた走ることとなった。

ファシズムに抵抗した人々

日本を破滅させたファシズムに直正面から対決したのは、政治家では寺内陸相と腹切問答をやり勇名をはせた浜田国松、彼は犬養党の同志であり、その遺志を継いだ代議士であった。また反軍演説で議員を除名された気骨ある自由主義者、斎藤隆夫がいる。この二人は、日本ファシズムと戦った勇敢なる闘将《ミリタント》で、このうち斎藤は戦後に第一次吉田茂・片山哲両内閣で国務相となっている。

そのほか言論界に目を転ずれば、そびえ立つ二大巨峰、『信濃毎日新聞』の桐生悠々と『福岡日日新聞』（後の『西日本新聞』）の菊竹淳《すなお》（六鼓）がある。五・一五事件に際し、全国一千余の新聞が軍部を恐れて沈黙する中、ひとり菊竹は、六鼓の筆名をもって軍部を痛烈に批判し、弾劾した。軍部の執拗な脅迫にも耐えたその精神は、「日本新聞史上最大の偉観」として今日に伝えられている。評伝（木村栄文編著『六鼓菊竹淳』）によれば菊竹は「比類なく誠実であり、政党政治、議会政治への純情を捨てず、しかも個のいのちと自由を渇仰し続けた」記者であった。桐生悠々も菊竹淳も、軍閥横行の最中に軍部批判の節を曲げず、その志を貫徹した生涯は、今日においても光輝は増している。

さらに、学界における闘将は、東京帝国大学経済学部教授、河合栄治郎《かわいえいじろう》である。彼は日本社会の特徴を西欧と対比して、自由主義が脆弱と見て、日本やドイツのような半封建的資本主義国を中間国家と命名する。そこに含まれる国家主義が、場合によると社会改革を庇護するように見えながら真実はこれを阻止する。そのため暴力革命主義がはびこる可能性が高い。だから日本で社会改革が進展するためには、国家主義や封建主義を一掃しないといけない、と考えていた。

こうした自由主義の立場から大胆不敵に立論した河合に対して、時局便乗の思想界の反撃はすさまじかった。特に昭和八年(一九三三)一一月の『文藝春秋』に発表した「五・一五事件の批判」では、かなりの個所が伏字となっている。その伏字は戦後刊行された『河合栄治郎全集』第十一巻に復元されているが、当時の官憲の横暴がよく分かる。河合はこの論文において、事件を起こした軍人の行動に対する反対意見、すなわち彼らの行動には現代の複雑な社会の改革をするだけの準備がなかったこと、そして自由主義の普及が不可欠であることを述べた。

ところが満州事変以後の日本の動向は、河合の考える方向とはまさに正反対であった。このとき彼の発表した「国家主義の批判」と「五・一五事件の批判」は、国家主義に対して正面から挑戦した論文であった。その論旨の徹底と立論の大胆不敵さは、反対党をも瞠若たらしめる金字塔だった。これに当時の検閲が縦横に伏字の斧をふるい、河合の文章を切り刻んだのは当然といえた。昭和一三年(一九三八)には、河合の四冊の本が発禁となったばかりか、発禁を免れた論説や本においても加えられた伏字はすさまじかった。

民衆も加担した国民感情

犬養の暗殺犯は海軍中尉らの軍人であるが、間接的に葬《ほうむ》ったのは当時の日本の民衆である。それは世論という形で表われた。当時の日本の世論は、満洲国の即時承認を強く要求していた。その先頭に立ったのはマスメディア、とりわけ新聞だった。

満州や中国への侵略は軍閥・官僚だけが侵略を推進したのではなく、それと併せて日清戦争の頃から国民の間に徐々に浸透してきた東洋人蔑視《べっし》の感情があったことは見逃せない。当時は幼い少年までが中国人を蔑称で呼んだりしていた。中国への無知無関心という根深い心理的地盤がなかったら、中国への侵略はやすやすと実行されなかったであろう。それは西洋への劣等感の裏返しでもあった。それゆえ、すべてを「支配階級」の罪にして済ますことができるであろうか。一国の政治は、国民性やその時代の国民感情の反映である。民衆も責任を逃れることはできない。

また、大正から昭和にかけて政党政治が極度に頽廃《たいはい》し、民衆の間には政党不信がひろがっていた。農村の疲弊への憂慮、社会風俗の頽廃、五私鉄疑獄事件（私鉄事業者による汚職事件）や売勲事件（叙勲をめぐる汚職事件）などに見る政党政治の腐敗への怒りがあった。そして、その対極に青年士官の純潔性や志士的気概を対置して、それとなくこれに共感する思いをもっており、腐敗した財閥政党や官僚たちへの粛清を望んでいた。

犬養を殺した下手人たちは、自分たちのこれから起こす行動に対して国民がこれを支持していることを肌で感じとっていた。だからこそ世紀の不祥事を平然と悪びれずにやってのけたのである。下手人は、「その行為をすることで、政界の汚濁が清められると単純に信じきっていた」（三上卓の供述）のである。

助命嘆願と国民の責任

五・一五事件発生後の国民感情は、またさらに大きな渦の中に巻き込まれる。それは事件の実行犯への国民の熱烈な助命嘆願が澎湃《ほうはい》として日本全国にひろがった。彼らを救国の英雄とまで祀り上げ、自らの小指を封筒に入れて助命を乞う者まで現われた。このように犬養暗殺の行動を支えた民衆の力を忘れてはならない。

減刑嘆願書の束（毎日新聞社提供）

事件に関係した陸海軍軍人二二名（藤井斉大尉を含む）のうち、佐賀五名、福岡、宮崎各二名、熊本、大分、鹿児島各一名と、一二名が九州出身者で占められていた。なかでも佐賀出身の藤井、三上、古賀、村山、黒岩の海軍将校五名（藤井は事件前に戦死）は事件の中心人物である。そのため公判の最中、全国から集まった減刑嘆願書六九万七〇〇〇通のうち、佐賀県下から寄せられたものが七〇〇〇通を越えた。

五・一五事件に伴う国民感情の愚昧《ぐまい》を堂々と論じたのは、『信濃毎日新聞』主筆桐生悠々である。事件に国民にも大きな責任ありと叫んだ、勇気ある発言である。桐生悠々はのち昭和一一年（一九三六）五月の雑誌『他山の石』において次のように述べている。

五・一五事件に対する当局の態度が、新聞紙法にいうところ、賞恤的、救護的であったばかりでなく、一部国民のこれに対する態度もまたそれであったことは、当時減刑運動がしかく盛んであったことを見ればぱ、思半ばに過ぐるものがある。これは実に怪しからぬことであった。だから、この場合誡むべきもの、責むべきものは政府当局ではなくて、国民それ自身である。たとひ、その動機は至純であっても、犯罪は犯罪であって、何処々々までも憎むべきものである。然るにこれを憎まずして、却ってこれを賞するようでは、国民そのものがなっていないのである。〔中略〕国民の正義に関する観念と、これに伴う感情が今少しく発達し、訓練され、陶冶されていたならば、五・一五事件は起らなかったであろう。起っても、これに次ぐ今回の東京事件〔二・二六事件〕は起らなかったであろう。五・一五事件に対して、一部の国民がしかく賞恤的、救護的の態度を取らなかったならば、恐らくは、東京事件も起らなかったであろう。〔中略〕今更ながら我国民の愚昧なるに一驚を喫せざるを得ない。〔中略〕要するに誡むべく、責むべきものは政府当局、軍部当局ではなくて、寧ろ国民自身である。と同時に、これをして由らしむべきものとしたのは、これをして知らしむべからざるものとしたものは政府当局である。だから、最終の責任者はやはり当局である。国民にして、かゝる不祥事件の原因を知り得たならば、如何に愚昧な我国民といえども、しかくにわかにはこれらの犯人に同情を寄せなかったであろう。

（傍点筆者）

5　事件をめぐる報道

報道は少なかった

ジャーナリズムは、こういう事件の際こそ活躍すべきであるが、国民感情と軍部に遠慮してほとんどノーコメントであった。この事件は海外でも報じられている。東大の若き法哲学者・尾高朝雄《おだかともお》が、三年間の欧米留学を終え、帰途、イギリスから大西洋を横

東京朝日新聞

號外

昭和七年五月十五日

首相官邸、警視廳、内府邸等を

壯漢隊伍を組み襲撃

ピストル手りう彈を以て

陸海軍制服の軍人等

犬養首相狙撃され

頭部に命中し重態

官邸日本間に侵入

我勝ちに首相へ發砲

二彈命中、すこぶる重態

自動車で乘付け

牧野内府邸に投彈

巡査一名負傷の外幸ひ無事

牧野内府は無事

一味十八名憲兵隊に自首

全閣僚首相官邸に參集

警視廳にも投彈爆發

日銀も襲撃さる

臨時首相代理設置か

三菱銀行本店も

爆彈に見舞はる

但し何等異狀なし

首相從容として

壯漢をたしなむ

警官一萬を動員

徹宵非常警戒

警視廳の幹部協議

首相に輸血

政友會本部を襲ふ

海軍首腦部

嚴重處置を協議

(二)　昭和七年五月十五日　東京朝日新聞　(日曜日)

突發せる大兇變の現場

寫眞說明

【1】遭難し重態の犬養首相（首相官邸における最近の寫眞）

【2】政友會本部前の雜踏

【3】牧野内府邸前

【4】負傷した田中巡査（[illegible]前田病院へ擔ぎこむところ）

【5】警視廳玄關口

【6】政友會本部に投じた不發彈

【7】三菱銀行前の警戒

事件を報じる号外（『東京朝日新聞』昭和７年５月15日）（犬養木堂記念館蔵）

断した船がボストンに着いた時、そこで初めて祖国日本に起こった五・一五事件を『ニューヨーク・タイムズ』で知ったと述懐している。また、当時の英国新聞は、「日本に対するいかなる悪意の第三者といえども、今回の事件ほど日本の名誉を毀損することはできない」と、五・一五事件を報じていた。しかるに日本の新聞は、これほど重大な政治事件についてあえて論評を避けた。今日から見ても、二・二六事件に比べて五・一五事件は、不当に小さく取り扱われていると思わざるを得ない。

菊竹六鼓の勇気

　犬養遭難の報を受け、各新聞はこぞって社説を出したが、都下の中央紙よりは、『福岡日日新聞』『信濃毎日新聞』のような地方紙が、憲政の護持、言論報道の自由擁護に決意を披瀝していることは注目される。他には『大阪朝日新聞』(五月一七日付)が論説「帝都大不穏事件、憂ふべき現下の世相」を発表したけれども、菊竹六鼓の『福岡日日新聞』のように、一年にもわたり執拗に軍部への痛論を続けた新聞は他にはなかった。

『福岡日日新聞』の菊竹六鼓は、五・一五事件における少数軍人の暴虐に対し、死を覚悟して痛烈な批判を加え続け、「憲政か、ファッショか」と迫った。当時五二歳の菊竹六鼓は、他にも数々の歴史的事件について論評しているが、とりわけ五・一五事件関係論説七編が光っており、全編中の白眉である。すなわち菊竹六鼓は、第一弾として五月一六日に「首相兇手《きょうしゅ》に斃《たお》る」、第二弾として五月一七日に「あえて国民の覚悟を促す」、第三弾として五月一八日に「宇垣総督の談」、第四弾として五月一九日に「騒擾事件と輿論」、第五弾として五月二〇日に「当面の重大問題」、第六弾として五月二一日に「憲政の価値」、第七弾として五月二八日に「非常時内閣の使命」を発表した。

それらの具体的内容についてまでは触れないが、当時の猛り立った軍部に対してこれだけの論陣を張ることは、死を覚悟しなければ出来ないことであった。当時四歳になったばかりの孫の康彦に対して、康彦の母親は「あの方〔菊竹六鼓〕だけが私たちの味方だったの」と何度も言っていた。一家にとっていかに六鼓の存在が大きかったかがわかる。

しかし、六鼓の鋭い社説の数々は、当局の報道禁止の処置でメディアの世界では大きく広がらなかった。「五・一五事件最大の教訓は、メディアの沈黙、社会の沈黙が軍部の「一人勝ち」を生み、魔法の森の闇をさらに深くしてしまったということになろうかと思う」（犬養康彦『五・一五事件と私』）この言葉は後世のためにもきわめて重要な指摘である。康彦の父犬養健は、その父毅の遺志を継いで、昭和一三年頃から中国国民党との和平工作に没頭したが、この工作は実らなかった。彼の遺著『揚子江は今も流れている』にその和平工作について書かれており、中国大陸との平和共存を実現しようとした犬養の遺志は、その子息健《たける》に立派に引きつがれていたのであった。

『新愛知』の犬養追悼

『福岡日日新聞』や『信濃毎日新聞』の他には、『新愛知』が注目に値する。

昭和七年（一九三二）五月一七日の『新愛知』は、社説「犬養首相を悼む――偉大なりし進歩的政治家」でこう述べている。

犬養氏は、わが国の議会政治家として典型的人物であった。それは、同氏が初期以来引続いて、議会に席を有してゐたといふことだけではない。犬養氏は政治上の事功としては、しばしば入閣の機会を与へられながら、持ち前の非妥協的性格といひ、稀れにみる清廉なる操守といひ、みづからこれらの機会を放棄したことがあって、比較的実際政治家としての期間が短かかった。むしろ故首相の本領とするところは、明治、大正、昭和を通じて、実際政治よりも一歩高きところに着眼し、常に政界の清涼剤、防腐剤として、一時代を警告するところにあったやうである。

おそらく近世における政治批評家としては、大隈侯以上の聡明と先見と奇警とを併有してゐたといってよい。従って犬養氏の議会政治家としての地位は、その素質と経歴との二つながらにおいて、深く国民から敬重せられてゐたのであった。

特にわれらが、犬養氏に期待してゐたことは、同氏が一切の事物に対して、科学的、客観的省察を忘れないといふことであり、この犬養氏の科学者らしくしかして進歩的であった素質は、老いてますます洗練せられやうとしていたことは、今日のごとき複雑なる政治および経済事情に処して、まさに大いにその老手腕を発揮するであらうといふ希望であった。犬養氏が七八歳の高齢をもってして、しかもなほ少壮政治家の間に伍して、死するまで進歩的政治家としての面目を失はなかったのは、同氏を生める環境閲歴のしからしむるところであって、人は必らずしも年齢の長幼によって、その思想を批判すべきものでないといふことの生きたる証左でもあったのである。高齢にして、しかも進歩的政治家であったことは、少くとも犬養内閣の残すべき事績として、わが憲政史上画期的の何ものかがあるであらうといふことは、おそらく大部分の国民がこれを期待してゐたであらう。今や日本一国の運命としては、まさに奔湍《ほんたん》の激流中に舟をやるが如く、一歩を誤ればいかなる事変を発生するかも知れない危機において、この老練にして新味のある政治家を失ったことは、何としても国家の一大損失といはなければならない。

この論説は、犬養の人格と政治生命を、語り余すところがない。客観的にして情緒過多に走らず、この時期にあって、新聞人の天職を過らしめなかった筆力は見事というほかはない。ここにあえて長文を引用したゆえんである。

以上、事件についての新聞報道を見てきた。新聞各社は事件発生と同時に号外その他で報じたが、内務省が五月一六日に「事件の性質の余りに重大なるに鑑み、直に公安維持の必要あり」という理由で犯人の氏名経歴その他の発表を禁じたので、その後の事件関係記事は避けられた。

しかし、事件から一年を経た、昭和八年（一九三三）五月一七日午後五時、司法・陸・海軍の三省から事件に関する公表文が発表されるとともに、内務省の記事差し止めもようやく解除された。五・一五事件が二・二六事件に比べて情報量が極めて少ないのは、事件に関する報道管制がこのように厳重に敷かれていたためであった。

6　事件の余波

事件直後の動揺

犬養遭難の凶報が伝わるや荒木貞夫は旅先から急いで駆けつけた。森恪は、ゴルフ場からニッカボッカのゴルフ着のまま飛んで帰ってきて犬養の容態を見守った。その夜遅く首相官邸の通夜の席上、犬養健の義姉は荒木を見付けるといきなり、「父を殺したのはあなたです」と鋭く言いきった。このとき健は、心中、荒木はその責を第一に負うべきだと考えた。健の勝気な義姉は、今度は森恪を見付けると、「あなたも父を殺したひとりです」とののしった。しかし健は、心中、「それは少し違うな」と考えたという。たしかに結論的にはそのとおりだが、森には人間的な苦悶《くもん》があったが、荒木にはそれがなかった。芝居気の多い荒木には森のような人間丸出しのぎりぎりに迫った苦悶がなかったと健は言う。

義姉の痛罵に対しては、前述の松本亭の女将の絶叫のときと同様、荒木も森も返す言葉もなく静かに枕頭に黙礼するだけだった。

事件当時官邸にいた女中の一人が、孫の康彦に「お坊ちま、大旦那様を殺したのは荒木貞夫なんですよ」と言ったという。中国大陸への軍事進攻に反対して共存共栄をはかろうとする犬養が軍部によって消されたということは、女中たちをも含めてすでに直感的な常識となっていたことを示している。

犬養が殺された時に古島一雄は、「犬養の死体を党本部に運んで、軍と一戦を交えるのだ」と叫んだが、誰もこれに同調しなかった。三〇四名の大政友会も烏合の衆にすぎず、軍という武装集団と一戦を交えるなど狂気の沙汰と思って口をつぐんだ。また古島一雄は、森恪を別室に引き出して、「ここで政党が、犬養の葬ひ合戦をしないと、政友会ばかりでなしに政党自体が滅ぶ、貴様、シーザーにおけるアントニオになれ」と言った。しかしこれはどだい無理な注文だった。案の定、森は、「自分もそれが出来ればやりたいがいまは出来ない」と言った。そのとき森の頭に去来したのは、アントニオとはほど遠い、この機会を利用して戒厳令を布き軍監視下に強力内閣をつくるというものであった。陸軍次官小磯国昭も、内務省に河原田次官を訪ねて、「戒厳令を布くより外ない」と迫った。しかし、警保局長森岡二郎は、この事件に対する地方民の反響について、「地方の情勢は敢て憂ふるに足らず」と内閣に報告し、結局、小磯や森恪の考えは実現しなかった。

このことを菅波三郎が荒木の代理となって参謀次長真崎甚三郎に対して強調したという。しかし、当の真崎は、押し寄せてくる青年将校を抑える側に回っていて、「貴様たちの考へは間違っとる。俺は、そのようにはお前たちを教育しなかった」と鎮撫に努めていたから、菅波三郎の強調した戒厳令は、問題にならなかった。

軍の監視下の強力内閣は幻影として消えたかに見えたが、実は、そう簡単には消えなかった。

五・一五事件直後の政界

犬養暗殺当時の政友会には、鈴木喜三郎と床次竹二郎という二人の幹部がいたが、床次が早々と総裁を辞退したので、鈴木総裁が決定した。このままいけば、鈴木政友会単独内閣ができてもおかしくなかった。

だが、政友会総裁がすんなりと後継内閣の首班になるにはもう時代が変わりすぎていた。敵方の民政党の官僚的領袖たち（若槻礼次郎ら）は、この場にきてもなお、政友会に政権を渡すのを渋って、山県系官僚の画策に乗せられて政友会単独内閣の成立を阻止する態度に出た。

ここにきて鈴木は一転して挙国一致内閣を主張しはじめる。政権が自分のところにこないと考えての窮余の一策である。しかしこれは政友会と民政党の協力内閣ではなく、こともあろうに軍部との合作を考えた。鈴木のこの変わり身には、森恪の内面指導があった。もし鈴木に犬養のような理想と勇気と信念があり、終始一貫、政党内閣を作る腹を決めていたら、元老西園寺としても鈴木を推すほかはなかったろう。鈴木はやはりピストルや爆弾に恐れをなしたのであろう。ファッショに厳然として挑戦する勇気を欠いていた。政権さえ自分のところへ来ればよいという単純な発想では元老たちの信用は得られまい。

森恪の構想では、三〇四名という多数が代表する議会政治の形式と政治革新を唱える軍部（青年将校）を結びつけ、その上に人望のある者を乗せて二頭立ての馬車を御してゆこうとした。彼のこのプログラムは経綸とは程遠いものである。そこには国家の将来をどうするかの根本理念が欠けていた。森恪の二頭立ての馬車は、片方の軍の馬力にひきずられて進行不能となり、もう一方の馬（議会）を切り離し一頭立てとなって暴走しはじめた。それに馬車に乗せる人物の選定に大きな誤算があった。森恪は枢密院から平沼騏一郎をつれ出そうとして、民政系の官僚の伊沢多喜男に話した。これが失敗だった。伊沢は平沼と鈴木喜三郎が嫌いだったのだ。

結局、西園寺は重臣会議を召集し、駿河台の元老西園寺邸で出た結論とは、鈴木による政党単独内閣でもなく、平沼騏一郎による政党と軍部の合作内閣（森はこれを目指していた）でもなく、海軍大将斎藤実による挙国一致内閣であった。斎藤内閣を推したのは貴族院の伊沢多喜男、会計検査院長の湯浅倉平、宮内大臣一木喜徳郎などであった。

時代はまさに急転直下、政党政治は完全に崩壊し、軍による強力内閣は、挙国一致内閣という美名の下に、これ以後、第二次大戦への途をひた走ることになるのである。その意味では、菅波三郎の強調した戒厳令下の強力内閣（実は軍主導の軍人内閣）は、一度消えたかに見えたが、結局、ここで見事に復活したのであった。

斎藤実内閣の成立

斎藤内閣は表向き議会政治擁護だが、政友会から高橋是清、民政党から山本達雄をつれ出し、さらに官僚、政党、貴族院の顔ぶれを入れて、形だけの挙国一致内閣をつくり上げた。挙国一致内閣を看板にした斎藤内閣は、世相の不安を一掃できないばかりか、満州事変の後始末も不首尾に終わった。荒木を陸相に留任させたり、内田康哉を外相に入れたりしたが、期待とは大きくはずれて満州事変は拡大するばかり。内田外相は、日本を焦土としても事変を処理すると大見得をきって少壮軍人をさえも唖然とさせたが、それが祟《たた》って、広田弘毅の温厚外交と交代し、一方、ようやく青年将校の信望を失った荒木も林銑十郎と交代するはめとなった。

斎藤内閣はスローモーションといわれ、ただ無為のみ目立ち、事変と事件で激発された不安な気分が、時間的に鎮静化するのを待つという方法しかとらなかった。ただ荒木の言い出した「非常時」という言葉と「挙国一致」というスローガンだけが独り歩きしていた。どこにも基礎をもたない内閣が政権を保持し続ける途は調和とバランスしかない。この間隙をぬって急成長してきたのが官僚である。彼らの政治への進出によって「非常時」の政治は、官僚化、事務化の傾向が目立ち、政治とは能率なりの姿となってきた。これでは政治本来の性格も実際の政治も、曖昧で不明確な混沌《カオス》状態になってくる。官吏の身分保障令や自由任用範囲の縮小など政治の官僚性は、斎藤内閣で極まった。

第六三議会衆議院で満州国承認後の国際連盟に対する外交方針をめぐり森恪と内田康哉外相との論戦があった。内田が日本を焦土と化しても満州事変の目的を貫徹すべしと焦土外交演説をぶったのはこのときである。内田たちはファッショ勢力に迎合したのである。これはまさに政党転落の墓穴を掘ったものだ。

この転落劇を推進したのは何といっても軍部（陸軍）であった。こんなこともあった。五・一五事件直後の五月十七日参謀本部第二部長に就任したばかりの陸軍少将永田鉄山は、西園寺公望の秘書原田熊雄、内大臣牧野伸顕の秘書官長木戸幸一や衆議院副議長近衛文麿などの招きで意見交換したときに述べて、「自分は陸軍の中にては最も軟論を有するものなり」と前置きして次のように言った。「現在の政党による政治は絶対に排斥するところにして、若《も》し政党による単独内閣が組織せられむとするが如き場合には、陸軍大臣に就任するものは恐らく無かるべく、結局、組閣難に陥るべし」（信夫清三郎『日本政治史』Ⅳ、二八九頁）。陸軍大臣は現役から選ぶという原則をつくったから、内閣をつくるも、つぶすも陸軍の思うままとなっていた。

斎藤実内閣以降、広田弘毅や近衛文麿などの他は、海軍大将岡田啓介をはじめ軍人内閣が横行することになった。いずれの内閣も現状維持と妥協の産物で、そこには何ら明確な方針も政策もなく、国民にも、何をする内閣やらわからぬままずるずると奈落への道を歩んだのである。こうしたなかで内外の情勢はきわめて緊迫したものであった。にもかかわらず日本の政治担当者には少なくとも表面上は何の緊張感もなかった。

国際関係を見れば、海軍の軍縮を決めたワシントンとロンドンの条約の期限はさしせまっており、満州・上海事変をめぐる国際連盟の対日政策は、国際的危機となって黒雲のように日本を覆いつつあった。そして、昭和八年（一九三三）三月二七日、日本はついに国際連盟から脱退した。昭和九年一二月三日、岡田内閣は、ワシントン条約の単独廃棄を行い、昭和一一年（一九三六）一月一五日にはロンドン軍縮会議からも脱退した。まさに「政治の危機」は現実のものとなり、ついに日本は国際的孤立への道を驀進《ばくしん》することとなった。

森恪の死

森恪は、昭和七年（一九三二）七月頃から微熱があった。八月の臨時議会で内田外相との間の歴史的大演説の時もすでに顔色はすぐれず、演説もいちじるしく生彩を欠いていた。九月になると衰弱もすすみ、朝霞のゴルフ場でプレー中に雨に遭って帰ってから悪化した。満州事変一周年の日であった九月一八日には、この日の日比谷公会堂での国民新聞社主催の記念大演説会に三八度の熱を押して一時間四〇分の大熱弁をふるった。森イズムたるアジアモンロー主義の集大成だったが、これが、彼の最後の外出となり、その後はついに寝込んでしまった。

森の病気は、絶対安静を必要とする肺炎とこれを妨害する激しい喘息《ぜんそく》との併発であり、さすがの豪気な男も、寝台の上に一度も横臥できず半分起きた姿勢で、約三カ月の闘病生活を送らねばならなかった。だが、彼は終始一貫、一度も苦痛を訴えず、自分の病状について周囲に尋ねたことはなかった。病勢が進み、うわごとの中でも私的なことは一つもなく、満州国の現状、打倒斎藤内閣、平沼内閣擁立、日米の海軍力の問題、その他すべて政治、軍事、外交のことだけだった。

余命旦夕にせまった夕方、森は突然起き上がって、「大命が下ったから大礼服を持って来い」と言う。周りの者が呆気《あっけ》にとられていると、洗面所へ歩いて行き、鏡に向かって最敬礼をした。それがすむと「車を持って来い」と言う。看護婦が「はい車が参りました」と車椅子を持って行って、それに腰をかけさせ、ようやく寝台へ運んだ。彼の夢はやはり「大命降下」だったのである。

「何か言い残すことは」と問うと、「今の地盤は星〔亨〕が居った。次には横田〔千之助〕が来た。次は僕だ。僕は残念だが、横田君ほどの働きをしなかったが、一生のうちで世界を二分することに就て貢献し得たのは本懐だ」と言った。悲しい言葉である。森は、星亨と横田千之助に自分を擬していたふしがある。しかし、この二人との違いは、森がアジアモンロー主義という一つの理想を最後まで追い求めた点であった。

「死ぬのは残念だ」これが、森がこの世に残した最後の言葉であった。森は、自らが仕えた議会政治家たちとは、ことごとく離反する運命にあった。政治と現実と野望の狭間で、彼の精神と肉体は次第に蝕まれ、犬養没後半年の後にその重圧のため死期が訪れた。享年五〇という若さであった。

日本戦前の政党内閣の寿命は短いものだった。その原因はすべて軍部に責任があるとの議論もあるが、はたしてそうばかりとは言えない。政党自体にも大いに責任があったのではないか。

日本の政党政治終わる

大正一三年（一九二四）七月、清浦奎吾内閣が成立したとき、政友会、憲政会、革新倶楽部がこぞって超然内閣打倒運動を開始した。当時国民はまだ憲政の運用は政党政治にありと考えて、だから当時第一党の政友本党が清浦内閣を守ったが、政友会院外団の幹事会は衆議院とは全く無縁の貴族院内閣をつくったが、これは階級闘争を誘発し、立憲政治を破壊するものとした一方で、政党内閣の出現に期待して清浦内閣に反対した。そのため清浦内閣はわずか半年で倒れた。

しかし、それに取って代わった政党ははたして国民の信頼に応えただろうか。立て続けに起こった収賄事件、買収事件など、様々な利権にからまる醜聞事件は毎年のようにあり、そのうえ金輸出再禁止直前、某大財閥のドル買い事件は、わが国の貨幣制度を危機に陥れて、それにより巨利を得たその策動のうらには政党の動きがあると見られた。

こういう悪名の数々を消してくれる護符として、政友会は犬養を担ぎ出したのだが、この頼みとした守本尊犬養は、暗殺者の凶手に斃れてしまった。

いま、また犬養没後の政変で、生まれた政党に基礎をおかない斎藤実内閣を政党者流が打倒しようと叫んでみたところで、以上述べたような政党がかつて犯した数々の不祥事件が根底にあった以上、はたして国民の共鳴が得られる見込みがあったのか。しかしその結果は、憲政のためにさらに危険な

犬養の葬儀（『木堂先生寫真傳』より）

ファッショ政治の台頭を促すことになってしまった。

犬養首相の葬儀

犬養首相の葬儀は、昭和七年五月一九日午後一時から首相官邸大ホールで政友会の党葬として行われた。告別式は近親者のみで営め」とあったが、盛大な党葬となった。遺言には「葬儀は質素をむねとし、天皇・皇后・皇太后三陛下から御下賜の御供物・生花が供えられた。勅使は牧野貞亮侍従、皇后陛下御使は永積宣彦侍従、皇太后陛下御使は西邑清皇太后宮事務官であった。

葬儀の前日、昭和天皇は岡本愛祐侍徒を首相官邸に赴かせ優渥なお言葉を賜わった。そのお言葉は誄詞《るいし》として記録されている。

故内閣総理大臣正二位勲一等

犬養毅ニ賜フ誄《るい》

文章身ヲ起シ言議志ヲ行フ国交ニ顧念シ善隣ノ長計ヲ懐キ世論ヲ誘導シ立憲ノ本義ヲ扶《たす》ク既ニ政界ノ重寄ヲ負ヒ屢《しばしば》輔弼《ほひつ》ニ任シ遂ニ内閣ノ首班ニ列シ益爕理《しょうり》ニ當ル凶聞

犬養の墓碑（平成３年５月15日の墓前祭）

遽《にわか》ニ至ル軫悼《しんとう》曷《なん》ソ勝《た》エム
茲《ここ》ニ侍臣ヲ遣ハシ賻ヲ賜ヒ以テ弔セシム＊

＊「文章身を起シ」とは新聞記者として文筆で身を起しの意。「燮理《しょうり》」は「万般の處理」の意。「曷ソ」は「なんぞ」と読む、「賻《ふ》」は「お供物」の意。

また犬養は、死後に正二位を追贈され、旭日桐花大綬章を授けられた。

犬養の納棺の折、孫の一人が、そっと靴下を肌身につけながらマダお祖父さまの温味があるといってヒシと抱きしめているのを見た古島一雄は、おぼえずホロリとしたと書いている。

晩春の陽光は若葉を照らし、憂いを含む二万の会葬者の眼にしみた。一代の民衆政治家の人格、徳望を仰慕する生前未見の人々も含む会葬者の列は長く続き、官邸付近は群衆の人波で埋まり、また葬送沿道の家々は弔旗を掲げて哀悼した。国を愛し、民衆を常に念頭においた犬養の葬儀は、まさに国民葬の感があった。

東京青山霊園の墓碑には、遺言により、表面に単に「犬養毅之墓」とあり、側面には「備中庭瀬人、安政二年四月廿日生、昭和七年五月十五日没、享年、七十八」とのみ記された。文字は内藤虎次郎（湖南）博士が揮毫したものである（墓碑は岡山の生家近くにもある）。

毎年五月一五日には、東京木堂会の人々が墓前祭を行っているが、平成一七年（二〇〇五）は木堂翁生誕一五〇年にあたり、とくに盛大に行われた。その塋域《えいいき》には、今なお献花の絶えることはない。

参考文献

著作および講演

犬養毅「戦地直報」(「西南役従軍記」)『郵便報知新聞』明治一〇年三~九月(連載一〇四回)。

犬養毅「凶荒豫備の問答」『交詢雑誌』第二四号、明治一三年九月二五日。

犬養毅『圭氏経済学』明治一七~二一年。

犬養毅『犬養木堂大演説集』大日本雄辯会編、昭和二年。

犬養毅『福澤先生を語る諸名士の直話』高橋義雄編、岩波書店、昭和九年。

犬養毅「中華帝国の過去及将来」『太陽』第一八巻第一六号、大正元年一二月。

犬養毅「普選主張の責任」『木堂雑誌』第二巻八月号、大正一四年八月。

犬養毅「揺籃時代のわが対支方針」『大阪朝日新聞』昭和三年七月二三日(『木堂傳』中巻、所収)。

犬養毅『木堂翰墨談』四巻(復刻版)、教育書籍、昭和五六年。

書簡集

国友弘行『木堂先生から少年への書簡』岡山県郷土文化財団、平成二年。

鷲尾義直編『犬養木堂書簡集』人文閣、昭和一五年(復刻版、岡山県郷土文化財団、平成四年)。

『新編犬養木堂書簡集』岡山県郷土文化財団、平成四年。

伝記

犬養木堂先生傳記刊行會編纂『犬養木堂伝』上・中・下、東洋経済新報社、昭和一三〜一四年(昭和四三年に「明治百年史叢書」として鷲尾義直編で原書房より復刻出版)。

『木堂先生写真伝』(復刻版)交研社、昭和五〇年(初版昭和七年)。

岩淵辰雄『犬養毅』(三代宰相列伝)時事通信社、昭和三三年。

鵜崎熊吉(鷺城)『犬養毅傳』誠文堂、昭和七年。

内海信之『高人犬養木堂』文正堂出版部、大正一三年。

木村毅「犬養木堂」山陽放送編『近代史上の岡山県人』山陽放送、昭和四八年。

山陽新聞社編『話せばわかる――犬養毅とその時代』上・下、山陽新聞社出版局、昭和五七年。

東京木堂會編『犬養木堂』大野萬歳館、昭和五年。

戸川猪佐武『犬養毅と青年将校』(昭和の宰相1)講談社、昭和五七年。

時任英人『犬養毅――リベラリズムとナショナリズムの相剋』論創社、平成三年。

時任英人『明治期の犬養毅』芙蓉書房出版、平成八年。

時任英人『犬養毅　その魅力と実像』山陽新聞社、平成一四年
平沼赳夫『犬養毅』山陽図書出版、昭和五〇年。

吉岡達夫『犬養毅　血の日曜日』(近代人物叢書8)人物往来社、昭和四三年。

保護貿易論争に関する文献

田口卯吉『自由交易日本経済論』明治一一年。

若山儀一『自由交易六探』明治一〇年。『若山儀一全集』下巻、東洋経済新報社、昭和一五年(「保護税説同附

録」を収録)。

野村兼太郎『一般経済史概論』有斐閣、昭和一五年。

野村兼太郎『概観　日本経済思想史』慶應出版社、昭和一四年。

本庄栄治郎『日本経済思想史研究』続篇、日本評論社、昭和二二年。

塚谷晃弘『近代日本経済思想史研究』雄山閣、昭和五五年。

田口卯吉『鼎軒田口卯吉全集第五巻　政治』吉川弘文館、昭和三年。

堀経夫「保護貿易論と犬養毅氏」『社会経済史学』第三巻第八号、昭和八年一一月。

帝国議会議事録

『帝国議会衆議院秘密会議事録集上巻』教育図書刊行会、平成九年。

『第二十七帝国議会本会議』明治四四年二月二三日。

『第三十五帝国議会衆議院』大正三年一二月七日招集)。

犬養毅大正四年度歳入歳出総予算案の趣旨説明。

『第四十四帝国議会衆議院』(大正九年一二月～大正一〇年三月)。

尾崎行雄「軍備制限に関する決議案」。

『第四十五回帝国議会衆議院』(大正一一年二月七日軍縮演説)。

犬養毅「軍備縮小に関する決議案提出説明」。

『大日本帝国議会誌』第九巻一二巻、大日本帝国議会誌刊行会、三省堂、昭和三年。

『第五八回帝国議会衆議院議事速記録第三号』。

『官報』号外、昭和五年四月二六日(『帝国議会史』第一期第七巻、東洋文化社、昭和五一年、所収)。

犬養毅が軍縮会議、失業、増税、産業合理化、綱紀粛正問題につき提議。このときの演説が青年将校に感銘を与え、軍の中にも犬養信者を多数生んだ。

『第五十九回帝国議会衆議院議事速記録第二号』。

『官報』号外、昭和五年一二月二四日（『帝国議会誌』第一期第九、十、十一巻、東洋文化社、昭和五十一年、所収）。

『第六十回帝国議会衆議院議事速記録第三号』。

『官報』号外、昭和七年一月二二日（『帝国議会誌』第一期第一二巻、東洋文化社、昭和五一年、所収）。

劈頭、犬養毅の所信表明、満蒙問題、金輸出禁止、失業問題、増税廃止、教育問題、行政刷新、行政機構の簡易単純化。

『帝国議会衆議院議事速記録』五七（第六十～六十二回議会、昭和六年）昭和五八年、東京大学出版会。

『大日本帝国議会誌』第七巻、三省堂、昭和三年。

明治四二年三月九日第二五帝国議会における犬養の質問。

選挙制度に関する文献

藤澤利喜太郎『総選挙読本——普選総選挙の第一回』岩波書店、昭和三年。

藤澤利喜太郎『選挙法の改正と比例代表』昭和七年（『藤澤博士遺文集』上巻、藤澤博士記念會、昭和九年、所収）。

藤澤利喜太郎『普選に対する感想』（『遺文集』所収）。

藤澤利喜太郎「通貨の価値の変動及び長期貸借の決断に就いて」『日本アクチュアリー会設立二五周年記念講演論文集』（日本アクチュアリー会、大正一五年、所収）。

深井英五「藤澤利喜太郎の貨幣論」『人物と思想』日本評論社、昭和一四年。

五・一五事件に関する文献

犬養道子『花々と星々と』中公文庫、昭和四九年。

犬養道子『ある歴史の娘』中公文庫、昭和五五年。

犬養道子『歴史随想パッチワーク』中央公論社、平成二〇年。

犬養康彦『五・一五事件と私』没後七〇年記念岡山県郷土文化財団、犬養木堂記念館、平成一五年。

伊福部隆輝『五・一五事件背後の思想』明治図書出版協会、昭和八年。

河合栄治郎「五・一五事件の批判」『文藝春秋』昭和八年一一月（『河合栄治郎全集』第十一巻、所収）。

桐生悠々『他山の石』第三年第十号、昭和一一年五月二〇日。

桐生悠々『畜生道の地球』三啓社、昭和二七年。

田中隆吉『日本軍閥暗闘史』長崎出版、昭和六〇年。

中谷武世『昭和動乱期の回想――中谷武世回想録』下巻、泰流社、平成元年。

日本放送協会取材班・臼井勝美『張学良の昭和史最後の証言』角川書店、平成三年。

原田熊雄『西園寺公と政局』第二巻、岩波書店、昭和二五年。

原秀男・澤地久枝・匂坂哲郎編『検察秘録五・一五事件』全四巻、角川書店、平成元年。

松本清張『昭和史発掘』第四巻、文藝春秋、昭和四一年。

『五・一五事件の全貌と解説』東京日日新聞社、大阪毎日新報社、昭和八年。

『五・一五事件公判記録』国民新聞社、新愛知新聞社、昭和八年。

『五・一五事件――陸海軍公判記録』九州日報社版、昭和八年。

『新愛知』新愛知新聞社、昭和七年五月一七日。
『五・一五事件の人々と獄中の手記』新潮社、『日の出』一一月号別冊付録。

雑誌

『東海経済新報』第一号、明治一三年八月二一日（「緒言」犬養毅「所謂保護」）。
『東海経済新報』第七号、明治一三年一〇月二五日。
『東海経済新報』第八号、明治一三年一一月五日。
『東海経済新報』第九号、明治一三年一一月一五日。
『東海経済新報』第一〇号、明治一三年一一月二五日。
『東海経済新報』第一七号、明治一四年二月一五日。
『東海経済新報』第一九号、明治一四年三月五日。
『東海経済新報』第二一号、明治一四年三月二五日。
『東京経済雑誌』第四一号、明治一三年一〇月一五日。
『東京経済雑誌』第四四号、明治一三年一一月一五日。
『東京経済雑誌』第四六号、明治一三年一二月五日。
『東京経済雑誌』第五一号、明治一四年一月二八日。
『東京経済雑誌』第五四号、明治一四年二月二五日。
『東京経済雑誌』第五六号、明治一四年三月一五日。
『交詢月報』第六巻四月号、昭和五年四月。
『東洋経済新報』大正一三年六月七日。

新聞

『新愛知』『大阪朝日新聞』『国民新聞』『山陽新報』『時事新報』『中外商業新報』『東京朝日新聞』

『東京日日新聞』『福岡日日新聞』『報知新聞』『都新聞』『読売新聞』『夕刊報知新聞』『萬朝報』『信濃毎日新聞』

犬養に関する論説

有竹修二『昭和の宰相』朝日新聞社、昭和四二年。

伊藤仁太郎（痴遊）『大隈重信　犬養毅　江藤新平』（伊藤痴遊全集　続第七巻）平凡社、昭和六年。

岩崎榮編「犬養密使・萱野長知の日誌」『中央公論』昭和二一年八月号。

犬養健「山本條太郎と犬養毅・森恪」『新文明』昭和三五年七月。

犬養健『揚子江は今も流れている』中公文庫、昭和五九年。

岩淵辰雄『現代日本政治論』東洋経済新報社、昭和一六年。

岩淵辰雄『新版政界五十年史』鱒書房、昭和二二年。

上野英信編『鉱夫』（近代民衆の記録2）新人物往来社、昭和四六年。

大内兵衛『我・人・本』岩波書店、昭和三三年。

岡義武『近代日本の政治家――その運命と性格』文藝春秋、昭和三五年。

岡義武『転換期の大正　一九一四～一九二四』（日本近代史大系5）東京大学出版会、昭和四四年。

木村栄文編著『六鼓菊竹淳――論説・手記・評伝』葦書房、昭和五〇年。

黒田秀俊『昭和軍閥――軍部独裁の二〇年』図書出版、昭和五六年。

古島一雄『一老政治家の回想』中央公論社、昭和二六年。

小林惟司『日本人を叱る』勉誠出版、平成一四年。

佐々弘雄『人物春秋』改造社、昭和八年。

高田一夫『政治家の決断』青友社、昭和四四年。

高橋誠一郎『書齋の内外』要書房、昭和二四年。

高宮太平『米内光政』時事通信社、昭和三三年。

竹森一則「若山儀一と犬養毅――犬養毅傳の著者鵜崎鷺城氏に一言す」『新あまのじゃく　随筆』宮越太陽堂書房、昭和一四年。

中野正剛『八面鋒――朝野の政治家』博文館、明治四四年。

野村浩一「犬養毅と辛亥革命」『近代日本を創った百人』上巻、毎日新聞社、昭和四〇年。

馬場恒吾『現代人物評論』中央公論社、昭和五年。

平生釟三郎『経済新体制について』特別講演速記録第五〇輯、損害保険事業研究所、昭和一五年。

平生釟三郎『平生釟三郎追憶記』拾芳会、昭和二五年。

細川隆元『田中義一』時事通信社、昭和三三年。

前田蓮山『原敬傳』上・下、高山書院、昭和一八年。

藤村欣市朗『高橋是清と国際金融』下巻、福武書店、平成四年。

水上瀧太郎「『二つの時代』と『南京六月祭』」『中央公論』昭和四年九月号（『水上瀧太郎全集』第十巻、岩波書店、昭和一六年、所収）。

森嶋通夫『政治家の条件』岩波新書、平成三年。

森銑三『明治人物夜話』講談文庫、昭和四八年。

山浦貫一編『東亜新体制の先駆森恪』森恪伝記編纂会、昭和一五年。

渡辺茂雄『宇垣一成の歩んだ道』新太陽社、昭和二三年。

渡部昇一『日本史から見た日本人　昭和編』祥伝社、平成元年。

その他参考文献

福澤諭吉『西洋旅案内』慶應三年。

福澤諭吉『西洋事情外篇』明治元年。

福澤諭吉『民情一新』明治一二年。

福澤諭吉『福翁自伝』明治三二年。

『福澤諭吉全集』全二十一巻、岩波書店、昭和三三〜三八年。

有竹修二『昭和経済側面史』河出書房、昭和二七年。

有竹修二『昭和財政家論』大蔵財務協会、昭和二四年。

伊藤金次郎『わしが国さ』刀江書院、大正一五年。

太田雅夫『桐生悠々』紀伊国屋新書、昭和四五年。

岡崎久彦『重光・東郷とその時代』ＰＨＰ研究所、平成一三年。

岡田益吉『軍閥と重臣』読売新聞社、昭和五〇年。

勝田龍夫『重臣たちの昭和史』上・下、文藝春秋、昭和五六年。

亀井勝一郎『現代史の課題』中央公論社、昭和三三年。

古一念会編『古島一雄全』日本経済研究会、昭和二五年。

小林惟司「自由民権運動と保険思想——岡山美作郷党親睦会の場合」『日本保険思想の生成と展開』東洋経済新報社、所収、平成元年。

小林英夫『昭和ファシストの群像』校倉書房、昭和五九年。

信夫清三郎『日本政治史』Ⅳ、南窓社、昭和五七年。
高辻亮一『独逸だより』錦美堂製版、平成六年。
竹山道雄『昭和の精神史』新潮文庫、昭和三三年。
寺田寅彦『寺田寅彦全集』第二巻、第三巻、第六巻、岩波書店、昭和二五年。
寺田寅彦『寺田寅彦全集』新書版、第八巻、岩波書店、昭和三六年。
中島健蔵『昭和時代』岩波新書、昭和三二年。
中村菊男『政治家の群像』池田書店、昭和三五年。
堀江知彦『書の美しさ』社会思想研究会出版部、昭和三五年。
牧野伸顕『牧野伸顕日記』中央公論社、平成二年。
宮崎滔天『宮崎滔天全集』第一巻、平凡社、昭和四六年。
芳澤謙吉『外交五十年』自由アジア社、昭和三三年。
読売新聞戦争責任検証委員会『検証戦争責任』Ⅱ、中央公論社、平成一八年。
『元帥上原勇作傳』同伝記刊行会、昭和一二年。
「犬養密使・萱野長知の日誌」『中央公論』昭和二一年八月号。
『交詢社百年史』交詢社、昭和五八年。
加瀬俊一『加瀬俊一回想録（上）』山手書房、昭和六一年。

あとがき

犬養の演説を録音で聴いたことがある。その荘重な弁舌に魅せられた。実際の肉声であったら、相当の感動を受けたことだろう。それが犬養への関心が高まった最初のきっかけであった。以来三〇年、彼に関する資料を集めはじめてから相当の分量になった。

なかでも、明治一三年（一八八〇）八月二一日に第一号を出した犬養の『東海経済新報』の出来栄えに驚いた。第一号には、当時の論客、馬場辰猪の「商律概論」の連載寄稿あり、福澤諭吉の『民間経済録　第二編』の未定稿から運輸交通の章を抜抄する承諾を得てこれを論説に掲げている。保険論の旗頭森下岩楠の『結社商業論』の連載など出色の記事が目立ち、さらに大石正巳らの郵便による投稿記事など新方式で紙面を飾っている。

特筆すべきは、各地の商況、外国為換相場表、東京物価平均表、横浜生糸入荷表、及んでは、印度や香港の貿易景況、清国商況一班、英国商業進歩実況から銀行紙幣現在高に至るまで、各種経済統計の処理には目を見張るものがある。そして犬養自身は主幹として編集を担当し、社説欄に論陣を張っている。各号の躍動する論調の水準の高さといい、明治一三年という時期によくこれだけ整備した経済雑誌が出来たものと感嘆を禁じ得なかった。この雑誌は残念ながら犬養の政界進出に伴いわずか二年で終わったけれど、明治経済学史上、不朽の足跡を残したものといえる。

また、『交詢雑誌』第二四号（明治一三年九月二五日）の「凶荒予備の問」に犬養は一二頁にわたる答文を書いているが、これは一読して保険論の精髄を踏まえている見事な論説の体をなしている。

これらの資料から、犬養は非凡な経済学者としての識見を充分に備えていることに注目した。政界で活躍した犬養の隠された一面を見て、彼に対する関心はとみに深まっていったのであった。

本書執筆の動機は、あくまでこの不世出の政治家の一生をトレースすることにあったが、何よりも彼が多面的な才能を存分に発揮して、見事、憲政の常道を守り通した一念を描き出してみたかったからである。

犬養と筆者とは、この地球上にわずか二年しか生存をともにせず、もちろん面識もなかったが、同窓の大先輩という善縁にめぐまれた因縁の糸を大切にしたいと思う。

大内兵衛は次のように述べている。

犬養、原、浜口、ぼくはそういう人が日本にもあったことがうれしいのである。…日本にも、ここらあたりで、犬養、原、浜口ぐらいの政治家が登場して来るのが当然だという興味がある。

（『我・人・本』）

これは誰しもが抱く感慨に違いない。

本書執筆にあたり、数々の御教示をいただいた東京木堂会の方々、とりわけ犬養道子氏、犬養康彦氏、緒方四十郎氏、代表世話人としてご高配を賜っている渋谷敏夫氏には感謝申し上げる。また、犬養木堂記念館（岡山市川入）、憲政記念館、憲政資料館、国立国会図書館、千葉商科大学図書館から史料の提供を受けたことを深謝する。

おわりに、ミネルヴァ書房の田引勝二氏をはじめ編集部の方々には、編集・校正の過程で一方ならぬお骨折りをいただいた。ここに記して感謝申し上げる次第である。

二〇〇九年五月一五日

小林惟司

犬養毅略年譜

和暦	西暦	齢	関係事項	一般事項
安政二	一八五五	1	4・20備中国賀陽郡庭瀬村（現・岡山市川入）に、父犬飼源左衛門当済、母嵯峨の次男として出生。	
万延元	一八六〇	6	父から四書五経の素読を受ける。	3・3桜田門外の変。
文久元	一八六一	7	庭瀬藩医森田月瀬に漢学を学ぶ。	
慶応元	一八六五	11	犬飼松窓の三餘塾に入り経学を修める。	
明治元	一八六八	14	8月父当済病死（享年四九）。	1・3鳥羽伏見の戦い、戊辰戦争勃発。3・14五箇条の御誓文。9・8明治と改元。
二	一八六九	15	自宅の門側に塾を開く。倉敷の明倫館に学ぶ。	5・18戊辰戦争終結。
五	一八七二	18	小田県庁（現・岡山県笠岡市）に勤務。	
七	一八七四	20	小田県庁を辞す。『漢訳萬国公報』を読む。	
八	一八七五	21	7月洋学を志して上京。湯島の共慣義塾に入る。『郵便報知新聞』に寄稿。	
九	一八七六	22	慶應義塾に転学。	

一〇	一八七七	23	3月報知社から西南戦争の従軍記者として特派され、『郵便報知新聞』紙上の「戦地直報」が名声を博す（一〇四回）。	2・15西南戦争勃発。9・24西郷隆盛自刃。
一二	一八七九	25	有志と国会開設建白書を元老院に提出。	
一三	一八八〇	26	8月慶應義塾を卒業直前に退学。8月『東海経済新報』を創刊。	
一四	一八八一	27	7・18福澤諭吉の推薦で大蔵卿大隈重信の下で、統計院権少書記官。10・12大隈重信下野とともに退官。	10・12明治一四年の政変。
一五	一八八二	28	2・12尾崎行雄らと東洋議政会結成。4・16立憲改進党結成に参加。5月東京府会議員当選。11月『東海経済新報』廃刊。	
一六	一八八三	29	4月『秋田日報』主筆として秋田に赴任。11月帰京して報知社に復帰する。	
一七	一八八四	30	12月郵便報知新聞特派員として朝鮮に赴き、翌年一月に帰京。『圭氏経済学』（全四巻）刊行。	
一九	一八八五	31	3月報知社を辞し、朝野新聞社に入社。	
二一	一八八八	34	決闘状事件。	
二二	一八八九	35	尾崎行雄らと朝野新聞の幹部となる。	2・11大日本帝国憲法発布、議院法・衆議院議員選挙法・貴族院令・会計法公布。

二三	一八九〇	36	2月東京府会議員退任。7・1第一回総選挙に岡山第三区から立候補、当選（以後、補選を入れて連続一九回当選）。11月朝野新聞社を退社。	11・25帝国議会召集。
二四	一八九一	37	1月日刊新聞『民報』を創刊し、五月に休刊。	
二五	一八九二	38	2月第二回衆議院議員総選挙に当選。	
二七	一八九四	40	3月第三回衆議院議員総選挙に当選。4月改進党脱党。4・3中国進歩党結成。9月第四回衆議院議員総選挙に当選。	8・1日清戦争勃発。
二九	一八九六	42	3・1進歩党結成。	4・17下関条約調印。4・23三国干渉。
三〇	一八九七	43	9月来日の孫文と会見。	
三一	一八九八	44	3月第五回衆議院議員総選挙に当選。6月憲政党を組織。7・19憲政会総務。8月第六回衆議院議員総選挙に当選。10・27尾崎行雄文相辞任の後を受けて文相就任。11・3憲政党分裂、憲政本党に。11・4文相辞任。	6・22自由、進歩両党合同、憲政会結成。6・30初の政党内閣、第一次大隈内閣成立。
三二	一八九九	45	孫文が日本に亡命、犬養のもとに身を寄せる。	
三四	一九〇一	47	7月母嵯峨死去（享年七七）。	
三五	一九〇二	48	8月第七回衆議院議員総選挙に当選。	1・30日英同盟調印。
三六	一九〇三	49	3月第八回衆議院議員総選挙に当選。9月中国・朝	

			鮮に赴き、11月帰京。	
三七	一九〇四	50	3月第九回衆議院議員総選挙に当選。	2・10日露戦争勃発。
三八	一九〇五	51	日露講和問題起こる。同志と共に軟弱外交に反対。	9・5ポーツマス条約調印。
四〇	一九〇七	53	11月中国漫遊の途に就き、翌年一月帰京。	
四一	一九〇八	54	5月第一〇回衆議院議員総選挙に当選。	
四二	一九〇九	55	2・14議会において軍事費節減演説。2・27憲政本党常議員会、犬養を除名するも、引きつづき院内総理の任に当たる。3・10議会で三税廃止演説。	
四三	一九一〇	56	3・13河野広中らと立憲国民党結成。党総務となる。	8・22韓国併合。
四四	一九一一	57	2・21議会で南北正潤論、大逆事件で政府問責演説。12・15孫文や黄興らを激励のため中国へ渡る。	10・10中国で辛亥革命起こる。
四五 大正元	一九一二	58	2月中国から帰国。5月第一一回衆議院議員総選挙に当選。12月憲政擁護運動の先頭に立つ。	1・1中華民国成立。孫文、臨時大総統に。
二	一九一三	59	政友会鎮撫の内勅を受けた西園寺公望に招かれ、憲政に悪例を残さず臣節を全うすることを主張。	1・21国民党分裂、河野広中ら脱党。
三	一九一四	60	4・13大隈重信の入閣要請を拒否、好意の中立をもって対す。12・25経済的軍備の見地から予算修正演説。	1・23シーメンス事件発覚。7・28第一次世界大戦勃発。
四	一九一五	61	3月第一二回衆議院議員総選挙に当選。6・1二個師団増設反対。6・3政府弾劾決議案提出し、対支	1・18対華二一カ条要求。

			政策の失政を痛打。	
五	一九一六	62	5・24加藤高明（憲政会）、原敬（政友会）とともに三浦梧楼邸に会す。6・6三党首会談覚書作成。	
六	一九一七	63	1・25内閣不信任案提出し、代表演説。4月第一三回第一三回衆議院議員総選挙に当選。6・20国民党大会で総理に就任。6・6外交調査会委員となり、とくに国務大臣の礼遇を賜る。	ロシア革命。
七	一九一八	64	国民党大会で選挙権普及の必要を宣言す。	1・8ウィルソン、平和に対する一四カ条発表。11・11ドイツ、連合国と休戦協定調印（第一次世界大戦終結）。
八	一九一九	65	2・10財政経済調査会設置建議案提出理由演説（第四一議会）。3・7国民党提出の選挙権拡張案上程さる。	1〜6月パリ講和会議。6・28ベルサイユ条約調印。
九	一九二〇	66	5月第一四回衆議院議員総選挙に当選。普選運動の先頭に立ち、普選案を提出。国民党に宣伝部を設け、自ら部長となる。勲一等旭日大授章を授けられる。	1・10国際連盟発足。
一〇	一九二一	67	普選案を提出、上程さる（第四四議会）。	11・4原敬首相、東京駅頭で刺殺さる。
一一	一九二二	68	2・7軍備縮小決議案を提出し、提案理由演説。	1・10大隈重信死去。2・6ワ

			9・1国民党を解党。11・8尾崎行雄らと革新倶楽部結成。	シントン海軍軍縮条約、九カ国条約調印。12・6宮崎滔天死去。
一二	一九二三	69	9・2第二次山本権兵衛内閣の逓信相兼文相に就任。12月内閣総辞職。	9・1関東大震災。12・27虎ノ門事件。
一三	一九二四	70	1・18高橋是清（政友会）、加藤高明（憲政会）と護憲三派提携。5月第一五回衆議院議員総選挙に当選。6・11加藤高明内閣成立、逓信相に就任。信州富士見白林荘竣工。	
一四	一九二五	71	3・22ラジオ初放送。5・14革新倶楽部、政友会と合同。5・28犬養、政界引退を表明。5・30政友会長老に推さる。6・3議員辞職。7・22選挙民の懇願で、補欠選挙に立候補、当選。	3・12孫文、北京で死去。5・5衆議院普通選挙法公布。
昭和三	一九二八	74	2月第一六回衆議院議員総選挙（最初の普通選挙）に当選。	6・4張作霖爆殺事件。
四	一九二九	75	6・1中国の孫文慰霊式に参列。10・12政友会総裁田中義一急逝の後を受け、総裁に就任。	10・24ニューヨーク株式市場大暴落。
五	一九三〇	76	1・21海軍軍縮比率や失業者救済問題等で浜口首相を追及。2月第一七回衆議院議員総選挙に当選。	4・22ロンドン海軍軍縮条約調印。11・14浜口雄幸首相、狙撃さる。
六	一九三一	77	6・25木堂喜寿の祝（芝紅葉館）。11・5政友会代	9・18満州事変勃発。

			議士会で満州事変に関し演説。12・13内閣総理大臣に就任（外相兼任）。犬養内閣成立。	
七	一九三二	78	2月第一八回衆議院議員総選挙に当選。3月内相兼任。5・1首相官邸よりラジオで政見放送。5・8犬養総裁、立憲政友会関東大会で「比例代表制」採用の演説。5・15首相官邸で海軍士官らに襲われ、同夜半に死去。5・18特旨を以て追贈正二位、旭日桐花大綬章を授けらる。5・19首相官邸で党葬執行。	1・8桜田門事件。1・28上海事件。2・9血盟団事件。3・1満洲国建国宣言。5・26斎藤真内閣成立。9・15日満議定書調印（満洲国承認）。

人名索引

あ　行

青木周蔵　54
阿部信行　210
荒木貞夫　114, 115, 193, 201, 208-210, 213, 216, 227, 228, 231, 232, 254, 272, 275
伊沢多喜男　274, 275
板垣退助　48
一木喜徳郎　275
伊藤耕餘　37
伊藤仁太郎（痴遊）　59, 129, 130, 132, 241
犬飼源左衛門　1, 2
犬飼源太郎　4
犬飼嵯峨　1, 3
犬飼松窓　2-4
犬養健　221-224, 229, 269, 272
犬養道子　223-225
犬養康彦　269, 272
井上準之助　190, 256
井上日召　113, 257
岩佐銈　169, 170
ウィルソン　61
ウェーバー　44
上原勇作　122, 194, 208, 211-213, 216, 217
宇垣一成　118, 121-124, 149, 194, 204, 209, 210, 212, 233
牛場卓蔵　31, 34
内田康哉　95, 275-277
内田信也　108
宇都宮太郎　91
袁世凱　96
汪精衛　217
大石正巳　54
大川周明　113, 255, 257-259
大口喜六　204
大久保鉄作　26, 29, 36
大久保利通　35
大隈重信　6, 34, 48, 49, 54, 55, 87, 183, 184
大蔵栄一　257
大倉喜八郎　35
大島貞益　17, 18
大角岑生　193, 246
岡市之助　65, 66
岡崎邦輔　138, 156
岡田啓介　246, 277
緒方洪庵　29
岡田忠彦　149
岡田良平　244
岡本愛祐　280
岡本貞烋　35
奥平昌邁　35
小栗忠順　14
尾崎行雄　12, 14, 15, 34, 35, 39, 54, 56, 57, 117, 142, 147, 158
尾高朝雄　265
お鐵　37, 38
小幡篤次郎　12
小畑敏四郎　149, 254, 255

か　行

各務鎌吉　195, 196
桂太郎　54, 56, 75-77, 141

加藤高明　50, 63, 64, 66–68, 107, 108, 112, 113, 122, 123, 133–135, 137, 138, 186
加藤友三郎　56, 72
上遠野富之助　37
可児長一　87
金清豊　249
鎌田榮吉　12
萱野長知　93, 94, 217–219, 222
茅原華山　96
ガロア　44
河合栄治郎　261, 262
閑院宮　232
顔真卿　173
神田精二　13, 14
菊竹淳（六鼓）　162–167, 261, 268, 269
北一輝　257–260
木戸幸一　276
木戸孝允　35
清浦奎吾　39, 45, 56, 57, 112, 121, 137, 188, 279
居正　219
清瀬一郎　147
桐生悠々　261, 264
金玉均　85, 178
金田一京助　189
クォン・デ　86, 87
久原房之助　149, 156, 193
栗原安秀　257
栗本鋤雲　13, 14
黒岩勇　241, 264
小泉策太郎　143, 147
小泉信吉　12
小磯国昭　221, 273
黄興　90–93
黄山谷　173
孔子　84, 139, 160
孝徳秋水　76
河野敏鎌　35
神鞭知常　54
河本大作　149, 155
康有為　90
古賀清志　247, 255, 257, 264
胡漢民　217
古島一雄　93, 94, 125–127, 133, 138, 141–143, 147, 151, 156, 169, 171, 172, 220, 221, 227, 272, 281
後藤象二郎　15, 48
後藤新平　132
近衛文麿　138, 276, 277
権藤成卿　257
近藤奏之助　4

さ　行

西園寺公望　56, 95, 158, 191, 193, 199, 200, 211, 274, 275
西郷隆盛（南州）　11, 12
西郷従道　54
斎藤隆夫　245, 261
斎藤実　203, 204, 227, 275, 276, 279
榊原鉄硯　52
佐々木安五郎　76
志賀重昂　39, 42, 43
重藤千秋　221
篠原市之助　249, 252
島田三郎　35, 50, 127, 158
蔣介石　218, 222
昭和天皇（裕仁親王）　132, 155, 191, 199, 211, 280
菅波三郎　257, 273
杉亨二　31
鈴木喜三郎　155, 156, 232, 273, 274
スターリン　149
関直彦　147
副島種臣（蒼海）　171
孫科　217, 219
孫文　87, 90–92, 94–99, 217

た　行

高島小金治　12
高須四郎　247
高橋是清　56, 67, 116, 122, 137, 141, 154, 155, 157, 193, 194, 201, 202, 204, 228, 229, 231, 275
財部彪　53
田口卯吉（鼎軒）　17, 18, 20–26, 31–33
竹山道雄　244
橘孝三郎　113, 257
田中義一　57, 121, 141, 146–151, 155, 160
田中五郎　238, 252
田中光顕　29
田中隆吉　114
団琢磨　256
智者大師　207
秩父宮　233
張横渠　172
張学良　222–226, 240, 241
張興　173
張作霖　149, 155, 222
趙子昂　173
張廉卿　173
寺内寿一　195
寺内正毅　68
田健治郎　56, 127
頭山満　91, 94–96, 98, 99, 154, 234
徳川慶喜　48
床次竹二郎　155, 156, 240, 241, 273

な　行

内藤虎次郎（湖南）　282
中江兆民　168
中里介山　168
永田鉄山　276
永積宣彦　280
中野正剛　183
中橋徳五郎　193, 232
那珂通世　34
中村義雄　241, 257
難波恭平　6
難波大助　132
西田税　254, 255, 257
西邑清　280
西村茂樹　31
西村琢磨　248
沼間守一　35
乃木希典　10, 11

は　行

パール・バック　98
橋本欣五郎　113
長谷場純孝　76
秦豊助　193
波多野承五郎　12, 34
鳩山和夫　35
花井卓蔵　59
花房職居　49
馬場恒吾　160
浜口雄幸　123, 133, 134, 161, 190, 203
浜田国松　261
林鶴梁　7
林欽亮　12
林銑十郎　260, 275
原敬　6, 50, 62, 66, 67, 102, 106, 107, 138, 139, 141, 148, 186, 188
原田熊雄　276
ヒットラー　123
平井毓太郎　189
平生釟三郎　195
平沼騏一郎　274, 275
平松八十松　247, 252
平山周　87
広田弘毅　275, 277
福澤諭吉　2, 8, 12, 13, 34, 35, 48, 82, 83,

85, 182, 191, 198
福地源一郎（桜痴） 7, 35
藤沢元造 75
藤澤利喜太郎 177-180, 184, 187-189
藤田茂吉 6, 13, 35
米芾 173
ボース 86
朴泳孝 85
星島二郎 100, 102
星亨 140, 278
本庄繁 225, 226

ま 行

前島密 35
前田米蔵 193
牧野貞亮 280
牧野伸顕 68, 239, 276
馬越恭平 49, 50
真崎甚三郎 210, 273
町田忠治 6, 37
松岡好一 39, 41-43
松岡洋右 229
松方正義 50, 51, 183, 184
松田正久 141
松本清張 255
松本フミ 254
三浦梧郎（観樹） 66, 67, 96, 167
三上卓 235, 241, 242, 244, 264
水野練太郎 204
南次郎 114, 216
南万里 89
箕浦勝人 35
三宅雄二郎（雪嶺） 39, 42, 43
宮崎滔天 87-89, 91, 94
宮島詠士 173
武藤三治 37
村山格之 241, 264
明治天皇 114
孟子 160
元田肇 76
森格 71, 148-150, 156, 181, 191, 201, 202, 219-221, 228, 229, 232, 254, 255, 272-274, 276-278
森岡二郎 273
森田月瀬 3
森田思軒 15

や 行

八木春雄 249
安田善次郎 35
柳澤保恵 200
矢野文雄（龍渓） 4, 7, 13, 33-35
矢野光儀 4, 13
山県有朋 121
山岸宏 236, 241, 247
山口正邦 6
山崎闇斎 3
山梨半造 120, 122
山名次郎 52, 53, 197, 198
山本権兵衛 56-59, 97, 106, 121, 125, 127
山本条太郎 161, 204, 220, 229
山本達雄 275
山本悌次郎 193
湯浅倉平 275
横田千之助 122, 137, 278
芳澤謙吉 193, 232
吉田茂 239
吉本襄 39

ら 行

リットン 226, 227, 256
梁啓超 90
レーニン 84

わ 行

若槻礼次郎 114, 123, 131, 161, 190, 193,

207, 274
若宮貞夫　133
若山儀一（西川元正）　17, 29-33
和田垣謙三　33
和達清夫　189

《著者紹介》
小林惟司（こばやし・ただし）
1930年　横浜市生まれ。
1953年　慶應義塾大学経済学部卒業。
千葉商科大学教授などを経て，
現　在　日本文藝家協会会員，商学博士。
著　書　『日本保険思想の生成と展開』東洋経済新報社，1989年。
『保険思想家列伝』正・続，保険毎日新聞社，1991年。
『改定新版　寺田寅彦の生涯』東京図書，1995年。
『保険思想の源流』千倉書房，1997年。
『日本人を叱る』勉誠出版，2002年。
『寺田寅彦と連句』勉誠出版，2002年。
『寺田寅彦と地震予知』東京図書，2003年。
『保険思想と経営理念』千倉書房，2005年。
訳　書　ヒュブナー『生命保険経済学』慶應通信，1962年。
マクリン『生命保険』慶應通信，1971年。

ミネルヴァ日本評伝選
犬《いぬ》養《かい》毅《つよし》
――党派に殉ぜず，国家に殉ず――

2009年7月10日　初版第1刷発行　〈検印省略〉

定価はカバーに
表示しています

著　者　小　林　惟　司
発行者　杉　田　啓　三
印刷者　江　戸　宏　介

発行所　株式会社　ミネルヴァ書房
607-8494 京都市山科区日ノ岡堤谷町1
電話（075）581-5191（代表）
振替口座 01020-0-8076番

共同印刷工業・新生製本

ISBN978-4-623-05506-7
Printed in Japan

刊行のことば

歴史を動かすものは人間であり、興趣に富んだ人間の動きを通じて、世の移り変わりを考えるのは、歴史に接する醍醐味である。

しかし過去の歴史学を顧みるとき、人間不在という批判さえ見られたように、歴史における人間のすがたが、必ずしも十分に描かれてきたとはいえない。二十一世紀を迎えた今、歴史の中の人物像を蘇生させようとの要請はいよいよ強く、またそのための条件もしだいに熟してきている。

この「ミネルヴァ日本評伝選」は、正確な史実に基づいて書かれるのはいうまでもないが、単に経歴の羅列にとどまらず、歴史を動かしてきたすぐれた個性をいきいきとよみがえらせたいと考える。そのためには、対象とした人物とじっくりと対話し、ときにはきびしく対決していくことも必要になるだろう。

今日の歴史学が直面している困難の一つに、研究の過度の細分化、瑣末化が挙げられる。それは緻密さを求めるが故に陥った弊害といえるが、その結果として、歴史の大きな見通しが失われ、歴史学を通しての社会への働きかけの途が閉ざされ、人々の歴史への関心を弱める危険性がある。今こそ歴史が何のためにあるのかという、基本的な課題に応える必要があろう。評伝という興味ある方法を通じて、解決の手がかりを見出せないだろうかというのも、この企画の一つのねらいである。

狭義の歴史学の研究者だけでなく、多くの分野ですぐれた業績をあげている著者たちを迎えて、従来見られなかった規模の大きな人物史の叢書として、「ミネルヴァ日本評伝選」の刊行を開始したい。

平成十五年（二〇〇三）九月

ミネルヴァ書房

ミネルヴァ日本評伝選

企画推薦
梅原　猛
ドナルド・キーン
佐伯彰一
角田文衞

監修委員
上横手雅敬
芳賀　徹

編集委員
石川九楊
伊藤之雄
猪木武徳
今谷　明
今橋映子
熊倉功夫
佐伯順子
坂本多加雄
武田佐知子
竹西寛子
西口順子
兵藤裕己
御厨　貴

上代

俾弥呼　古田武彦
日本武尊　西宮秀紀
仁徳天皇　若井敏明
雄略天皇　吉村武彦
*蘇我氏四代　遠山美都男
推古天皇　義江明子
聖徳太子　仁藤敦史
斉明天皇　武田佐知子
小野妹子・毛人　大橋信弥
額田王　梶川信行
弘文天皇　遠山美都男
天武天皇　新川登亀男
持統天皇　丸山裕美子
阿倍比羅夫　熊田亮介
柿本人麻呂　古橋信孝
元明・元正天皇　渡部育子
聖武天皇　本郷真紹
光明皇后　寺崎保広
孝謙天皇　勝浦令子
藤原不比等　荒木敏夫
吉備真備　今津勝紀
藤原仲麻呂　木本好信
道　鏡　吉川真司
大伴家持　和田　萃
行　基　吉田靖雄

平安

*桓武天皇　井上満郎
嵯峨天皇　西別府元日
宇多天皇　古藤真平
醍醐天皇　石上英一
村上天皇　京樂真帆子
花山天皇　上島　享
三条天皇　倉本一宏
藤原薬子　中野渡俊治
小野小町　錦　仁
藤原良房・基経　滝浪貞子
菅原道真　竹居明男
*紀貫之　神田龍身
源高明　所　功
慶滋保胤　平林盛得
*安倍晴明　斎藤英喜
藤原実資　橋本義則
*藤原道長　朧谷　寿
藤原定子　山本淳子
清少納言　後藤祥子
紫式部　竹西寛子
和泉式部　ツベタナ・クリステワ
大江匡房　小峯和明
阿弖流為　樋口知志
坂上田村麻呂　熊谷公男
*源満仲・頼光　元木泰雄
平将門　西山良平
藤原純友　寺内　浩
空　海　頼富本宏
最　澄　吉田一彦
*空　也　石井義長
奝　然　上川通夫
*源　信　小原　仁
後白河天皇　美川　圭
式子内親王　奥野陽子
建礼門院　生形貴重
平清盛　田中文英
藤原秀衡　入間田宣夫
平時子・時忠　元木泰雄
平維盛　根井　浄
守覚法親王　阿部泰郎
藤原隆信・信実　山本陽子

鎌倉

源頼朝　川合　康
*源義経　近藤好和
後鳥羽天皇　五味文彦
九条兼実　村井康彦
北条時政　野口　実
熊谷直実　佐伯真一
*北条政子　関　幸彦
北条義時　岡田清一

曾我十郎・五郎 杉橋隆夫
北条時宗 近藤成一
安達泰盛 山陰加春夫
平頼綱 細川重男
竹崎季長 堀本一繁
西行 光田和伸
藤原定家 赤瀬信吾
*京極為兼 今谷明
*兼好 島内裕子
重源 横内裕人
運慶 根立研介
法然 今堀太逸
慈円 大隅和雄
明恵 西山厚
親鸞 末木文美士
恵信尼・覚信尼 西口順子
道元 船岡誠
叡尊 細川涼一
*忍性 松尾剛次
*日蓮 佐藤弘夫
一遍 蒲池勢至
夢窓疎石 田中博美
*宗峰妙超 竹貫元勝

南北朝・室町

後醍醐天皇 上横手雅敬
護良親王 新井孝重
北畠親房 岡野友彦
楠正成 兵藤裕己
*新田義貞 山本隆志
光厳天皇 深津睦夫
足利尊氏 市沢哲
佐々木道誉 下坂守
円観・文観 田中貴子
足利義満 川嶋將生
足利義教 横井清
大内義弘 平瀬直樹
伏見宮貞成親王 松薗斉
山名宗全 山本隆志
日野富子 脇田晴子
世阿弥 西野春雄
雪舟等楊 河合正朝
宗祇 鶴崎裕雄
*満済 森茂暁
一休宗純 原田正俊

戦国・織豊

北条早雲 家永遵嗣
毛利元就 岸田裕之
*今川義元 小和田哲男
*武田信玄 笹本正治
*真田氏三代 笹本正治
三好長慶 仁木宏
*上杉謙信 矢田俊文
吉田兼倶 西山克
山科言継 松薗斉
*雪村周継 赤澤英二
織田信長 三鬼清一郎
豊臣秀吉 藤井讓治
*北政所おね 田端泰子
*淀殿 福田千鶴
前田利家 東四柳史明
黒田如水 小和田哲男
蒲生氏郷 藤田達生
細川ガラシャ 田端泰子
伊達政宗 伊藤喜良
*支倉常長 田中英道
ルイス・フロイス エンゲルベルト・ヨリッセン
*長谷川等伯 宮島新一
顕如 神田千里

江戸

徳川家康 笠谷和比古
徳川吉宗 横田冬彦
*後水尾天皇 久保貴子
光格天皇 藤田覚
崇伝 杣田善雄
春日局 福田千鶴
池田光政 倉地克直
シャクシャイン 岩崎奈緒子
*田沼意次 藤田覚
二宮尊徳 小林惟司
末次平蔵 岡美穂子
高田屋嘉兵衛 生田美智子
林羅山 鈴木健一
中江藤樹 辻本雅史
山崎闇斎 澤井啓一
山鹿素行 前田勉
*北村季吟 島内景二
貝原益軒 辻本雅史
松尾芭蕉 楠元六男
ケンペル ボダルト・ベイリー
荻生徂徠 柴田純
雨森芳洲 上田正昭
前野良沢 松田清
平賀源内 石上敏
本居宣長 田尻祐一郎
杉田玄白 吉田忠
上田秋成 佐藤深雪
木村蒹葭堂 有坂道子
*大田南畝 沓掛良彦
菅江真澄 赤坂憲雄
*鶴屋南北 諏訪春雄
良寛 阿部龍一
*山東京伝 佐藤至子
*滝沢馬琴 高田衛
平田篤胤 川喜田八潮
シーボルト 宮坂正英
本阿弥光悦 岡佳子
小堀遠州 中村利則
尾形光琳・乾山 河野元昭
*二代目市川團十郎 田口章子
与謝蕪村 佐々木丞平

伊藤若冲　狩野博幸
鈴木春信　小林　忠
円山応挙　佐々木正子
*佐竹曙山　成瀬不二雄
葛飾北斎　岸　文和
酒井抱一　玉蟲敏子
孝明天皇　青山忠正
*和　宮　辻ミチ子
徳川慶喜　大庭邦彦
島津斉彬　原口　泉
*古賀謹一郎　小野寺龍太
*月　性　海原　徹
*吉田松陰　海原　徹
*高杉晋作　海原　徹
オールコック　佐野真由子
アーネスト・サトウ　奈良岡聰智
冷泉為恭　中部義隆

近代

*明治天皇　伊藤之雄
大正天皇　フレッド・ディキンソン
昭憲皇太后・貞明皇后　小田部雄次
大久保利通　三谷太一郎
山県有朋　鳥海　靖
木戸孝允　落合弘樹
井上　馨　伊藤之雄
*松方正義　室山義正
北垣国道　小林丈広
大隈重信　五百旗頭薫
伊藤博文　坂本一登
井上　毅　大石　眞
*桂　太郎　小林道彦
*乃木希典　佐々木英昭
林　董　君塚直隆
児玉源太郎　小林道彦
*高宗・閔妃　木村　幹
山本権兵衛　室山義正
高橋是清　鈴木俊夫
小村寿太郎　簑原俊洋
*犬養　毅　小林惟司
加藤高明　櫻井良樹
加藤友三郎・寛治　麻田貞雄
田中義一　黒沢文貴
平沼騏一郎　堀田慎一郎
宇垣一成　北岡伸一
宮崎滔天　榎本泰子
*浜口雄幸　川田　稔
幣原喜重郎　西田敏宏
関　一　玉井金五
広田弘毅　井上寿一
安重根　上垣外憲一
グルー　廣部　泉
永田鉄山　森　靖夫
東條英機　牛村　圭
今村　均　前田雅之
蔣介石　劉　岸偉
石原莞爾　山室信一
木戸幸一　波多野澄雄
伊藤忠兵衛　末永國紀
五代友厚　田付茉莉子
大倉喜八郎　村上勝彦
安田善次郎　由井常彦
渋沢栄一　武田晴人
山辺丈夫　宮本又郎
武藤山治　阿部武司・桑原哲也
小林一三　橋爪紳也
大倉恒吉　石川健次郎
大原孫三郎　猪木武徳
*河竹黙阿弥　今尾哲也
イザベラ・バード　加納孝代
*林　忠正　木々康子
森　鷗外　小堀桂一郎
二葉亭四迷　ヨコタ村上孝之
巌谷小波　千葉信胤
樋口一葉　佐伯順子
島崎藤村　十川信介
泉　鏡花　東郷克美
有島武郎　亀井俊介
永井荷風　川本三郎
北原白秋　平石典子
菊池　寛　山本芳明
宮澤賢治　千葉一幹
正岡子規　夏石番矢
高浜虚子　坪内稔典
与謝野晶子　佐伯順子
*種田山頭火　村上　護
斎藤茂吉　品田悦一
*高村光太郎　湯原かの子
萩原朔太郎　エリス俊子
原阿佐緒　秋山佐和子
*狩野芳崖・高橋由一　古田　亮
竹内栖鳳　北澤憲昭
黒田清輝　高階秀爾
中村不折　石川九楊
横山大観　高階秀爾
*橋本関雪　西原大輔
小出楢重　芳賀　徹
土田麦僊　天野一夫
岸田劉生　北澤憲昭
松旭斎天勝　川添　裕
中山みき　鎌田東二
ニコライ　中村健之介
出口なお・王仁三郎　川村邦光
島地黙雷　阪本是丸
*新島　襄　太田雄三
嘉納治五郎　クリストファー・スピルマン
*澤柳政太郎　新田義之
河口慧海　高山龍三
大谷光瑞　白須淨眞

*久米邦武　髙田誠二
フェノロサ　伊藤　豊
三宅雪嶺　長妻三佐雄
内村鑑三　新保祐司
*岡倉天心　木下長宏
志賀重昂　中野目徹
徳富蘇峰　杉原志啓
竹越與三郎　西田　毅
内藤湖南・桑原隲蔵　礪波　護
岩村　透　今橋映子
西田幾多郎　大橋良介
喜田貞吉　中村生雄
上田　敏　及川　茂
柳田国男　鶴見太郎
厨川白村　張　競
大川周明　山内昌之
折口信夫　斎藤英喜
九鬼周造　粕谷一希
辰野　隆　金沢公子
シュタイン　瀧井一博
*福澤諭吉　平山　洋
福地桜痴　山田俊治
中江兆民　田島正樹
田口卯吉　鈴木栄樹

*陸　羯南　松田宏一郎
宮武外骨　山口昌男
*吉野作造　田澤晴子
野間清治　佐藤卓己
山川　均　米原　謙
北　一輝　岡本幸治
杉　亨二　速水　融
*北里柴三郎　福田眞人
田辺朔郎　秋元せき
*南方熊楠　飯倉照平
寺田寅彦　金森　修
石原　純　金子　務
J・コンドル　鈴木博之
辰野金吾　河上眞理・清水重敦
小川治兵衛　尼崎博正

現代

昭和天皇　御厨　貴
高松宮宣仁親王　後藤致人
*李方子　小田部雄次
吉田　茂　中西　寛

マッカーサー　柴山　太
重光　葵　武田知己
池田勇人　中村隆英
和田博雄　庄司俊作
朴正熙　木村　幹
竹下　登　真渕　勝
*松永安左エ門　橘川武郎
鮎川義介　井口治夫
出光佐三　橘川武郎
松下幸之助　米倉誠一郎
渋沢敬三　井上　潤
本田宗一郎　伊丹敬之
井深　大　武田　徹
佐治敬三　小玉　武
幸田家の人々　金井景子
*正宗白鳥　大嶋　仁
大佛次郎　福島行一
*川端康成　大久保喬樹
薩摩治郎八　小林　茂
松本清張　杉原志啓
安部公房　成田龍一

三島由紀夫　島内景二
R・H・ブライス　菅原克也
金素雲　林　容澤
柳　宗悦　熊倉功夫
バーナード・リーチ　鈴木禎宏
イサム・ノグチ　酒井忠康
川端龍子　岡部昌幸
藤田嗣治　林　洋子
*井上有一　海上雅臣
*手塚治虫　竹内オサム
山田耕筰　後藤暢子
古賀政男　藍川由美
吉田　正　金子　勇
武満　徹　船山　隆
*力道山　岡村正史
美空ひばり　朝倉喬司
植村直巳　湯川　豊
*西田天香　宮田昌明
安倍能成　中根隆行
G・サンソム　牧野陽子
和辻哲郎　小坂国継

青木正児　井波律子
矢代幸雄　稲賀繁美
石田幹之助　岡本さえ
*平泉　澄　若井敏明
安岡正篤　片岡杜秀
島田謹二　小林信行
前嶋信次　杉田英明
竹山道雄　平川祐弘
保田與重郎　谷崎昭男
福田恆存　川久保剛
井筒俊彦　安藤礼二
佐々木惣一　松尾尊兊
*瀧川幸辰　伊藤孝夫
矢内原忠雄　等松春夫
福本和夫　伊藤　晃
*フランク・ロイド・ライト　大久保美春
大宅壮一　有馬　学
清水幾太郎　竹内　洋
今西錦司　山極寿一

*は既刊
二〇〇九年七月現在